退役军人权益保障法律法规速查通

TUIYI JUNREN QUANYI BAOZHANG FALÜ FAGUI SUCHATONG

中国法制出版社
CHINA LEGAL PUBLISHING HOUSE

图书在版编目（CIP）数据

退役军人权益保障法律法规速查通 / 中国法制出版社编．—北京：中国法制出版社，2022.1

ISBN 978-7-5216-2250-8

Ⅰ．①退… Ⅱ．①中… Ⅲ．①退役-军人-社会保障法-中国-学习参考资料 Ⅳ．①D922.504

中国版本图书馆 CIP 数据核字（2021）第 214250 号

责任编辑 成知博　　封面设计 杨鑫宇

退役军人权益保障法律法规速查通

TUIYI JUNREN QUANYI BAOZHANG FALÜ FAGUI SUCHATONG

编者/中国法制出版社
经销/新华书店
印刷/三河市国英印务有限公司
开本/880 毫米×1230 毫米 64 开　　印张/ 6 字数/ 203 千
版次/2022 年 1 月第 1 版　　2022 年 1 月第 1 次印刷

中国法制出版社出版
书号 ISBN 978-7-5216-2250-8　　定价：20.00 元

北京市西城区西便门西里甲 16 号西便门办公区
邮政编码：100053　　传真：010-63141852
网址：http：//www.zgfzs.com　　**编辑部电话：010-63141809**
市场营销部电话：010-63141612　　**印务部电话：010-63141606**

出版说明

退役军人管理保障是关系军队稳定和社会大局稳定的大问题。"退役不褪色"，让军人成为全社会尊崇的职业，切实维护好广大退役军人的合法权益，要通过完善法规制度体系，为退役军人服务管理保障提供坚强法治保障。

为便于广大读者学习使用退役军人权益保障相关规定，结合法条内容及阅读习惯，我们全新打造了退役军人权益保障法律法规速查通一书。本书秉承了编排科学、新颖、实用，且易于携带、检索方便的特点，在确保法律文本准确的基础上，进行了必要的编辑加工处理。

本书主要特点如下：

• 文本全面规范，分类关联汇总。本书遴选了与退役军人权益保障相关的重要法律、行政法规、部门规章、司法解释、规范性文件及政策文件，按照法律文件类别排列，方便读者按照效力层级查阅相关文件。

• 内容及时更新，免费电子增补。为了帮助读者随时掌握退役军人权益保障的最新规定，本书将以电子版的形式增补，届时请读者登录中国法制出版社网站 http：//www. zgfzs. com "资源下载"频道或者关注微信公众号"中国法制出版社"获取相关资讯。

中国法制出版社

2022 年 1 月

目 录

一、综合

二、移交接收

三、退役安置

四、教育培训

五、就业创业

六、抚恤优待

七、褒扬激励

八、社会保险

九、军休安置

一、综合

◎ 重点法规提要

· 中华人民共和国退役军人保障法

· 中华人民共和国军人地位和权益保障法

中华人民共和国退役军人保障法

（2020年11月11日第十三届全国人民代表大会常务委员会第二十三次会议通过　2020年11月11日中华人民共和国主席令第63号公布　自2021年1月1日起施行）

第一章　总　　则

第一条　为了加强退役军人保障工作，维护退役军人合法权益，让军人成为全社会尊崇的职业，根据宪法，制定本法。

第二条　本法所称退役军人，是指从中国人民解放军依法退出现役的军官、军士和义务兵等人员。

第三条　退役军人为国防和军队建设做出了重要贡献，是社会主义现代化建设的重要力量。

尊重、关爱退役军人是全社会的共同责任。国家关心、优待退役军人，加强退役军人保障体系建设，保障退役军人依法享有相应的权益。

第四条　退役军人保障工作坚持中国共产党的领导，坚持为经济社会发展服务、为国防和军队建设服务的方针，遵循以人为本、分类保障、服务优先、依法管理的原则。

第五条　退役军人保障应当与经济发展相协调，与社会进步相适应。

退役军人安置工作应当公开、公平、公正。

退役军人的政治、生活等待遇与其服现役期间所做贡献挂钩。

国家建立参战退役军人特别优待机制。

第六条 退役军人应当继续发扬人民军队优良传统，模范遵守宪法和法律法规，保守军事秘密，践行社会主义核心价值观，积极参加社会主义现代化建设。

第七条 国务院退役军人工作主管部门负责全国的退役军人保障工作。县级以上地方人民政府退役军人工作主管部门负责本行政区域的退役军人保障工作。

中央和国家有关机关、中央军事委员会有关部门、地方各级有关机关应当在各自职责范围内做好退役军人保障工作。

军队各级负责退役军人有关工作的部门与县级以上人民政府退役军人工作主管部门应当密切配合，做好退役军人保障工作。

第八条 国家加强退役军人保障工作信息化建设，为退役军人建档立卡，实现有关部门之间信息共享，为提高退役军人保障能力提供支持。

国务院退役军人工作主管部门应当与中央和国家有关机关、中央军事委员会有关部门密切配合，统筹做好信息数据系统的建设、维护、应用和信息安全管理等工作。

第九条 退役军人保障工作所需经费由中央和地方财政共同负担。退役安置、教育培训、抚恤优待资金主要由中央财政负担。

第十条　国家鼓励和引导企业、社会组织、个人等社会力量依法通过捐赠、设立基金、志愿服务等方式为退役军人提供支持和帮助。

第十一条　对在退役军人保障工作中做出突出贡献的单位和个人，按照国家有关规定给予表彰、奖励。

第二章　移 交 接 收

第十二条　国务院退役军人工作主管部门、中央军事委员会政治工作部门、中央和国家有关机关应当制定全国退役军人的年度移交接收计划。

第十三条　退役军人原所在部队应当将退役军人移交安置地人民政府退役军人工作主管部门，安置地人民政府退役军人工作主管部门负责接收退役军人。

退役军人的安置地，按照国家有关规定确定。

第十四条　退役军人应当在规定时间内，持军队出具的退役证明到安置地人民政府退役军人工作主管部门报到。

第十五条　安置地人民政府退役军人工作主管部门在接收退役军人时，向退役军人发放退役军人优待证。

退役军人优待证全国统一制发、统一编号，管理使用办法由国务院退役军人工作主管部门会同有关部门制定。

第十六条　军人所在部队在军人退役时，应当及时将其人事档案移交安置地人民政府退役军人工作主管部门。

安置地人民政府退役军人工作主管部门应当按照国家人事档案管理有关规定，接收、保管并向有关单位移交退役军人人事档案。

第十七条 安置地人民政府公安机关应当按照国家有关规定，及时为退役军人办理户口登记，同级退役军人工作主管部门应当予以协助。

第十八条 退役军人原所在部队应当按照有关法律法规规定，及时将退役军人及随军未就业配偶的养老、医疗等社会保险关系和相应资金，转入安置地社会保险经办机构。

安置地人民政府退役军人工作主管部门应当与社会保险经办机构、军队有关部门密切配合，依法做好有关社会保险关系和相应资金转移接续工作。

第十九条 退役军人移交接收过程中，发生与其服现役有关的问题，由原所在部队负责处理；发生与其安置有关的问题，由安置地人民政府负责处理；发生其他移交接收方面问题的，由安置地人民政府负责处理，原所在部队予以配合。

退役军人原所在部队撤销或者转隶、合并的，由原所在部队的上级单位或者转隶、合并后的单位按照前款规定处理。

第三章 退役安置

第二十条 地方各级人民政府应当按照移交接收计划，做好退役军人安置工作，完成退役军人安置任务。

机关、群团组织、企业事业单位和社会组织应当依法接收安置退役军人，退役军人应当接受安置。

第二十一条　对退役的军官，国家采取退休、转业、逐月领取退役金、复员等方式妥善安置。

以退休方式移交人民政府安置的，由安置地人民政府按照国家保障与社会化服务相结合的方式，做好服务管理工作，保障其待遇。

以转业方式安置的，由安置地人民政府根据其德才条件以及服现役期间的职务、等级、所做贡献、专长等和工作需要安排工作岗位，确定相应的职务职级。

服现役满规定年限，以逐月领取退役金方式安置的，按照国家有关规定逐月领取退役金。

以复员方式安置的，按照国家有关规定领取复员费。

第二十二条　对退役的军士，国家采取逐月领取退役金、自主就业、安排工作、退休、供养等方式妥善安置。

服现役满规定年限，以逐月领取退役金方式安置的，按照国家有关规定逐月领取退役金。

服现役不满规定年限，以自主就业方式安置的，领取一次性退役金。

以安排工作方式安置的，由安置地人民政府根据其服现役期间所做贡献、专长等安排工作岗位。

以退休方式安置的，由安置地人民政府按照国家保障与社会化服务相结合的方式，做好服务管理工作，保障其待遇。

以供养方式安置的，由国家供养终身。

第二十三条 对退役的义务兵，国家采取自主就业、安排工作、供养等方式妥善安置。

以自主就业方式安置的，领取一次性退役金。

以安排工作方式安置的，由安置地人民政府根据其服现役期间所做贡献、专长等安排工作岗位。

以供养方式安置的，由国家供养终身。

第二十四条 退休、转业、逐月领取退役金、复员、自主就业、安排工作、供养等安置方式的适用条件，按照相关法律法规执行。

第二十五条 转业军官、安排工作的军士和义务兵，由机关、群团组织、事业单位和国有企业接收安置。对下列退役军人，优先安置：

（一）参战退役军人；

（二）担任作战部队师、旅、团、营级单位主官的转业军官；

（三）属于烈士子女、功臣模范的退役军人；

（四）长期在艰苦边远地区或者特殊岗位服现役的退役军人。

第二十六条 机关、群团组织、事业单位接收安置转业军官、安排工作的军士和义务兵的，应当按照国家有关规定给予编制保障。

国有企业接收安置转业军官、安排工作的军士和义务兵的，应当按照国家规定与其签订劳动合同，保障相应待遇。

前两款规定的用人单位依法裁减人员时，应当优先留用接收安置的转业和安排工作的退役军人。

第二十七条　以逐月领取退役金方式安置的退役军官和军士，被录用为公务员或者聘用为事业单位工作人员的，自被录用、聘用下月起停发退役金，其待遇按照公务员、事业单位工作人员管理相关法律法规执行。

第二十八条　国家建立伤病残退役军人指令性移交安置、收治休养制度。军队有关部门应当及时将伤病残退役军人移交安置地人民政府安置。安置地人民政府应当妥善解决伤病残退役军人的住房、医疗、康复、护理和生活困难。

第二十九条　各级人民政府加强拥军优属工作，为军人和家属排忧解难。

符合条件的军官和军士退出现役时，其配偶和子女可以按照国家有关规定随调随迁。

随调配偶在机关或者事业单位工作，符合有关法律法规规定的，安置地人民政府负责安排到相应的工作单位；随调配偶在其他单位工作或者无工作单位的，安置地人民政府应当提供就业指导，协助实现就业。

随迁子女需要转学、入学的，安置地人民政府教育行政部门应当予以及时办理。对下列退役军人的随迁子女，优先保障：

（一）参战退役军人；

（二）属于烈士子女、功臣模范的退役军人；

（三）长期在艰苦边远地区或者特殊岗位服现役的退役军人；

（四）其他符合条件的退役军人。

第三十条 军人退役安置的具体办法由国务院、中央军事委员会制定。

第四章 教育培训

第三十一条 退役军人的教育培训应当以提高就业质量为导向，紧密围绕社会需求，为退役军人提供有特色、精细化、针对性强的培训服务。

国家采取措施加强对退役军人的教育培训，帮助退役军人完善知识结构，提高思想政治水平、职业技能水平和综合职业素养，提升就业创业能力。

第三十二条 国家建立学历教育和职业技能培训并行并举的退役军人教育培训体系，建立退役军人教育培训协调机制，统筹规划退役军人教育培训工作。

第三十三条 军人退役前，所在部队在保证完成军事任务的前提下，可以根据部队特点和条件提供职业技能储备培训，组织参加高等教育自学考试和各类高等学校举办的高等学历继续教育，以及知识拓展、技能培训等非学历继续教育。

部队所在地县级以上地方人民政府退役军人工作主管部门应当为现役军人所在部队开展教育培训提供支持和协助。

第三十四条 退役军人在接受学历教育时，按照国家有关规定享受学费和助学金资助等国家教育资助政策。

高等学校根据国家统筹安排，可以通过单列计划、单独招生等方式招考退役军人。

第三十五条　现役军人入伍前已被普通高等学校录取或者是正在普通高等学校就学的学生，服现役期间保留入学资格或者学籍，退役后两年内允许入学或者复学，可以按照国家有关规定转入本校其他专业学习。达到报考研究生条件的，按照国家有关规定享受优惠政策。

第三十六条　国家依托和支持普通高等学校、职业院校（含技工院校）、专业培训机构等教育资源，为退役军人提供职业技能培训。退役军人未达到法定退休年龄需要就业创业的，可以享受职业技能培训补贴等相应扶持政策。

军人退出现役，安置地人民政府应当根据就业需求组织其免费参加职业教育、技能培训，经考试考核合格的，发给相应的学历证书、职业资格证书或者职业技能等级证书并推荐就业。

第三十七条　省级人民政府退役军人工作主管部门会同有关部门加强动态管理，定期对为退役军人提供职业技能培训的普通高等学校、职业院校（含技工院校）、专业培训机构的培训质量进行检查和考核，提高职业技能培训质量和水平。

第五章　就业创业

第三十八条　国家采取政府推动、市场引导、社会支持相结合的方式，鼓励和扶持退役军人就业创业。

第三十九条 各级人民政府应当加强对退役军人就业创业的指导和服务。

县级以上地方人民政府退役军人工作主管部门应当加强对退役军人就业创业的宣传、组织、协调等工作，会同有关部门采取退役军人专场招聘会等形式，开展就业推荐、职业指导，帮助退役军人就业。

第四十条 服现役期间因战、因公、因病致残被评定残疾等级和退役后补评或者重新评定残疾等级的残疾退役军人，有劳动能力和就业意愿的，优先享受国家规定的残疾人就业优惠政策。

第四十一条 公共人力资源服务机构应当免费为退役军人提供职业介绍、创业指导等服务。

国家鼓励经营性人力资源服务机构和社会组织为退役军人就业创业提供免费或者优惠服务。

退役军人未能及时就业的，在人力资源和社会保障部门办理求职登记后，可以按照规定享受失业保险待遇。

第四十二条 机关、群团组织、事业单位和国有企业在招录或者招聘人员时，对退役军人的年龄和学历条件可以适当放宽，同等条件下优先招录、招聘退役军人。退役的军士和义务兵服现役经历视为基层工作经历。

退役的军士和义务兵入伍前是机关、群团组织、事业单位或者国有企业人员的，退役后可以选择复职复工。

第四十三条　各地应当设置一定数量的基层公务员职位，面向服现役满五年的高校毕业生退役军人招考。

服现役满五年的高校毕业生退役军人可以报考面向服务基层项目人员定向考录的职位，同服务基层项目人员共享公务员定向考录计划。

各地应当注重从优秀退役军人中选聘党的基层组织、社区和村专职工作人员。

军队文职人员岗位、国防教育机构岗位等，应当优先选用符合条件的退役军人。

国家鼓励退役军人参加稳边固边等边疆建设工作。

第四十四条　退役军人服现役年限计算为工龄，退役后与所在单位工作年限累计计算。

第四十五条　县级以上地方人民政府投资建设或者与社会共建的创业孵化基地和创业园区，应当优先为退役军人创业提供服务。有条件的地区可以建立退役军人创业孵化基地和创业园区，为退役军人提供经营场地、投资融资等方面的优惠服务。

第四十六条　退役军人创办小微企业，可以按照国家有关规定申请创业担保贷款，并享受贷款贴息等融资优惠政策。

退役军人从事个体经营，依法享受税收优惠政策。

第四十七条　用人单位招用退役军人符合国家规定的，依法享受税收优惠等政策。

第六章 抚恤优待

第四十八条 各级人民政府应当坚持普惠与优待叠加的原则，在保障退役军人享受普惠性政策和公共服务基础上，结合服现役期间所做贡献和各地实际情况给予优待。

对参战退役军人，应当提高优待标准。

第四十九条 国家逐步消除退役军人抚恤优待制度城乡差异、缩小地区差异，建立统筹平衡的抚恤优待量化标准体系。

第五十条 退役军人依法参加养老、医疗、工伤、失业、生育等社会保险，并享受相应待遇。

退役军人服现役年限与入伍前、退役后参加职工基本养老保险、职工基本医疗保险、失业保险的缴费年限依法合并计算。

第五十一条 退役军人符合安置住房优待条件的，实行市场购买与军地集中统建相结合，由安置地人民政府统筹规划、科学实施。

第五十二条 军队医疗机构、公立医疗机构应当为退役军人就医提供优待服务，并对参战退役军人、残疾退役军人给予优惠。

第五十三条 退役军人凭退役军人优待证等有效证件享受公共交通、文化和旅游等优待，具体办法由省级人民政府制定。

第五十四条 县级以上人民政府加强优抚医院、光荣院建设，充分利用现有医疗和养老服务资源，收治或者集中供养孤老、生活不能自理的退役军人。

各类社会福利机构应当优先接收老年退役军人和残疾退役军人。

第五十五条 国家建立退役军人帮扶援助机制，在养老、医疗、住房等方面，对生活困难的退役军人按照国家有关规定给予帮扶援助。

第五十六条 残疾退役军人依法享受抚恤。

残疾退役军人按照残疾等级享受残疾抚恤金，标准由国务院退役军人工作主管部门会同国务院财政部门综合考虑国家经济社会发展水平、消费物价水平、全国城镇单位就业人员工资水平、国家财力情况等因素确定。残疾抚恤金由县级人民政府退役军人工作主管部门发放。

第七章 褒扬激励

第五十七条 国家建立退役军人荣誉激励机制，对在社会主义现代化建设中做出突出贡献的退役军人予以表彰、奖励。退役军人服现役期间获得表彰、奖励的，退役后按照国家有关规定享受相应待遇。

第五十八条 退役军人安置地人民政府在接收退役军人时，应当举行迎接仪式。迎接仪式由安置地人民政府退役军人工作主管部门负责实施。

第五十九条 地方人民政府应当为退役军人家庭悬挂光

荣牌，定期开展走访慰问活动。

第六十条 国家、地方和军队举行重大庆典活动时，应当邀请退役军人代表参加。

被邀请的退役军人参加重大庆典活动时，可以穿着退役时的制式服装，佩戴服现役期间和退役后荣获的勋章、奖章、纪念章等徽章。

第六十一条 国家注重发挥退役军人在爱国主义教育和国防教育活动中的积极作用。机关、群团组织、企业事业单位和社会组织可以邀请退役军人协助开展爱国主义教育和国防教育。县级以上人民政府教育行政部门可以邀请退役军人参加学校国防教育培训，学校可以聘请退役军人参与学生军事训练。

第六十二条 县级以上人民政府退役军人工作主管部门应当加强对退役军人先进事迹的宣传，通过制作公益广告、创作主题文艺作品等方式，弘扬爱国主义精神、革命英雄主义精神和退役军人敬业奉献精神。

第六十三条 县级以上地方人民政府负责地方志工作的机构应当将本行政区域内下列退役军人的名录和事迹，编辑录入地方志：

（一）参战退役军人；

（二）荣获二等功以上奖励的退役军人；

（三）获得省部级或者战区级以上表彰的退役军人；

（四）其他符合条件的退役军人。

第六十四条 国家统筹规划烈士纪念设施建设，通过组织开展英雄烈士祭扫纪念活动等多种形式，弘扬英雄烈士精神。退役军人工作主管部门负责烈士纪念设施的修缮、保护和管理。

国家推进军人公墓建设。符合条件的退役军人去世后，可以安葬在军人公墓。

第八章 服务管理

第六十五条 国家加强退役军人服务机构建设，建立健全退役军人服务体系。县级以上人民政府设立退役军人服务中心，乡镇、街道、农村和城市社区设立退役军人服务站点，提升退役军人服务保障能力。

第六十六条 退役军人服务中心、服务站点等退役军人服务机构应当加强与退役军人联系沟通，做好退役军人就业创业扶持、优抚帮扶、走访慰问、权益维护等服务保障工作。

第六十七条 县级以上人民政府退役军人工作主管部门应当加强退役军人思想政治教育工作，及时掌握退役军人的思想情况和工作生活状况，指导接收安置单位和其他组织做好退役军人的思想政治工作和有关保障工作。

接收安置单位和其他组织应当结合退役军人工作和生活状况，做好退役军人思想政治工作和有关保障工作。

第六十八条 县级以上人民政府退役军人工作主管部门、接收安置单位和其他组织应当加强对退役军人的保密教育和管理。

第六十九条 县级以上人民政府退役军人工作主管部门应当通过广播、电视、报刊、网络等多种渠道宣传与退役军人相关的法律法规和政策制度。

第七十条 县级以上人民政府退役军人工作主管部门应当建立健全退役军人权益保障机制，畅通诉求表达渠道，为退役军人维护其合法权益提供支持和帮助。退役军人的合法权益受到侵害，应当依法解决。公共法律服务有关机构应当依法为退役军人提供法律援助等必要的帮助。

第七十一条 县级以上人民政府退役军人工作主管部门应当依法指导、督促有关部门和单位做好退役安置、教育培训、就业创业、抚恤优待、褒扬激励、拥军优属等工作，监督检查退役军人保障相关法律法规和政策措施落实情况，推进解决退役军人保障工作中存在的问题。

第七十二条 国家实行退役军人保障工作责任制和考核评价制度。县级以上人民政府应当将退役军人保障工作完成情况，纳入对本级人民政府负责退役军人有关工作的部门及其负责人、下级人民政府及其负责人的考核评价内容。

对退役军人保障政策落实不到位、工作推进不力的地区和单位，由省级以上人民政府退役军人工作主管部门会同有关部门约谈该地区人民政府主要负责人或者该单位主要负责人。

第七十三条 退役军人工作主管部门及其工作人员履行职责，应当自觉接受社会监督。

第七十四条 对退役军人保障工作中违反本法行为的检举、控告，有关机关和部门应当依法及时处理，并将处理结果告知检举人、控告人。

第九章　法律责任

第七十五条 退役军人工作主管部门及其工作人员有下列行为之一的，由其上级主管部门责令改正，对直接负责的主管人员和其他直接责任人员依法给予处分：

（一）未按照规定确定退役军人安置待遇的；

（二）在退役军人安置工作中出具虚假文件的；

（三）为不符合条件的人员发放退役军人优待证的；

（四）挪用、截留、私分退役军人保障工作经费的；

（五）违反规定确定抚恤优待对象、标准、数额或者给予退役军人相关待遇的；

（六）在退役军人保障工作中利用职务之便为自己或者他人谋取私利的；

（七）在退役军人保障工作中失职渎职的；

（八）有其他违反法律法规行为的。

第七十六条 其他负责退役军人有关工作的部门及其工作人员违反本法有关规定的，由其上级主管部门责令改正，对直接负责的主管人员和其他直接责任人员依法给予处分。

第七十七条 违反本法规定，拒绝或者无故拖延执行退役军人安置任务的，由安置地人民政府退役军人工作主管部门责令限期改正；逾期不改正的，予以通报批评。对该单位主要负责人和直接责任人员，由有关部门依法给予处分。

第七十八条 退役军人弄虚作假骗取退役相关待遇的，由县级以上地方人民政府退役军人工作主管部门取消相关待遇，追缴非法所得，并由其所在单位或者有关部门依法给予处分。

第七十九条 退役军人违法犯罪的，由省级人民政府退役军人工作主管部门按照国家有关规定中止、降低或者取消其退役相关待遇，报国务院退役军人工作主管部门备案。

退役军人对省级人民政府退役军人工作主管部门作出的中止、降低或者取消其退役相关待遇的决定不服的，可以依法申请行政复议或者提起行政诉讼。

第八十条 违反本法规定，构成违反治安管理行为的，依法给予治安管理处罚；构成犯罪的，依法追究刑事责任。

第十章　附　　则

第八十一条 中国人民武装警察部队依法退出现役的警官、警士和义务兵等人员，适用本法。

第八十二条 本法有关军官的规定适用于文职干部。

军队院校学员依法退出现役的，参照本法有关规定执行。

第八十三条 参试退役军人参照本法有关参战退役军人的规定执行。

参战退役军人、参试退役军人的范围和认定标准、认定程序，由中央军事委员会有关部门会同国务院退役军人工作主管部门等部门规定。

第八十四条　军官离职休养和军级以上职务军官退休后，按照国务院和中央军事委员会的有关规定安置管理。

本法施行前已经按照自主择业方式安置的退役军人的待遇保障，按照国务院和中央军事委员会的有关规定执行。

第八十五条　本法自2021年1月1日起施行。

中华人民共和国军人地位和权益保障法

（2021年6月10日第十三届全国人民代表大会常务委员会第二十九次会议通过　2021年6月10日中华人民共和国主席令第86号公布　自2021年8月1日起施行）

第一章　总　　则

第一条　为了保障军人地位和合法权益，激励军人履行职责使命，让军人成为全社会尊崇的职业，促进国防和军队现代化建设，根据宪法，制定本法。

第二条　本法所称军人，是指在中国人民解放军服现役的军官、军士、义务兵等人员。

第三条　军人肩负捍卫国家主权、安全、发展利益和保卫人民的和平劳动的神圣职责和崇高使命。

第四条　军人是全社会尊崇的职业。国家和社会尊重、优待军人，保障军人享有与其职业特点、担负职责使命和所做贡献相称的地位和权益，经常开展各种形式的拥军优属活动。

一切国家机关和武装力量、各政党和群团组织、企业事业单位、社会组织和其他组织都有依法保障军人地位和权益的责任，全体公民都应当依法维护军人合法权益。

第五条 军人地位和权益保障工作，坚持中国共产党的领导，以服务军队战斗力建设为根本目的，遵循权利与义务相统一、物质保障与精神激励相结合、保障水平与国民经济和社会发展相适应的原则。

第六条 中央军事委员会政治工作部门、国务院退役军人工作主管部门以及中央和国家有关机关、中央军事委员会有关部门按照职责分工做好军人地位和权益保障工作。

县级以上地方各级人民政府负责本行政区域内有关军人地位和权益保障工作。军队团级以上单位政治工作部门负责本单位的军人地位和权益保障工作。

省军区（卫戍区、警备区）、军分区（警备区）和县、自治县、市、市辖区的人民武装部，负责所在行政区域人民政府与军队单位之间军人地位和权益保障方面的联系协调工作，并根据需要建立工作协调机制。

乡镇人民政府、街道办事处、基层群众性自治组织应当按照职责做好军人地位和权益保障工作。

第七条 军人地位和权益保障所需经费，由中央和地方按照事权和支出责任相适应的原则列入预算。

第八条　中央和国家有关机关、县级以上地方人民政府及其有关部门、军队各级机关，应当将军人地位和权益保障工作情况作为拥军优属、拥政爱民等工作评比和有关单位负责人以及工作人员考核评价的重要内容。

第九条　国家鼓励和引导群团组织、企业事业单位、社会组织、个人等社会力量依法通过捐赠、志愿服务等方式为军人权益保障提供支持，符合规定条件的，依法享受税收优惠等政策。

第十条　每年8月1日为中国人民解放军建军节。各级人民政府和军队单位应当在建军节组织开展庆祝、纪念等活动。

第十一条　对在军人地位和权益保障工作中做出突出贡献的单位和个人，按照国家有关规定给予表彰、奖励。

第二章　军人地位

第十二条　军人是中国共产党领导的国家武装力量基本成员，必须忠于祖国，忠于中国共产党，听党指挥，坚决服从命令，认真履行巩固中国共产党的领导和社会主义制度的重要职责使命。

第十三条　军人是人民子弟兵，应当热爱人民，全心全意为人民服务，保卫人民生命财产安全，当遇到人民群众生命财产受到严重威胁时，挺身而出、积极救助。

第十四条　军人是捍卫国家主权、统一、领土完整的坚强力量，应当具备巩固国防、抵抗侵略、保卫祖国所需的战斗精神和能力素质，按照实战要求始终保持戒备状态，苦练杀敌本领，不怕牺牲，能打胜仗，坚决完成任务。

第十五条 军人是中国特色社会主义现代化建设的重要力量，应当积极投身全面建设社会主义现代化国家的事业，依法参加突发事件的应急救援和处置工作。

第十六条 军人享有宪法和法律规定的政治权利，依法参加国家权力机关组成人员选举，依法参加管理国家事务、管理经济和文化事业、管理社会事务。

第十七条 军队实行官兵一致，军人之间在政治和人格上一律平等，应当互相尊重、平等对待。

军队建立健全军人代表会议、军人委员会等民主制度，保障军人知情权、参与权、建议权和监督权。

第十八条 军人必须模范遵守宪法和法律，认真履行宪法和法律规定的公民义务，严格遵守军事法规、军队纪律，作风优良，带头践行社会主义核心价值观。

第十九条 国家为军人履行职责提供保障，军人依法履行职责的行为受法律保护。

军人因执行任务给公民、法人或者其他组织的合法权益造成损害的，按照有关规定由国家予以赔偿或者补偿。

公民、法人和其他组织应当为军人依法履行职责提供必要的支持和协助。

第二十条 军人因履行职责享有的特定权益、承担的特定义务，由本法和有关法律法规规定。

第三章　荣誉维护

第二十一条　军人荣誉是国家、社会对军人献身国防和军队建设、社会主义现代化建设的褒扬和激励，是鼓舞军人士气、提升军队战斗力的精神力量。

国家维护军人荣誉，激励军人崇尚和珍惜荣誉。

第二十二条　军队加强爱国主义、集体主义、革命英雄主义教育，强化军人的荣誉意识，培育有灵魂、有本事、有血性、有品德的新时代革命军人，锻造具有铁一般信仰、铁一般信念、铁一般纪律、铁一般担当的过硬部队。

第二十三条　国家采取多种形式的宣传教育、奖励激励和保障措施，培育军人的职业使命感、自豪感和荣誉感，激发军人建功立业、报效国家的积极性、主动性、创造性。

第二十四条　全社会应当学习中国人民解放军光荣历史，宣传军人功绩和牺牲奉献精神，营造维护军人荣誉的良好氛围。

各级各类学校设置的国防教育课程中，应当包括中国人民解放军光荣历史、军人英雄模范事迹等内容。

第二十五条　国家建立健全军人荣誉体系，通过授予勋章、荣誉称号和记功、嘉奖、表彰、颁发纪念章等方式，对做出突出成绩和贡献的军人给予功勋荣誉表彰，褒扬军人为国家和人民做出的奉献和牺牲。

第二十六条　军人经军队单位批准可以接受地方人民政府、群团组织和社会组织等授予的荣誉，以及国际组织和其他国家、军队等授予的荣誉。

第二十七条 获得功勋荣誉表彰的军人享受相应礼遇和待遇。军人执行作战任务获得功勋荣誉表彰的，按照高于平时的原则享受礼遇和待遇。

获得功勋荣誉表彰和执行作战任务的军人的姓名和功绩，按照规定载入功勋簿、荣誉册、地方志等史志。

第二十八条 中央和国家有关机关、地方和军队各级有关机关，以及广播、电视、报刊、互联网等媒体，应当积极宣传军人的先进典型和英勇事迹。

第二十九条 国家和社会尊崇、铭记为国家、人民、民族牺牲的军人，尊敬、礼遇其遗属。

国家建立英雄烈士纪念设施供公众瞻仰，悼念缅怀英雄烈士，开展纪念和教育活动。

国家推进军人公墓建设。军人去世后，符合规定条件的可以安葬在军人公墓。

第三十条 国家建立军人礼遇仪式制度。在公民入伍、军人退出现役等时机，应当举行相应仪式；在烈士和因公牺牲军人安葬等场合，应当举行悼念仪式。

各级人民政府应当在重大节日和纪念日组织开展走访慰问军队单位、军人家庭和烈士、因公牺牲军人、病故军人的遗属等活动，在举行重要庆典、纪念活动时邀请军人、军人家属和烈士、因公牺牲军人、病故军人的遗属代表参加。

第三十一条 地方人民政府应当为军人和烈士、因公牺牲军人、病故军人的遗属的家庭悬挂光荣牌。军人获得功勋荣誉表彰，由当地人民政府有关部门和军事机关给其家庭送喜报，并组织做好宣传工作。

第三十二条　军人的荣誉和名誉受法律保护。

军人获得的荣誉由其终身享有，非因法定事由、非经法定程序不得撤销。

任何组织和个人不得以任何方式诋毁、贬损军人的荣誉，侮辱、诽谤军人的名誉，不得故意毁损、玷污军人的荣誉标识。

第四章　待遇保障

第三十三条　国家建立军人待遇保障制度，保证军人履行职责使命，保障军人及其家庭的生活水平。

对执行作战任务和重大非战争军事行动任务的军人，以及在艰苦边远地区、特殊岗位工作的军人，待遇保障从优。

第三十四条　国家建立相对独立、特色鲜明、具有比较优势的军人工资待遇制度。军官和军士实行工资制度，义务兵实行供给制生活待遇制度。军人享受个人所得税优惠政策。

国家建立军人工资待遇正常增长机制。

军人工资待遇的结构、标准及其调整办法，由中央军事委员会规定。

第三十五条　国家采取军队保障、政府保障与市场配置相结合，实物保障与货币补贴相结合的方式，保障军人住房待遇。

军人符合规定条件的，享受军队公寓住房或者安置住房保障。

国家建立健全军人住房公积金制度和住房补贴制度。军人符合规定条件购买住房的，国家给予优惠政策支持。

第三十六条 国家保障军人按照规定享受免费医疗和疾病预防、疗养、康复等待遇。

军人在地方医疗机构就医所需费用，符合规定条件的，由军队保障。

第三十七条 国家实行体现军人职业特点、与社会保险制度相衔接的军人保险制度，适时补充军人保险项目，保障军人的保险待遇。

国家鼓励和支持商业保险机构为军人及其家庭成员提供专属保险产品。

第三十八条 军人享有年休假、探亲假等休息休假的权利。对确因工作需要未休假或者未休满假的，给予经济补偿。

军人配偶、子女与军人两地分居的，可以前往军人所在部队探亲。军人配偶前往部队探亲的，其所在单位应当按照规定安排假期并保障相应的薪酬待遇，不得因其享受探亲假期而辞退、解聘或者解除劳动关系。符合规定条件的军人配偶、未成年子女和不能独立生活的成年子女的探亲路费，由军人所在部队保障。

第三十九条 国家建立健全军人教育培训体系，保障军人的受教育权利，组织和支持军人参加专业和文化学习培训，提高军人履行职责的能力和退出现役后的就业创业能力。

第四十条　女军人的合法权益受法律保护。军队应当根据女军人的特点，合理安排女军人的工作任务和休息休假，在生育、健康等方面为女军人提供特别保护。

第四十一条　国家对军人的婚姻给予特别保护，禁止任何破坏军人婚姻的行为。

第四十二条　军官和符合规定条件的军士，其配偶、未成年子女和不能独立生活的成年子女可以办理随军落户；符合规定条件的军人父母可以按照规定办理随子女落户。夫妻双方均为军人的，其子女可以选择父母中的一方随军落户。

军人服现役所在地发生变动的，已随军的家属可以随迁落户，或者选择将户口迁至军人、军人配偶原户籍所在地或者军人父母、军人配偶父母户籍所在地。

地方人民政府有关部门、军队有关单位应当及时高效地为军人家属随军落户办理相关手续。

第四十三条　国家保障军人、军人家属的户籍管理和相关权益。

公民入伍时保留户籍。

符合规定条件的军人，可以享受服现役所在地户籍人口在教育、养老、医疗、住房保障等方面的相关权益。

军人户籍管理和相关权益保障办法，由国务院和中央军事委员会规定。

第四十四条　国家对依法退出现役的军人，依照退役军人保障法律法规的有关规定，给予妥善安置和相应优待保障。

第五章　抚恤优待

第四十五条　国家和社会尊重军人、军人家庭为国防和军队建设做出的奉献和牺牲，优待军人、军人家属，抚恤优待烈士、因公牺牲军人、病故军人的遗属，保障残疾军人的生活。

国家建立抚恤优待保障体系，合理确定抚恤优待标准，逐步提高抚恤优待水平。

第四十六条　军人家属凭有关部门制发的证件享受法律法规规定的优待保障。具体办法由国务院和中央军事委员会有关部门制定。

第四十七条　各级人民政府应当保障抚恤优待对象享受公民普惠待遇，同时享受相应的抚恤优待待遇。

第四十八条　国家实行军人死亡抚恤制度。

军人死亡后被评定为烈士的，国家向烈士遗属颁发烈士证书，保障烈士遗属享受规定的烈士褒扬金、抚恤金和其他待遇。

军人因公牺牲、病故的，国家向其遗属颁发证书，保障其遗属享受规定的抚恤金和其他待遇。

第四十九条　国家实行军人残疾抚恤制度。

军人因战、因公、因病致残的，按照国家有关规定评定残疾等级并颁发证件，享受残疾抚恤金和其他待遇，符合规定条件的以安排工作、供养、退休等方式妥善安置。

第五十条　国家对军人家属和烈士、因公牺牲军人、病故军人的遗属予以住房优待。

军人家属和烈士、因公牺牲军人、病故军人的遗属，符合规定条件申请保障性住房的，或者居住农村且住房困难的，由当地人民政府优先解决。

烈士、因公牺牲军人、病故军人的遗属符合前款规定情形的，当地人民政府给予优惠。

第五十一条　公立医疗机构应当为军人就医提供优待服务。军人家属和烈士、因公牺牲军人、病故军人的遗属，在军队医疗机构和公立医疗机构就医享受医疗优待。

国家鼓励民营医疗机构为军人、军人家属和烈士、因公牺牲军人、病故军人的遗属就医提供优待服务。

国家和社会对残疾军人的医疗依法给予特别保障。

第五十二条　国家依法保障军人配偶就业安置权益。机关、群团组织、企业事业单位、社会组织和其他组织，应当依法履行接收军人配偶就业安置的义务。

军人配偶随军前在机关或者事业单位工作的，由安置地人民政府按照有关规定安排到相应的工作单位；在其他单位工作或者无工作单位的，由安置地人民政府提供就业指导和就业培训，优先协助就业。烈士、因公牺牲军人的遗属和符合规定条件的军人配偶，当地人民政府应当优先安排就业。

第五十三条　国家鼓励有用工需求的用人单位优先安排随军家属就业。国有企业在新招录职工时，应当按照用工需求的适当比例聘用随军家属；有条件的民营企业在新招录职工时，可以按照用工需求的适当比例聘用随军家属。

第五十四条 国家鼓励和扶持军人配偶自主就业、自主创业。军人配偶从事个体经营的，按照国家有关优惠政策给予支持。

第五十五条 国家对军人子女予以教育优待。地方各级人民政府及其有关部门应当为军人子女提供当地优质教育资源，创造接受良好教育的条件。

军人子女入读公办义务教育阶段学校和普惠性幼儿园，可以在本人、父母、祖父母、外祖父母或者其他法定监护人户籍所在地，或者父母居住地、部队驻地入学，享受当地军人子女教育优待政策。

军人子女报考普通高中、中等职业学校，同等条件下优先录取；烈士、因公牺牲军人的子女和符合规定条件的军人子女，按照当地军人子女教育优待政策享受录取等方面的优待。

因公牺牲军人的子女和符合规定条件的军人子女报考高等学校，按照国家有关规定优先录取；烈士子女享受加分等优待。

烈士子女和符合规定条件的军人子女按照规定享受奖学金、助学金和有关费用免除等学生资助政策。

国家鼓励和扶持具备条件的民办学校，为军人子女和烈士、因公牺牲军人的子女提供教育优待。

第五十六条 军人家属和烈士、因公牺牲军人、病故军人的遗属，符合规定条件申请在国家兴办的光荣院、优抚医院集中供养、住院治疗、短期疗养的，享受优先、优惠待遇；申请到公办养老机构养老的，同等条件下优先安排。

第五十七条 军人、军人家属和烈士、因公牺牲军人、病故军人的遗属，享受参观游览公园、博物馆、纪念馆、展览馆、名胜古迹以及文化和旅游等方面的优先、优惠服务。

军人免费乘坐市内公共汽车、电车、轮渡和轨道交通工具。军人和烈士、因公牺牲军人、病故军人的遗属，以及与其随同出行的家属，乘坐境内运行的火车、轮船、长途公共汽车以及民航班机享受优先购票、优先乘车（船、机）等服务，残疾军人享受票价优惠。

第五十八条 地方人民政府和军队单位对因自然灾害、意外事故、重大疾病等原因，基本生活出现严重困难的军人家庭，应当给予救助和慰问。

第五十九条 地方人民政府和军队单位对在未成年子女入学入托、老年人养老等方面遇到困难的军人家庭，应当给予必要的帮扶。

国家鼓励和支持企业事业单位、社会组织和其他组织以及个人为困难军人家庭提供援助服务。

第六十条 军人、军人家属和烈士、因公牺牲军人、病故军人遗属的合法权益受到侵害的，有权向有关国家机关和军队单位提出申诉、控告。负责受理的国家机关和军队单位，应当依法及时处理，不得推诿、拖延。依法向人民法院提起诉讼的，人民法院应当优先立案、审理和执行，人民检察院可以支持起诉。

第六十一条 军人、军人家属和烈士、因公牺牲军人、病故军人的遗属维护合法权益遇到困难的，法律援助机构应当依法优先提供法律援助，司法机关应当依法优先提供司法救助。

第六十二条 侵害军人荣誉、名誉和其他相关合法权益，严重影响军人有效履行职责使命，致使社会公共利益受到损害的，人民检察院可以根据民事诉讼法、行政诉讼法的相关规定提起公益诉讼。

第六章 法律责任

第六十三条 国家机关及其工作人员、军队单位及其工作人员违反本法规定，在军人地位和权益保障工作中滥用职权、玩忽职守、徇私舞弊的，由其所在单位、主管部门或者上级机关责令改正；对负有责任的领导人员和直接责任人员，依法给予处分。

第六十四条 群团组织、企业事业单位、社会组织和其他组织违反本法规定，不履行优待义务的，由有关部门责令改正；对直接负责的主管人员和其他直接责任人员，依法给予处分。

第六十五条 违反本法规定，通过大众传播媒介或者其他方式，诋毁、贬损军人荣誉，侮辱、诽谤军人名誉，或者故意毁损、玷污军人的荣誉标识的，由公安、文化和旅游、新闻出版、电影、广播电视、网信或者其他有关主管部门依据各自的职权责令改正，并依法予以处理；造成精神损害的，受害人有权请求精神损害赔偿。

第六十六条　冒领或者以欺诈、伪造证明材料等手段骗取本法规定的相关荣誉、待遇或者抚恤优待的，由有关部门予以取消，依法给予没收违法所得等行政处罚。

第六十七条　违反本法规定，侵害军人的合法权益，造成财产损失或者其他损害的，依法承担民事责任。

违反本法规定，构成违反治安管理行为的，依法给予治安管理处罚；构成犯罪的，依法追究刑事责任。

第七章　附　　则

第六十八条　本法所称军人家属，是指军人的配偶、父母（扶养人）、未成年子女、不能独立生活的成年子女。

本法所称烈士、因公牺牲军人、病故军人的遗属，是指烈士、因公牺牲军人、病故军人的配偶、父母（扶养人）、子女，以及由其承担抚养义务的兄弟姐妹。

第六十九条　中国人民武装警察部队服现役的警官、警士和义务兵等人员，适用本法。

第七十条　省、自治区、直辖市可以结合本地实际情况，根据本法制定保障军人地位和权益的具体办法。

第七十一条　本法自2021年8月1日起施行。

中华人民共和国兵役法

（1984 年 5 月 31 日第六届全国人民代表大会第二次会议通过　根据 1998 年 12 月 29 日第九届全国人民代表大会常务委员会第六次会议《关于修改〈中华人民共和国兵役法〉的决定》第一次修正　根据 2009 年 8 月 27 日第十一届全国人民代表大会常务委员会第十次会议《关于修改部分法律的决定》第二次修正　根据 2011 年 10 月 29 日第十一届全国人民代表大会常务委员会第二十三次会议《关于修改〈中华人民共和国兵役法〉的决定》第三次修正　2021 年 8 月 20 日第十三届全国人民代表大会常务委员会第三十次会议修订）

第一章　总　　则

第一条　为了规范和加强国家兵役工作，保证公民依法服兵役，保障军队兵员补充和储备，建设巩固国防和强大军队，根据宪法，制定本法。

第二条　保卫祖国、抵抗侵略是中华人民共和国每一个公民的神圣职责。

第三条　中华人民共和国实行以志愿兵役为主体的志愿兵役与义务兵役相结合的兵役制度。

第四条 兵役工作坚持中国共产党的领导，贯彻习近平强军思想，贯彻新时代军事战略方针，坚持与国家经济社会发展相协调，坚持与国防和军队建设相适应，遵循服从国防需要、聚焦备战打仗、彰显服役光荣、体现权利和义务一致的原则。

第五条 中华人民共和国公民，不分民族、种族、职业、家庭出身、宗教信仰和教育程度，都有义务依照本法的规定服兵役。

有严重生理缺陷或者严重残疾不适合服兵役的公民，免服兵役。

依照法律被剥夺政治权利的公民，不得服兵役。

第六条 兵役分为现役和预备役。在中国人民解放军服现役的称军人；预编到现役部队或者编入预备役部队服预备役的，称预备役人员。

第七条 军人和预备役人员，必须遵守宪法和法律，履行公民的义务，同时享有公民的权利；由于服兵役而产生的权利和义务，由本法和其他相关法律法规规定。

第八条 军人必须遵守军队的条令和条例，忠于职守，随时为保卫祖国而战斗。

预备役人员必须按照规定参加军事训练、担负战备勤务、执行非战争军事行动任务，随时准备应召参战，保卫祖国。

军人和预备役人员入役时应当依法进行服役宣誓。

第九条 全国的兵役工作，在国务院、中央军事委员会领导下，由国防部负责。

省军区（卫戍区、警备区）、军分区（警备区）和县、自治县、不设区的市、市辖区的人民武装部，兼各该级人民政府的兵役机关，在上级军事机关和同级人民政府领导下，负责办理本行政区域的兵役工作。

机关、团体、企业事业组织和乡、民族乡、镇的人民政府，依照本法的规定完成兵役工作任务。兵役工作业务，在设有人民武装部的单位，由人民武装部办理；不设人民武装部的单位，确定一个部门办理。普通高等学校应当有负责兵役工作的机构。

第十条 县级以上地方人民政府兵役机关应当会同相关部门，加强对本行政区域内兵役工作的组织协调和监督检查。

县级以上地方人民政府和同级军事机关应当将兵役工作情况作为拥军优属、拥政爱民评比和有关单位及其负责人考核评价的内容。

第十一条 国家加强兵役工作信息化建设，采取有效措施实现有关部门之间信息共享，推进兵役信息收集、处理、传输、存储等技术的现代化，为提高兵役工作质量效益提供支持。

兵役工作有关部门及其工作人员应当对收集的个人信息严格保密，不得泄露或者向他人非法提供。

第十二条 国家采取措施，加强兵役宣传教育，增强公民依法服兵役意识，营造服役光荣的良好社会氛围。

第十三条 军人和预备役人员建立功勋的，按照国家和军队关于功勋荣誉表彰的规定予以褒奖。

组织和个人在兵役工作中作出突出贡献的，按照国家和军队有关规定予以表彰和奖励。

第二章　兵役登记

第十四条　国家实行兵役登记制度。兵役登记包括初次兵役登记和预备役登记。

第十五条　每年十二月三十一日以前年满十八周岁的男性公民，都应当按照兵役机关的安排在当年进行初次兵役登记。

机关、团体、企业事业组织和乡、民族乡、镇的人民政府，应当根据县、自治县、不设区的市、市辖区人民政府兵役机关的安排，负责组织本单位和本行政区域的适龄男性公民进行初次兵役登记。

初次兵役登记可以采取网络登记的方式进行，也可以到兵役登记站（点）现场登记。进行兵役登记，应当如实填写个人信息。

第十六条　经过初次兵役登记的未服现役的公民，符合预备役条件的，县、自治县、不设区的市、市辖区人民政府兵役机关可以根据需要，对其进行预备役登记。

第十七条　退出现役的士兵自退出现役之日起四十日内，退出现役的军官自确定安置地之日起三十日内，到安置地县、自治县、不设区的市、市辖区人民政府兵役机关进行兵役登记信息变更；其中，符合预备役条件，经部队确定需要办理预备役登记的，还应当办理预备役登记。

第十八条 县级以上地方人民政府兵役机关负责本行政区域兵役登记工作。

县、自治县、不设区的市、市辖区人民政府兵役机关每年组织兵役登记信息核验，会同有关部门对公民兵役登记情况进行查验，确保兵役登记及时，信息准确完整。

第三章 平时征集

第十九条 全国每年征集服现役的士兵的人数、次数、时间和要求，由国务院和中央军事委员会的命令规定。

县级以上地方各级人民政府组织兵役机关和有关部门组成征集工作机构，负责组织实施征集工作。

第二十条 年满十八周岁的男性公民，应当被征集服现役；当年未被征集的，在二十二周岁以前仍可以被征集服现役。普通高等学校毕业生的征集年龄可以放宽至二十四周岁，研究生的征集年龄可以放宽至二十六周岁。

根据军队需要，可以按照前款规定征集女性公民服现役。

根据军队需要和本人自愿，可以征集年满十七周岁未满十八周岁的公民服现役。

第二十一条 经初次兵役登记并初步审查符合征集条件的公民，称应征公民。

在征集期间，应征公民应当按照县、自治县、不设区的市、市辖区征集工作机构的通知，按时参加体格检查等征集活动。

应征公民符合服现役条件，并经县、自治县、不设区的市、市辖区征集工作机构批准的，被征集服现役。

第二十二条　在征集期间，应征公民被征集服现役，同时被机关、团体、企业事业组织招录或者聘用的，应当优先履行服兵役义务；有关机关、团体、企业事业组织应当服从国防和军队建设的需要，支持兵员征集工作。

第二十三条　应征公民是维持家庭生活唯一劳动力的，可以缓征。

第二十四条　应征公民因涉嫌犯罪正在被依法监察调查、侦查、起诉、审判或者被判处徒刑、拘役、管制正在服刑的，不征集。

第四章　士兵的现役和预备役

第二十五条　现役士兵包括义务兵役制士兵和志愿兵役制士兵，义务兵役制士兵称义务兵，志愿兵役制士兵称军士。

第二十六条　义务兵服现役的期限为二年。

第二十七条　义务兵服现役期满，根据军队需要和本人自愿，经批准可以选改为军士；服现役期间表现特别优秀的，经批准可以提前选改为军士。根据军队需要，可以直接从非军事部门具有专业技能的公民中招收军士。

军士实行分级服现役制度。军士服现役的期限一般不超过三十年，年龄不超过五十五周岁。

军士分级服现役的办法和直接从非军事部门招收军士的办法，按照国家和军队有关规定执行。

第二十八条 士兵服现役期满，应当退出现役。

士兵因国家建设或者军队编制调整需要退出现役的，经军队医院诊断证明本人健康状况不适合继续服现役的，或者因其他特殊原因需要退出现役的，经批准可以提前退出现役。

第二十九条 士兵服现役的时间自征集工作机构批准入伍之日起算。

士兵退出现役的时间为部队下达退出现役命令之日。

第三十条 依照本法第十七条规定经过预备役登记的退出现役的士兵，由部队会同兵役机关根据军队需要，遴选确定服士兵预备役；经过考核，适合担任预备役军官职务的，服军官预备役。

第三十一条 依照本法第十六条规定经过预备役登记的公民，符合士兵预备役条件的，由部队会同兵役机关根据军队需要，遴选确定服士兵预备役。

第三十二条 预备役士兵服预备役的最高年龄，依照其他有关法律规定执行。

预备役士兵达到服预备役最高年龄的，退出预备役。

第五章 军官的现役和预备役

第三十三条 现役军官从下列人员中选拔、招收：

（一）军队院校毕业学员；

（二）普通高等学校应届毕业生；

（三）表现优秀的现役士兵；

（四）军队需要的专业技术人员和其他人员。

战时根据需要，可以从现役士兵、军队院校学员、征召的预备役军官和其他人员中直接任命军官。

第三十四条　预备役军官包括下列人员：

（一）确定服军官预备役的退出现役的军官；

（二）确定服军官预备役的退出现役的士兵；

（三）确定服军官预备役的专业技术人员和其他人员。

第三十五条　军官服现役和服预备役的最高年龄，依照其他有关法律规定执行。

第三十六条　现役军官按照规定服现役已满最高年龄或者衔级最高年限的，退出现役；需要延长服现役或者暂缓退出现役的，依照有关法律规定执行。

现役军官按照规定服现役未满最高年龄或者衔级最高年限，因特殊情况需要退出现役的，经批准可以退出现役。

第三十七条　依照本法第十七条规定经过预备役登记的退出现役的军官、依照本法第十六条规定经过预备役登记的公民，符合军官预备役条件的，由部队会同兵役机关根据军队需要，遴选确定服军官预备役。

预备役军官按照规定服预备役已满最高年龄的，退出预备役。

第六章　军队院校从青年学生中招收的学员

第三十八条　根据军队建设的需要，军队院校可以从青年学生中招收学员。招收学员的年龄，不受征集服现役年龄的限制。

第三十九条 学员完成学业达到军队培养目标的，由院校发给毕业证书；按照规定任命为现役军官或者军士。

第四十条 学员未达到军队培养目标或者不符合军队培养要求的，由院校按照国家和军队有关规定发给相应证书，并采取多种方式分流；其中，回入学前户口所在地的学员，就读期间其父母已办理户口迁移手续的，可以回父母现户口所在地，由县、自治县、不设区的市、市辖区的人民政府按照国家有关规定接收安置。

第四十一条 学员被开除学籍的，回入学前户口所在地；就读期间其父母已办理户口迁移手续的，可以回父母现户口所在地，由县、自治县、不设区的市、市辖区的人民政府按照国家有关规定办理。

第四十二条 军队院校从现役士兵中招收的学员，适用本法第三十九条、第四十条、第四十一条的规定。

第七章 战时兵员动员

第四十三条 为了应对国家主权、统一、领土完整、安全和发展利益遭受的威胁，抵抗侵略，各级人民政府、各级军事机关，在平时必须做好战时兵员动员的准备工作。

第四十四条 在国家发布动员令或者国务院、中央军事委员会依照《中华人民共和国国防动员法》采取必要的国防动员措施后，各级人民政府、各级军事机关必须依法迅速实施动员，军人停止退出现役，休假、探亲的军人立即归队，预备役人员随时准备应召服现役，经过预备役登记的公民做好服预备役被征召的准备。

第四十五条　战时根据需要，国务院和中央军事委员会可以决定适当放宽征召男性公民服现役的年龄上限，可以决定延长公民服现役的期限。

第四十六条　战争结束后，需要复员的军人，根据国务院和中央军事委员会的复员命令，分期分批地退出现役，由各级人民政府妥善安置。

第八章　服役待遇和抚恤优待

第四十七条　国家保障军人享有符合军事职业特点、与其履行职责相适应的工资、津贴、住房、医疗、保险、休假、疗养等待遇。军人的待遇应当与国民经济发展相协调，与社会进步相适应。

女军人的合法权益受法律保护。军队应当根据女军人的特点，合理安排女军人的工作任务和休息休假，在生育、健康等方面为女军人提供特别保护。

第四十八条　预备役人员参战、参加军事训练、担负战备勤务、执行非战争军事行动任务，享受国家规定的伙食、交通等补助。预备役人员是机关、团体、企业事业组织工作人员的，参战、参加军事训练、担负战备勤务、执行非战争军事行动任务期间，所在单位应当保持其原有的工资、奖金和福利待遇。预备役人员的其他待遇保障依照有关法律法规和国家有关规定执行。

第四十九条 军人按照国家有关规定，在医疗、金融、交通、参观游览、法律服务、文化体育设施服务、邮政服务等方面享受优待政策。公民入伍时保留户籍。

军人因战、因公、因病致残的，按照国家规定评定残疾等级，发给残疾军人证，享受国家规定的待遇、优待和残疾抚恤金。因工作需要继续服现役的残疾军人，由所在部队按照规定发给残疾抚恤金。

军人牺牲、病故，国家按照规定发给其遗属抚恤金。

第五十条 国家建立义务兵家庭优待金制度。义务兵家庭优待金标准由地方人民政府制定，中央财政给予定额补助。具体补助办法由国务院退役军人工作主管部门、财政部门会同中央军事委员会机关有关部门制定。

义务兵和军士入伍前是机关、团体、事业单位或者国有企业工作人员的，退出现役后可以选择复职复工。

义务兵和军士入伍前依法取得的农村土地承包经营权，服现役期间应当保留。

第五十一条 现役军官和军士的子女教育，家属的随军、就业创业以及工作调动，享受国家和社会的优待。

符合条件的军人家属，其住房、医疗、养老按照有关规定享受优待。

军人配偶随军未就业期间，按照国家有关规定享受相应的保障待遇。

第五十二条　预备役人员因参战、参加军事训练、担负战备勤务、执行非战争军事行动任务致残、牺牲的，由当地人民政府依照有关规定给予抚恤优待。

第九章　退役军人的安置

第五十三条　对退出现役的义务兵，国家采取自主就业、安排工作、供养等方式妥善安置。

义务兵退出现役自主就业的，按照国家规定发给一次性退役金，由安置地的县级以上地方人民政府接收，根据当地的实际情况，可以发给经济补助。国家根据经济社会发展，适时调整退役金的标准。

服现役期间平时获得二等功以上荣誉或者战时获得三等功以上荣誉以及属于烈士子女的义务兵退出现役，由安置地的县级以上地方人民政府安排工作；待安排工作期间由当地人民政府按照国家有关规定发给生活补助费；根据本人自愿，也可以选择自主就业。

因战、因公、因病致残的义务兵退出现役，按照国家规定的评定残疾等级采取安排工作、供养等方式予以妥善安置；符合安排工作条件的，根据本人自愿，也可以选择自主就业。

第五十四条　对退出现役的军士，国家采取逐月领取退役金、自主就业、安排工作、退休、供养等方式妥善安置。

军士退出现役，服现役满规定年限的，采取逐月领取退役金方式予以妥善安置。

军士退出现役，服现役满十二年或者符合国家规定的其他条件的，由安置地的县级以上地方人民政府安排工作；待安排工作期间由当地人民政府按照国家有关规定发给生活补助费；根据本人自愿，也可以选择自主就业。

军士服现役满三十年或者年满五十五周岁或者符合国家规定的其他条件的，作退休安置。

因战、因公、因病致残的军士退出现役，按照国家规定的评定残疾等级采取安排工作、退休、供养等方式予以妥善安置；符合安排工作条件的，根据本人自愿，也可以选择自主就业。

军士退出现役，不符合本条第二款至第五款规定条件的，依照本法第五十三条规定的自主就业方式予以妥善安置。

第五十五条 对退出现役的军官，国家采取退休、转业、逐月领取退役金、复员等方式妥善安置；其安置方式的适用条件，依照有关法律法规的规定执行。

第五十六条 残疾军人、患慢性病的军人退出现役后，由安置地的县级以上地方人民政府按照国务院、中央军事委员会的有关规定负责接收安置；其中，患过慢性病旧病复发需要治疗的，由当地医疗机构负责给予治疗，所需医疗和生活费用，本人经济困难的，按照国家规定给予补助。

第十章　法律责任

第五十七条　有服兵役义务的公民有下列行为之一的，由县级人民政府责令限期改正；逾期不改正的，由县级人民政府强制其履行兵役义务，并处以罚款：

（一）拒绝、逃避兵役登记的；

（二）应征公民拒绝、逃避征集服现役的；

（三）预备役人员拒绝、逃避参加军事训练、担负战备勤务、执行非战争军事行动任务和征召的。

有前款第二项行为，拒不改正的，不得录用为公务员或者参照《中华人民共和国公务员法》管理的工作人员，不得招录、聘用为国有企业和事业单位工作人员，两年内不准出境或者升学复学，纳入履行国防义务严重失信主体名单实施联合惩戒。

第五十八条　军人以逃避服兵役为目的，拒绝履行职责或者逃离部队的，按照中央军事委员会的规定给予处分。

军人有前款行为被军队除名、开除军籍或者被依法追究刑事责任的，依照本法第五十七条第二款的规定处罚；其中，被军队除名的，并处以罚款。

明知是逃离部队的军人而招录、聘用的，由县级人民政府责令改正，并处以罚款。

第五十九条　机关、团体、企业事业组织拒绝完成本法规定的兵役工作任务的，阻挠公民履行兵役义务的，或者有其他妨害兵役工作行为的，由县级以上地方人民政府责令改正，并可以处以罚款；对单位负有责任的领导人员、直接负责的主管人员和其他直接责任人员，依法予以处罚。

第六十条 扰乱兵役工作秩序，或者阻碍兵役工作人员依法执行职务的，依照《中华人民共和国治安管理处罚法》的规定处罚。

第六十一条 国家工作人员和军人在兵役工作中，有下列行为之一的，依法给予处分：

（一）贪污贿赂的；

（二）滥用职权或者玩忽职守的；

（三）徇私舞弊，接送不合格兵员的；

（四）泄露或者向他人非法提供兵役个人信息的。

第六十二条 违反本法规定，构成犯罪的，依法追究刑事责任。

第六十三条 本法第五十七条、第五十八条、第五十九条规定的处罚，由县级以上地方人民政府兵役机关会同有关部门查明事实，经同级地方人民政府作出处罚决定后，由县级以上地方人民政府兵役机关、发展改革、公安、退役军人工作、卫生健康、教育、人力资源和社会保障等部门按照职责分工具体执行。

第十一章　附　　则

第六十四条 本法适用于中国人民武装警察部队。

第六十五条 本法自2021年10月1日起施行。

二、移交接收

退役军人事务部、中央军委政治工作部关于进一步规范退役士兵移交安置工作有关具体问题的通知

（2019 年 12 月 23 日）

各省、自治区、直辖市退役军人事务厅（局），新疆生产建设兵团退役军人事务局，各战区、各军兵种、军委机关各部门、军事科学院、国防大学、国防科技大学、武警部队政治工作部（局、处）：

为进一步规范移交安置工作，明确各方权责，统一执行尺度，提升工作的严肃性、协同性和高效性，更好地维护退役士兵合法权益，更好地服务改革强军战略，根据《退役士兵安置条例》、《关于进一步加强由政府安排工作退役士兵就业安置工作的意见》（退役军人部发〔2018〕27 号）等法规文件精神，结合新形势新任务和军地各级反映的突出问题，现就有关具体问题明确如下：

一、关于安排工作和自主就业退役士兵的离队报到接收

（一）严格报到规定。集中移交的安排工作退役士兵应当在《退役士兵接收安置通知书》（附件 1）规定的时间内，自主就业退役士兵和非集中移交的安排工作退役士兵应当自被

批准退出现役之日起30日内，持退出现役证件、介绍信（集中移交的还应有《退役士兵接收安置通知书》）到安置地退役军人事务部门办理报到登记。

（二）加强督促提醒。部队应当加强退役士兵离队和择业观教育，联合驻地退役军人事务部门开展政策宣讲，使其知晓退役后的安置待遇、报到规定和违规须承担的责任。部队移交退役士兵档案时应当一并提供退役士兵家庭住址、联系电话和部队工作人员姓名、联系电话。安置地退役军人事务部门在收到退役士兵档案后，应当通过告知书形式对临近报到期限但仍未报到的退役士兵进行督促提醒，同时函商其家庭所在乡镇人民政府（街道办事处）退役军人服务站督促退役士兵按时报到。告知书和函件应当包括报到规定、时限以及不按时报到退役士兵须承担的责任等内容。

（三）规范档案交接。集中移交的安排工作退役士兵档案由军队各大单位兵员管理部门按规定移交省级人民政府退役军人事务部门；自主就业退役士兵和非集中移交的安排工作退役士兵的档案，一般由部队师（旅）、团级单位在士兵退役之日起20日内邮寄至安置地退役军人事务部门。档案移交时，所在单位应当按照《军队档案条例》有关规定，留存退役士兵档案的数字复制件。安置地退役军人事务部门应当在收到退役士兵档案后的20日内，将《退役士兵档案转递通知单回执》寄回部队师（旅）、团级单位兵员管理部门。军地双方要加强沟通，在各自职责范围内为对方核查提供便利和协助，涉及档案的补充材料应当按照档案移交程序进行移交。对自主就业和非集中移交的安排工作退役士兵，拟作退档处理的，安置地退役军人事务部门应当及时与其原部队沟通协商，确需退档的应当向部队出具书面说明，并逐级上报省级人民政府退役军人事务部门备案。

（四）认真组织接收。安置地退役军人事务部门应当做好退役士兵报到接收工作，须与退役士兵逐人面谈了解其服役经历等情况，并填写留存本人基本信息和联系电话；对本人情况与档案记载明显不相符的，以及退役士兵反映与原服役部队有遗留问题未解决的，应与相关部队核实商议达成一致意见后按实际情况处理。安置地退役军人事务部门应当对军地沟通和退役士兵报到情况进行记录和归档。

（五）做好相关服务。安置地退役军人事务部门要发挥牵头作用，主动协调相关部门为退役士兵提供优质服务。在退役士兵集中报到时段，通过设置专门窗口，开展“一站式”服务，方便退役士兵办理落户、党（团）组织关系转接、社会保险关系接续、预备役登记等手续；通过举办适应性培训、发放宣传资料、现场讲解答疑等方式，帮助退役士兵了解安置政策、程序和就业形势。

二、关于退役士兵安排工作手续的办理

（一）强化组织管理。安置地退役军人事务部门应当会同相关部门科学合理拟订安排工作计划，并报同级人民政府批准下达，确保安置岗位质量。要健全“阳光安置”工作机制，

督促接收单位落实待遇。要突出思想政治教育，加强待安置期服务管理，教育引导安排工作的退役士兵遵守法律法规，珍惜荣誉机会，服从地方政府和接收单位安排，及时办理安排工作手续。

（二）办理分配手续。安排工作退役士兵的接收单位确定后，安置地退役军人事务部门应当及时书面通知退役士兵办理分配手续，明确办理时限和要求。对按时前来办理手续的退役士兵，安置地退役军人事务部门应当面开具《退役士兵安排工作介绍信》（附件2），并据实填写办理日期，按规定向接收单位移交《退役士兵安排工作登记卡》（附件3）和退役士兵档案材料。对未按时前来办理手续的，安置地退役军人事务部门应当出具告知书督促，同时明确其无正当理由超过告知书规定办理时限15个工作日的，将单方面开具《退役士兵安排工作介绍信》。安置地退役军人事务部门单方面开出《退役士兵安排工作介绍信》15个工作日内，退役士兵前来领取办理手续的应当允许；无正当理由超过15个工作日仍未领取的，作失效处理后与前期督促等材料一并归档，按规定作"视为放弃安排工作待遇"处理。

（三）办理上岗手续。退役士兵应当持《退役士兵安排工作介绍信》在规定的时间内到接收单位办理上岗手续。接收单位应当在退役军人事务部门开出《退役士兵安排工作介绍信》1个月内安排退役士兵上岗。接收单位在退役士兵办理上岗手续时填写《退役士兵安排工作登记卡》，加盖公章后及时回传安置地退役军人事务部门。安置地退役军人事务部门根据接收单位提供的信息，对临近《退役士兵安排工作介绍信》开出15个工作日仍未到接收单位办理上岗手续的退役士兵，再次给予督促并记录。年度安排工作结束后，接收单位应当向安置地退役军人事务部门报送接收安置工作情况和《退役士兵安排工作登记卡》原件一份（另份单位留存），并按规定退回未按时办理上岗手续的退役士兵档案材料。

三、关于退役士兵放弃安排工作待遇、选择灵活就业的申请程序和相关待遇

（一）本人书面申请。按照《关于进一步加强由政府安排工作退役士兵就业安置工作的意见》规定，退役时选择由政府安排工作的退役士兵回到地方后又放弃安排工作待遇的，经本人申请确认后，允许灵活就业。上述退役士兵，应当在确认选岗前向安置地退役军人事务部门提出书面申请，如实填写《安排工作退役士兵自愿放弃安排工作选择灵活就业申请表》（附件4）。申请书和申请表必须由本人签名。

（二）部门审核办理。对符合条件的退役士兵，安置地退役军人事务部门应当与本人签订协议书，明确双方责任、权利和义务；并按退役士兵在部队选择自主就业应领取的一次性退役金和地方一次性经济补助之和的80%，发给一次性就业补助金。一次性就业补助金发放原则上与年度安排工作同步完成，因资金预算等原因确须延至下一年度发放的，应当向退役士兵说明情况，并于下一年度12月底前付清。灵活就

业的退役士兵可按规定享受扶持自主就业退役士兵就业创业的各项优惠政策。

四、关于“视为放弃安置待遇”和“视为放弃安排工作待遇”退役士兵的认定和管理

（一）严守认定要求。《退役士兵安置条例》第十七条规定，退役士兵无正当理由不按规定时间报到超过30天的，视为放弃安置待遇。《退役士兵安置条例》第四十条和《关于进一步加强由政府安排工作退役士兵就业安置工作的意见》规定，由政府安排工作退役士兵无正当理由自开出安置介绍信15个工作日内拒不服从安置地人民政府安排工作的，视为放弃安排工作待遇。上述规定中“不服从安置地人民政府安排工作”，是指退役士兵无正当理由不按本通知要求办理安排工作手续，即：超过规定时间拒不到安置地退役军人事务部门领取《退役士兵安排工作介绍信》，或虽领取介绍信但超过规定时间拒不到接收单位办理上岗手续。安置地退役军人事务部门要本着对退役士兵负责的态度，依法依规严格认定，切实做好报到和安排工作手续办理的事前提醒和督促，严禁擅自扩大范围和更改条件。需要军队有关部门和地方接收单位配合的，相关部门单位应当在各自职责范围内提供协助。退役士兵认为退役军人事务部门的认定工作侵犯其合法权益的，可以依法申请行政复议或提起行政诉讼。

（二）明确相关待遇。原属自主就业的退役士兵，被认定“视为放弃安置待遇”的，不再享受地方一次性经济补助。原

属安排工作的退役士兵，被认定“视为放弃安置待遇”或“视为放弃安排工作待遇”的，不再享受政府安排工作待遇，也不享受灵活就业一次性就业补助金、自主就业地方一次性经济补助。上述退役士兵在补办报到等手续后，可享受扶持退役军人就业创业的优惠政策。

（三）规范工作程序。“视为放弃安置待遇”和“视为放弃安排工作待遇”的退役士兵，安置地退役军人事务部门应当书面（附件5、6）告知本人，并以适当形式在一定范围内向社会公开，退役士兵档案按照当地自主就业退役士兵档案管理规定办理。年度安置工作结束后，安置地退役军人事务部门应当将“视为放弃安置待遇”和“视为放弃安排工作待遇”退役士兵的情况，逐级报至省级人民政府退役军人事务部门备案。

五、关于退役士兵因特殊情形不能按时报到和办理安排工作手续的处理

对因特殊情形不能按时报到和办理安排工作手续的退役士兵，各有关方应当给予关心关爱，工作中加强相互协作，一人一案研究解决，沟通和处理结果作出书面记录并归档。

（一）未能按时报到。退役士兵在规定的到地方报到期限内，报到前突发重大疾病或者发生事故的，由原部队根据实际情况按照有关规定予以处理。其中，离队前由原部队、离队后由退役士兵本人或家属，在规定的报到期限内向安置地退役军人事务部门书面说明情况，申请延期。申请延期时间

一般不超过 30 日（下同）。超过延期时间确实无法到地方报到的，由军地协商达成一致意见后，按实际情况妥善处理。

（二）不能办理手续。退役士兵按规定到安置地退役军人事务部门报到后，在规定的到接收单位办理上岗手续期限前，突发重大疾病或者发生事故的，由退役士兵本人或家属在规定的办理安排工作手续期限内向安置地退役军人事务部门、接收单位分别书面说明情况，申请延期。超过延期时间确实无法办理安排工作手续的，由安置地退役军人事务部门根据实际情况按照相关规定予以处理。

本通知中各类告知书应当按有关法律规定的方式送达。各省、自治区、直辖市退役军人事务部门可根据本通知精神，结合当地实际，进一步规范细化工作流程和文书格式。

本通知自 2019 年 12 月 23 日起施行，适用于施行后退出现役的士兵。

附件：

1. 退役士兵接收安置通知书（式样）（略）
2. 退役士兵安排工作介绍信（式样）（略）
3. 退役士兵安排工作登记卡（式样）（略）
4. 安排工作退役士兵自愿放弃安排工作选择灵活就业申请表（式样）（略）
5. 视为放弃安置待遇告知书（式样）（略）
6. 视为放弃安排工作待遇告知书（式样）（略）

退役军人事务部等7部门关于加强和改进退役军人人事档案管理利用工作的意见

（2021年11月9日 退役军人部发〔2021〕65号）

各省、自治区、直辖市退役军人事务厅（局）、教育厅（教委）、财政厅（局）、人力资源社会保障厅（局）、档案局，新疆生产建设兵团退役军人事务局、教育局、财政局、人力资源社会保障局、档案局，各战区、各军兵种、军委机关各部门、军事科学院、国防大学、国防科技大学、武警部队政治工作部（局、处）：

为有效解决退役军人人事档案管理利用面临的突出问题，进一步提升工作的科学化、制度化、规范化、信息化水平，根据《中华人民共和国退役军人保障法》、《中华人民共和国档案法》、《干部人事档案工作条例》、《军队档案条例》等法律法规规定，结合进入新发展阶段做好退役军人工作的新任务新要求，现就加强和改进退役军人人事档案管理利用工作提出如下意见：

一、总体要求

（一）指导思想。

坚持以习近平新时代中国特色社会主义思想为指导，深入贯彻习近平强军思想和习近平总书记关于退役军人工作重要论述，聚焦退役军人人事档案管理利用工作面临的老难题和新挑战，创新思路举措，加强顶层设计，积极稳妥实施，推动形成权责清晰、管理规范、服务优质、运转高效、安全可靠的退役军人人事档案工作制度机制，更好地维护退役军人合法权益，服务国防和军队建设，服务经济社会发展。

（二）基本原则。

——加强统筹设计。坚持服务全局、立足现状、着眼长远，围绕退役军人人事档案管理利用，加强科学设计，厘清部门职责，完善政策措施，健全工作机制，夯实基层基础，确保工作高质量发展。

——坚持问题导向。针对退役军人人事档案管理职责分工不明确，保管利用不规范，遗失缺件补办难，信息化程度不够高，作用发挥不明显等重难点问题，综合施策，源头治理，有序化解。

——注重改革创新。按照体现时代性、把握规律性、富于创造性的思路，适应军地相关改革，主动回应退役军人新关切和军地基层新需要，补齐政策“空白点”，连通工作“衔接点”，有效提升退役军人人事档案管理和服务水平。

——强化协同配合。退役军人事务部门牵头负责，密切军地、部门之间协作配合；明确退役军人事务系统各级职责，强化上下协同，加强基层能力建设，发挥安置地退役军人服务中心作用，提高工作效率和质量。

二、主要任务

（三）明确职责分工。按照依法管理、统筹协调、属地负责的原则，明确各级相关部门职责。退役军人事务部负责全国退役军人人事档案工作的统筹规划和监督指导，建立健全退役军人人事档案管理利用制度机制。地方各级退役军人事务部门负责本行政区域内安置的退役军人人事档案管理利用等工作。各级退役军人服务中心、军休服务管理机构等服务保障机构，根据要求承担具体任务，提供相关延伸性、辅助性服务。退役军人人事档案管理接受同级党委组织部门和档案主管部门的监督和指导。教育、财政、人力资源社会保障，以及军队相关部门在各自职责范围内做好退役军人人事档案管理利用工作。

（四）规范档案交接。退役军人人事档案由军地相关单位区分不同安置方式进行移交接收，其转递应当按规定通过机要渠道邮寄或派专人取送，严禁由退役军人本人自行携带。

1. 作转业、逐月领取退役金、复员安置的退役军官，以及作安排工作、逐月领取退役金安置的退役军士和作安排工作安置的退役义务兵的人事档案，由军队相关单位政治工作部门按规定向县级以上退役军人事务部门和相关部门移交。

2. 作自主就业、供养安置的退役军人的人事档案，由军队师、旅、团级单位政治工作部门按规定向安置地退役军人事务部门移交。

3. 作退休安置的退役军人的人事档案，由军队师级单位政治工作部门按规定向安置地退役军人事务部门移交。

（五）严格档案审核。军地各级相关部门应当在各自职责范围内，按照档案管理权限和相关规定，严格整理审核退役军人人事档案，严禁弄虚作假。

1. 军队相关单位整档审核。军人退役时，其所在团级以上单位应当按照《军队档案条例》等有关规定，整理、审核退役军人人事档案，确保要素齐全、清晰完整、真实准确，同时按照管理权限留存退役军人人事档案数字复制件。工作中，要加强对退役军人人事档案的保密审查和脱密处理，并在档案封皮、档案袋及档案材料《转递单》中明确保密要求。

2. 退役军人事务部门和相关部门审核。县级以上退役军人事务部门和相关部门接收退役军人人事档案后，应当按规定进行审核。对于退役士兵，属于入伍批准、义务兵注册、军士退役时本衔级注册相关证表缺失的，其人事档案材料中应当具备中央军委政治工作部统一制发的《士兵档案材料证明信》。

3. 加强军地协作合力解决难题。退役军人人事档案审核过程中，军地双方要加强沟通，在各自职责范围内为对方审档核查提供便利和协助。对档案材料蓄意作假伪造的，由军队按照有关规定认定和处理后进行移交；对属于退役军人弄虚作假骗取安置待遇的，由县级以上退役军人事务部门和相关部门取消相关安置待遇。

（六）实行分类管理。对于本意见实施后移交的退役军人人事档案，按照分类归集、属地管理的原则，根据不同安置方式确定相应管理机构。

1. 转业军官和安排工作退役士兵的人事档案，由县级以上退役军人事务部门和相关部门移交接收安置单位进行管理。

2. 逐月领取退役金退役军人、复员军官、自主就业退役士兵、分散供养退役军人，以及灵活就业退役士兵和视为放弃安排工作待遇退役士兵、视为放弃安置待遇退役士兵的人事档案，一般由安置地退役军人事务部门委托所属退役军人服务中心存放。其中，入伍时是普通高等学校在校学生的退役士兵，退出现役后复学的，其人事档案由安置地退役军人事务部门转交相关学校进行管理。

3. 退休和集中供养退役军人的人事档案，一般由安置地退役军人事务部门委托所属军休服务管理机构、优抚医院存放管理。

（七）有序转接档案。对于本意见实施前存放在其他部门以及因特殊情况由本人保存的退役军人人事档案，按照应转尽转、积极稳妥、循序渐进的原则，由安置地退役军人事务部门指导所属退役军人服务中心进行有序转接。人事档案转接工作各地可在有条件的地区先行试点，再逐步推开，原则上应于 2023 年底前完成。

1. 对于存放在地方乡（镇、街道）、人民武装部、公共就业和人才服务机构，以及授权管理流动人员人事档案机构等单位的退役军人人事档案，由安置地退役军人事务部门牵头，指导所属退役军人服务中心会同原档案管理单位进行全面摸底造册，建立工作台账，制定转接计划，分批分步进行交接。

2. 对于存放在档案馆的退役军人人事档案，由其继续管理；已设置自主择业专门管理服务机构的地区，自主择业军队转业干部人事档案仍由其继续管理。

3. 对于退役军人因特殊情况由本人自行保管的人事档案，实行一事一批，按照个人申请、县级审批的程序办理。由退役军人本人自主自愿向安置地退役军人事务部门提出书面申请，如实填写《退役军人人事档案移交申请表》（见附件），申请书中本人应对其人事档案材料的真实性作出承诺，申请书和申请表必须由本人签名。安置地退役军人事务部门应当与申请人共同启封其人事档案（已启封的须申请人书面说明原因），并按规定进行复印，供后续审核使用，人事档案复印件须申请人本人签字确认，之后，当面密封其人事档案并加盖公章暂存。安置地退役军人事务部门可委托所属退役军人服务中心，根据人事档案复印件信息商有关部门仅对申请人军人身份信息进行核实，属于退役军人的应当及时作出审批，按规定存放其人事档案；对于经核查不属于退役军人的，不予批准，并书面向申请人说明理由、通知取档。日后，退役军人根据审核交接后的人事档案提出相关待遇申请等事项的，安置地退役军人事务部门应当按照一事一审的原则，商军地有关部门对相应档案材料另行审核。

（八）完善基础设施。各级退役军人事务部门要按照《档案馆建筑设计规范》（JGJ25-2010）等相关规定，结合实际加快档案库房建设，分别设置办公、整理、阅览和档案库房等，配备必要的档案装具以及温湿度检测调控系统、消防系统、安防系统等设施设备，夯实硬件基础，不断提高现代化、规范化、标准化建设水平。目前自建档案库房确有困难的地区，可继续委托档案管理机构暂时保管退役军人人事档案，同时加快协调推动自建档案库房工作。

（九）建立数字档案。各级退役军人事务部门要按照《干部人事档案数字化技术规范》（GB/T33870-2017）等相关技术标准对退役军人人事档案进行数字化，严格规范档案目录建库、档案扫描、图像处理、数据存储、数据验收、数据交换、数据备份、安全管理等基本环节，不断加强与业务系统和数据库关联融合，确保数字人事档案真实、完整、可用、安全，且与纸质人事档案保持一致。退役军人数字人事档案的利用、转递和保密等按照纸质人事档案相关规定执行。

1. 对于本意见实施后县级以上退役军人事务部门新接收年度退役军人人事档案，由其指导所属退役军人服务中心及时进行数字化工作。其中，转业军官和安排工作退役士兵，以及复学普通高等学校在校学生退役士兵人事档案，应当在转交其接收安置单位或相关学校前完成档案数字化工作；作其他方式安置的退役军人人事档案，应当在接收档案后6个月内完成数字化工作。

2. 对于本意见实施后从各部门按规定接收的历年退役军

人人事档案，以及由军休服务管理机构、优抚医院、自主择业军队转业干部管理服务机构等部门管理的退役军人人事档案，由相关退役军人事务部门指导所属退役军人服务中心于2025年底前全部完成人事档案数字化工作。

（十）改进日常服务。各级退役军人事务部门要根据人事档案管理法规规定，因地制宜，聚焦档案收、管、存、用、安全、保密等事项，建立健全符合国家档案标准、体现退役军人特点的人事档案管理利用制度规范和标准指南，确保工作有章可循、有据可依。地方各级退役军人服务中心要统筹利用现有资源，明确承担退役军人人事档案日常保管利用工作的机构和人员，逐步建立完善“统一存放，免费服务”的工作机制，优化办理流程，提高服务质效。对于暂时委托档案机构管理的退役军人人事档案，退役军人事务部门要结合工作实际，制定完善退役军人人事档案托管办法，加强日常监督指导，确保档案存放管理安全、使用规范便捷。对于部分退役军人人事档案丢失、损毁或个别材料缺失的情况，军地各级相关部门要分类施策、稳妥处理，积极探索建立退役军人人事档案查证渠道，研究处理办法，为落实相关待遇提供依据。对于退役军人死亡满5年的，其人事档案管理按有关规定执行。退役军人人事关系和劳动关系按有关法律法规执行。

三、工作保障

（十一）提高思想认识。退役军人人事档案是军人参军入伍、政治思想、服役表现等的历史记载，是全面了解军人服役经历、确定其退役后各项待遇的重要依据，是做好应急备战人才储备的基础支撑，军地各级有关部门特别是退役军人事务部门要进一步提高政治站位，强化大局意识，切实把加强退役军人人事档案管理利用工作摆上重要位置，采取有力措施，确保各项任务有序推进、落地见效。

（十二）建立工作机制。军地各级有关部门要增强政治责任感和工作主动性，建立健全在党委政府领导下，退役军人事务部门牵头，军地各相关部门各司其职、合力共为的工作机制，推动退役军人人事档案管理利用工作高质量发展。

（十三）加强队伍建设。各级退役军人事务部门要把“政治可靠、忠诚履职、担当奉献、坚持原则”作为选配退役军人人事档案工作人员的首要条件，档案工作人员原则上应当具备相应的专业知识和技能，其中档案专业人员可以按照国家有关规定评定专业技术职称。要加强业务学习培训，不断提升档案工作队伍的政策水平和综合素养。

（十四）强化督导问效。各级退役军人事务部门要会同相关部门建立退役军人人事档案管理利用工作考评机制，采取跟踪调度、现场指导、定期通报等方式及时跟进了解情况，解决重难点问题。对于在退役军人人事档案管理利用工作中出现的违纪违法行为，要严格依法依规予以处理，构成犯罪的，依法追究刑事责任。

本意见适用于符合《中华人民共和国退役军人保障法》

规定且移交地方安置的退役军人，自 2021 年 11 月 9 日起施行。各地相关部门可根据本意见精神，结合实际制定具体实施办法，进一步规范细化工作流程，切实做好本地区退役军人人事档案管理利用工作。

三、退役安置

◎ 重点法规提要

·退役士兵安置条例

退役士兵安置条例

（2011 年 10 月 29 日中华人民共和国国务院、中华人民共和国中央军事委员会令第 608 号公布　自 2011 年 11 月 1 日起施行）

第一章　总　　则

第一条　为了规范退役士兵安置工作，保障退役士兵的合法权益，根据《中华人民共和国兵役法》，制定本条例。

第二条　本条例所称退役士兵，是指依照《中国人民解放军现役士兵服役条例》的规定退出现役的义务兵和士官。

第三条　国家建立以扶持就业为主，自主就业、安排工作、退休、供养等多种方式相结合的退役士兵安置制度，妥善安置退役士兵。

退役士兵安置所需经费，由中央和地方各级人民政府共同负担。

第四条　全社会应当尊重、优待退役士兵，支持退役士兵安置工作。

国家机关、社会团体、企业事业单位，都有接收安置退役士兵的义务，在招收录用工作人员或者聘用职工时，同等条件下应当优先招收录用退役士兵。退役士兵报考公务员、应聘事业单位职位的，在军队服现役经历视为基层工作经历。

接收安置退役士兵的单位，按照国家规定享受优惠政策。

第五条 国务院退役士兵安置工作主管部门负责全国的退役士兵安置工作。

县级以上地方人民政府退役士兵安置工作主管部门负责本行政区域的退役士兵安置工作。

人民政府有关部门和军队有关部门应当在各自职责范围内做好退役士兵安置工作。

第六条 退役士兵应当遵守有关退役士兵安置的法律法规，服从人民政府的安置。

第七条 对在退役士兵安置工作中作出突出贡献的单位和个人，按照国家有关规定给予表彰、奖励。

第二章 移交和接收

第八条 国务院退役士兵安置工作主管部门和中国人民解放军总参谋部应当制定全国退役士兵的年度移交、接收计划。

第九条 退役士兵所在部队应当依照本条例的规定，将退役士兵移交安置地县级以上人民政府退役士兵安置工作主管部门。安置地县级以上人民政府退役士兵安置工作主管部门负责接收退役士兵。

第十条 退役士兵安置地为退役士兵入伍时的户口所在地。但是，入伍时是普通高等学校在校学生的退役士兵，退出现役后不复学的，其安置地为入学前的户口所在地。

第十一条 退役士兵有下列情形之一的，可以易地安置：

（一）服现役期间父母户口所在地变更的，可以在父母现户口所在地安置；

（二）符合军队有关现役士兵结婚规定且结婚满 2 年的，可以在配偶或者配偶父母户口所在地安置；

（三）因其他特殊情况，由部队师（旅）级单位出具证明，经省级以上人民政府退役士兵安置工作主管部门批准易地安置的。

易地安置的退役士兵享受与安置地退役士兵同等安置待遇。

第十二条 退役士兵有下列情形之一的，根据本人申请，可以由省级以上人民政府退役士兵安置工作主管部门按照有利于退役士兵生活的原则确定其安置地：

（一）因战致残的；

（二）服现役期间平时荣获二等功以上奖励或者战时荣获三等功以上奖励的；

（三）是烈士子女的；

（四）父母双亡的。

第十三条 自主就业的退役士兵应当自被批准退出现役之日起 30 日内，持退出现役证件、介绍信到安置地县级人民政府退役士兵安置工作主管部门报到。

安排工作的退役士兵应当在规定的时间内，持接收安置通知书、退出现役证件和介绍信到规定的安置地人民政府退役士兵安置工作主管部门报到。

退休、供养的退役士兵应当到规定的安置地人民政府退役士兵安置工作主管部门报到。

第十四条 退役士兵所在部队应当按照国家档案管理的有关规定，在士兵退役时将其档案及时移交安置地县级以上人民政府退役士兵安置工作主管部门。

退役士兵安置工作主管部门应当于退役士兵报到时为其开具落户介绍信。公安机关凭退役士兵安置工作主管部门开具的落户介绍信，为退役士兵办理户口登记。

第十五条 自主就业和安排工作的退役士兵的档案，由安置地退役士兵安置工作主管部门按照国家档案管理有关规定办理。

退休、供养的退役士兵的档案，由安置地退役士兵安置工作主管部门移交服务管理单位。

第十六条 退役士兵发生与服役有关的问题，由其原部队负责处理；发生与安置有关的问题，由安置地人民政府负责处理。

第十七条 退役士兵无正当理由不按照规定时间报到超过30天的，视为放弃安置待遇。

第三章 安 置

第一节 自主就业

第十八条 义务兵和服现役不满12年的士官退出现役的，

由人民政府扶持自主就业。

第十九条 对自主就业的退役士兵，由部队发给一次性退役金，一次性退役金由中央财政专项安排；地方人民政府可以根据当地实际情况给予经济补助，经济补助标准及发放办法由省、自治区、直辖市人民政府规定。

一次性退役金和一次性经济补助按照国家规定免征个人所得税。

各级人民政府应当加强对退役士兵自主就业的指导和服务。县级以上地方人民政府应当采取组织职业介绍、就业推荐、专场招聘会等方式，扶持退役士兵自主就业。

第二十条 国家根据国民经济发展水平、全国职工年平均工资收入和军人职业特殊性等因素确定退役金标准，并适时调整。国务院退役士兵安置工作主管部门、军队有关部门会同国务院财政部门负责确定和调整退役金标准的具体工作。

自主就业的退役士兵根据服现役年限领取一次性退役金。服现役年限不满 6 个月的按照 6 个月计算，超过 6 个月不满 1 年的按照 1 年计算。

获得荣誉称号或者立功的退役士兵，由部队按照下列比例增发一次性退役金：

（一）获得中央军事委员会、军队军区级单位授予荣誉称号，或者荣获一等功的，增发 15%；

（二）荣获二等功的，增发 10%；

（三）荣获三等功的，增发 5%。

多次获得荣誉称号或者立功的退役士兵，由部队按照其中最高等级奖励的增发比例，增发一次性退役金。

第二十一条 县级以上地方人民政府退役士兵安置工作主管部门应当组织自主就业的退役士兵参加职业教育和技能培训，经考试考核合格的，发给相应的学历证书、职业资格证书并推荐就业。退役士兵退役 1 年内参加职业教育和技能培训的，费用由县级以上人民政府承担；退役士兵退役 1 年以上参加职业教育和技能培训的，按照国家相关政策执行。

自主就业退役士兵的职业教育和技能培训经费列入县级以上人民政府财政预算。

第二十二条 各级人民政府举办的公共就业人才服务机构，应当免费为退役士兵提供档案管理、职业介绍和职业指导服务。

国家鼓励其他人力资源服务机构为自主就业的退役士兵提供免费服务。

第二十三条 对从事个体经营的退役士兵，按照国家规定给予税收优惠，给予小额担保贷款扶持，从事微利项目的给予财政贴息。除国家限制行业外，自其在工商行政管理部门首次注册登记之日起 3 年内，免收管理类、登记类和证照类的行政事业性收费。

第二十四条 国家鼓励用人单位招收录用或者聘用自主就业的退役士兵，用人单位招收录用或者聘用自主就业退役士兵符合规定条件的，依法享受税收等优惠。

第二十五条 自主就业的退役士兵入伍前是国家机关、社会团体、企业事业单位工作人员或者职工的，退出现役后可以选择复职复工，其工资、福利和其他待遇不得低于本单位同等条件人员的平均水平。

第二十六条 自主就业的退役士兵入伍前通过家庭承包方式承包的农村土地，承包期内不得违法收回或者强制流转；通过招标、拍卖、公开协商等非家庭承包方式承包的农村土地，承包期内其家庭成员可以继续承包；承包的农村土地被依法征收、征用或者占用的，与其他农村集体经济组织成员享有同等权利。

自主就业的退役士兵回入伍时户口所在地落户，属于农村集体经济组织成员但没有承包农村土地的，可以申请承包农村土地，村民委员会或者村民小组应当优先解决。

第二十七条 有劳动能力的残疾退役士兵，优先享受国家规定的残疾人就业优惠政策。

第二十八条 自主就业的退役士兵进入中等职业学校学习、报考成人高等学校或者普通高等学校的，按照国家有关规定享受优待。

入伍前已被普通高等学校录取并保留入学资格或者正在普通高等学校就学的退役士兵，退出现役后2年内允许入学或者复学，并按照国家有关规定享受奖学金、助学金和减免学费等优待，家庭经济困难的，按照国家有关规定给予资助；入学后或者复学期间可以免修公共体育、军事技能和军事理论等课程，直接获得学分；入学或者复学后参加国防生选拔、参加国家组织的农村基层服务项目人选选拔，以及毕业后参加军官人选选拔的，优先录取。

第二节　安排工作

第二十九条　退役士兵符合下列条件之一的，由人民政府安排工作：

（一）士官服现役满12年的；

（二）服现役期间平时荣获二等功以上奖励或者战时荣获三等功以上奖励的；

（三）因战致残被评定为5级至8级残疾等级的；

（四）是烈士子女的。

符合前款规定条件的退役士兵在艰苦地区和特殊岗位服现役的，优先安排工作；因精神障碍基本丧失工作能力的，予以妥善安置。

符合安排工作条件的退役士兵，退役时自愿选择自主就业的，依照本条例第三章第一节的规定办理。

第三十条　国务院退役士兵安置工作主管部门和中国人民解放军总参谋部应当制定下达全国需由人民政府安排工作退役士兵的年度安置计划。

第三十一条　中央国家机关及其管理的在京企业事业单位接收安排退役士兵工作任务，由国务院退役士兵安置工作主管部门下达。中央国家机关京外直属机构、中央国家机关管理的京外企业事业单位接收安排退役士兵工作任务，由所在地县级以上地方人民政府按照属地管理的原则下达。

第三十二条 县级以上地方人民政府，应当根据符合安排工作条件的退役士兵人数和用人单位的实际情况，下达安排退役士兵工作的任务，并依法向社会公开。

对安排退役士兵工作任务较重的县（市），可以由上一级人民政府在本行政区域内统筹安排。

第三十三条 安置地县级以上地方人民政府应当按照属地管理的原则，对符合安排工作条件的退役士兵进行安置，保障其第一次就业。

第三十四条 国家机关、事业单位、国有以及国有控股和国有资本占主导地位的企业招收录用或者聘用人员的，应当在同等条件下优先招收录用或者聘用退役士兵。

第三十五条 安置地人民政府应当在接收退役士兵的6个月内，完成本年度安排退役士兵工作的任务。

退役士兵待安排工作期间，安置地人民政府应当按照不低于当地最低生活水平的标准，按月发给生活补助费。

第三十六条 承担安排退役士兵工作任务的单位应当按时完成所在地人民政府下达的安排退役士兵工作任务，在退役士兵安置工作主管部门开出介绍信1个月内安排退役士兵上岗，并与退役士兵依法签订期限不少于3年的劳动合同或者聘用合同。

合同存续期内单位依法关闭、破产、改制的，退役士兵与所在单位其他人员一同执行国家的有关规定。

接收退役士兵的单位裁减人员的，应当优先留用退役士兵。

第三十七条 由人民政府安排工作的退役士兵，服现役年限和符合本条例规定的待安排工作时间计算为工龄，享受所在单位同等条件人员的工资、福利待遇。

第三十八条 非因退役士兵本人原因，接收单位未按照规定安排退役士兵上岗的，应当从所在地人民政府退役士兵安置工作主管部门开出介绍信的当月起，按照不低于本单位同等条件人员平均工资80%的标准逐月发给退役士兵生活费至其上岗为止。

第三十九条 对安排工作的残疾退役士兵，所在单位不得因其残疾与其解除劳动关系或者人事关系。

安排工作的因战、因公致残退役士兵，享受与所在单位工伤人员同等的生活福利和医疗待遇。

第四十条 符合安排工作条件的退役士兵无正当理由拒不服从安置地人民政府安排工作的，视为放弃安排工作待遇；在待安排工作期间被依法追究刑事责任的，取消其安排工作待遇。

第三节 退休与供养

第四十一条 中级以上士官符合下列条件之一的，作退休安置：

（一）年满55周岁的；

（二）服现役满30年的；

（三）因战、因公致残被评定为1级至6级残疾等级的；

（四）经军队医院证明和军级以上单位卫生部门审核确认因病基本丧失工作能力的。

退休的退役士官，其生活、住房、医疗等保障，按照国家有关规定执行。

中级以上士官因战致残被评定为5级至6级残疾等级，本人自愿放弃退休安置选择由人民政府安排工作的，可以依照本条例第三章第二节的规定办理。

第四十二条 被评定为1级至4级残疾等级的义务兵和初级士官退出现役的，由国家供养终身。

国家供养的残疾退役士兵，其生活、住房、医疗等保障，按照国家有关规定执行。

国家供养分为集中供养和分散供养。

分散供养的残疾退役士兵购（建）房所需经费的标准，按照安置地县（市）经济适用住房平均价格和60平方米的建筑面积确定；没有经济适用住房的地区按照普通商品住房价格确定。购（建）房所需经费由中央财政专项安排，不足部分由地方财政解决。购（建）房屋产权归分散供养的残疾退役士兵所有。分散供养的残疾退役士兵自行解决住房的，按照上述标准将购（建）房费用发给本人。

第四十三条 因战、因公致残被评定为1级至4级残疾等级的中级以上士官，本人自愿放弃退休安置的，可以选择由国家供养。

第四章　保险关系的接续

第四十四条　退役士兵服现役年限计算为工龄，与所在单位工作年限累计计算，享受国家和所在单位规定的与工龄有关的相应待遇。

第四十五条　军队的军人保险管理部门与地方的社会保险经办机构，应当按照国家有关规定为退役士兵办理保险关系转移接续手续。

对自主就业的退役士兵，凭退役士兵安置工作主管部门出具的介绍信，由社会保险经办机构按照国家有关规定办理保险关系接续手续。对安排工作的退役士兵，由接收单位按照国家有关规定办理保险关系接续手续。

第四十六条　退役士兵到城镇企业就业或者在城镇从事个体经营、以灵活方式就业的，按照国家有关规定参加职工基本养老保险，服现役年限视同职工基本养老保险缴费年限，并与实际缴费年限合并计算。退役士兵回农村的，按照国家有关规定参加新型农村社会养老保险。

退役士兵在服现役期间建立的军人退役养老保险与其退役后参加基本养老保险的关系接续，由军队的军人保险管理部门和安置地社会保险经办机构按照国家有关规定办理。

退役士兵服现役年限视同职工基本养老保险缴费年限的

养老保险待遇计发办法，按照国家有关规定执行。

第四十七条 退役士兵到各类用人单位工作的，应当随所在单位参加职工基本医疗保险；以灵活方式就业或者暂未实现就业的，可以参加职工基本医疗保险、城镇居民基本医疗保险或者新型农村合作医疗。退役士兵参加基本医疗保险的，其军人退役医疗保险金，按照国家有关规定转入退役士兵安置地的社会保险经办机构。实行工龄视同参加基本医疗保险缴费年限规定的地区，退役士兵的服现役年限视同参保缴费年限。

第四十八条 退役士兵就业应当随所在单位参加失业保险，其服现役年限视同失业保险缴费年限，并与实际缴费年限合并计算。参加失业保险的退役士兵失业，并符合《失业保险条例》规定条件的，按照规定享受失业保险待遇和相应的促进再就业服务。

第五章 法律责任

第四十九条 退役士兵安置工作主管部门及其工作人员、参与退役士兵安置工作的单位及其工作人员有下列行为之一的，由其上级主管部门责令改正，对相关责任人员依法给予处分；相关责任人员构成犯罪的，依法追究刑事责任：

（一）违反规定审批退役士兵安置待遇的；

（二）在审批退役士兵安置工作中出具虚假鉴定、证明的；

（三）在退役士兵安置工作中利用职权谋取私利的。

第五十条 接收安置退役士兵的单位违反本条例的规定，有下列情形之一的，由当地人民政府退役士兵安置工作主管部门责令限期改正；逾期不改的，对国家机关、社会团体、事业单位主要负责人和直接责任人员依法给予处分，对企业按照涉及退役士兵人数乘以当地上年度城镇职工平均工资10倍的金额处以罚款，并对接收单位及其主要负责人予以通报批评：

（一）拒绝或者无故拖延执行人民政府下达的安排退役士兵工作任务的；

（二）未依法与退役士兵签订劳动合同、聘用合同的；

（三）与残疾退役士兵解除劳动关系或者人事关系的。

第五十一条 退役士兵弄虚作假骗取安置待遇的，由安置地人民政府退役士兵安置工作主管部门取消相关安置待遇。

第六章 附 则

第五十二条 本条例适用于中国人民武装警察部队。

第五十三条 本条例自2011年11月1日起施行。

1987年12月12日国务院发布的《退伍义务兵安置条例》，1999年12月13日国务院、中央军委下发的《中国人民解放军士官退出现役安置暂行办法》同时废止。

本条例施行以前入伍、施行以后退出现役的士兵，执行本条例，本人自愿的，也可以按照入伍时国家有关退役士兵安置的规定执行。

退役安置补助经费管理办法

（2014 年 11 月 25 日财社〔2014〕187 号发布
根据 2019 年 11 月 18 日《财政部、退役军人部、医保局关于修改退役安置等补助资金管理办法的通知》修正）

第一条 为规范退役安置补助经费管理，保障退役安置工作顺利推进，根据国家相关法律法规和政策规定，制定本办法。

第二条 退役安置补助经费，是指各级财政部门安排用于保障军队移交政府离退休人员生活待遇及相关管理工作、军队离退休干部服务管理机构（以下简称服务管理机构）用房建设、1 级至 4 级分散供养残疾退役士兵购（建）房以及自主就业退役士兵免费参加一次职业教育和技能培训等方面支出的资金。

中央财政补助资金实施期限暂至 2023 年 12 月 31 日。期满后财政部会同退役军人部根据法律、行政法规和国务院有关规定及工作需要评估确定后续期限。

第三条 本办法所称离退休人员，包括军队和武警部队移交政府安置的离休干部、退休干部、退休士官（退休志愿兵，下同）和无军籍离休干部、退休退职职工。

第四条 本办法所称的服务管理机构用房主要包括：管理人员办公室、为老干部提供服务管理的活动室和医疗室等专门用房以及车库等配套用房。

第五条 退役安置补助经费的使用必须坚持专款专用、科学管理、强化监督的原则，严格按照规定的范围、标准和程序使用，确保资金使用安全、规范、高效。

第六条 退役安置补助经费包括：

（一）用于保障军队移交政府离退休人员生活待遇及相关管理工作的资金，由各级财政部门安排的补助资金、军队安排资金及其他收入组成。其中由军队负担的经费，包括离退休人员移交当年剩余月份离退休经费、退休干部和士官部分定期增资经费、离退休干部和士官调整生活待遇当年经费以及国务院、中央军委有关部门规定的其他经费。

（二）用于服务管理机构用房建设、1 级至 4 级分散供养残疾退役士兵购（建）房以及自主就业退役士兵免费参加一次职业教育和技能培训等方面的资金由中央财政安排，不足部分由地方财政解决，相应纳入各级政府预算。

第七条 退役安置补助经费支出范围包括：离退休人员经费、服务管理机构经费、军队离退休干部服务管理机构用房建设补助资金、1 级至 4 级分散供养残疾退役士兵购（建）房补助资金、退役士兵职业教育和技能培训补助资金等。

第八条 离退休人员经费主要包括：

（一）基本离退休费，指发给军队离退休人员的基本离退休费。

（二）生活补助，指发给军队离退休人员个人的各项生活补助。

（三）医疗费，指离退休人员和离退休干部无经济收入家属、遗属医疗保障和医疗补助经费。包括已参加基本医疗保险按规定向社会保险经办机构缴纳基本医疗保险费和对退休干部个人自付医疗费较多部分的补助，以及未参加基本医疗保险的离退休人员和离退休干部无经济收入家属、遗属按规定准予报销的医疗费用。

（四）离休干部特需费，指国家定额补助、服务管理机构集中用于解决离休干部特殊困难和必要的活动经费开支。

（五）福利费，指服务管理机构按规定比例从离退休人员基本离退休费提取的，用于离退休人员各项福利的经费。

（六）家属、遗属生活补助费，指发放给离退休干部和士官的无经济收入家属、遗属个人的生活补助费。

（七）其他费用，指按规定用于离退休人员开支的其他费用。

上述第一项、第二项和第六项发给个人的经费要逐步通过银行发放，第三项中参加医疗保险和公务员医疗补助代缴经费要及时代缴，其他费用由服务管理机构统一掌握，按规定开支。

第九条 服务管理机构经费主要包括：

（一）基本支出，指服务管理机构工作人员的人员经费和日常公用经费。

（二）项目支出，指离退休干部住房维修、机构开办费等经财政部门批准的项目经费支出。

第十条 军队离退休干部服务管理机构用房建设补助资金包括用于管理人员办公室，为老干部提供服务管理的活动室、医疗室等专门用房，以及车库等配套用房的改建、扩建、新建、购置等方面支出的资金。

第十一条 1级至4级分散供养残疾退役士兵购（建）房补助资金是用于1级至4级分散供养残疾退役士兵移交地方安置时购（建）房补助支出的资金。

第十二条 退役士兵职业教育和技能培训补助资金包括自主就业退役士兵免费参加一次职业教育和技能培训所需的学杂费、住宿费、技能鉴定费、生活补助费，以及转业士官待分配期间管理教育（含培训）和医疗补助资金等。

第十三条 按政策规定支出标准分配的退役安置补助经费，其分配依据为：

（一）中央财政按照退役军人部汇总的各地接收军队移交政府离退休人员情况和有关政策规定安排中央补助地方军队离退休人员经费。

（二）中央财政按照军地有关部门核定的移交安置计划和相关规定标准对各地军队离退休干部服务管理机构经费给予补助。

（三）安置地政府按照集中安置军队离退休干部购房补贴

建筑面积标准的10%统一规划建设服务管理机构用房，中央财政综合考虑国家统计局最新统计的各地办公楼销售价格，安排军队离退休干部服务管理机构用房建设补助资金。

（四）中央财政根据1级至4级分散供养残疾退役士兵人数（由中央军委政治工作部和训练管理部等有关部门提供，退役军人部审核汇总）和中央财政定额补助标准，安排1级至4级分散供养残疾退役士兵购（建）房补助资金。

（五）中央财政按照各省（自治区、直辖市）自主就业退役士兵参加教育培训人数（由各地退役军人事务部门上报，退役军人部审核汇总）和中央财政定额补助标准，安排自主就业退役士兵职业教育和技能培训资金。

第十四条 地方财政结合中央财政补助资金，根据有关政策规定、退役军人事务部门汇总的基础数据和经费需求，在本级预算中科学合理安排相关经费。地方各级财政部门要保证中央财政和本级财政安排的安置经费及时足额到位。对军队划拨的经费以及其他收入要严格纳入预算管理。

第十五条 地方各级退役军人事务部门和服务管理机构，每年应会同同级财政部门审核汇总上一年度新接收退役安置人员情况、已接收人员变化情况以及退役安置补助经费需求情况，并逐级及时汇总上报退役军人部。退役军人部会同军队有关部门提出资金分配方案及分区域绩效目标，函报财政部。财政部接收资金分配方案后，在30日内审定并下达补助经费预算，同步下达区域绩效目标，抄送退役军人部和财政部各地监管局。年度执行中，退役军人部会同财政部指导省级退役军人事务部门、财政部门对绩效目标实现情况进行监控，确保绩效目标如期实现。

省级退役军人事务部门应会同同级财政部门组织市县做好补助经费绩效自评工作，将区域绩效自评结果报送退役军人部、财政部，并抄送财政部当地监管局。财政部和退役军人部适时开展退役安置补助经费重点绩效评价。绩效评价结果作为预算安排、政策调整和改进管理的重要依据。

第十六条 地方各级财政应将服务管理机构开展工作所需支出纳入本级政府预算，按照同类事业单位并结合上级补助经费核定基本支出和项目支出，统筹安排同级服务管理机构经费预算，保障服务管理工作的正常开展。服务管理机构用房由安置地政府统一规划，可以采取改建、扩建、新建、购置等方式。地方各级退役军人事务、财政部门应会同军地有关部门核定同级服务管理机构用房面积，按照服务管理社会化的要求，合理制定服务管理机构用房的建设规划，并报主管部门批准。

第十七条 地方各级退役军人事务部门和服务管理机构应当严格按照本办法规定的开支范围执行。离退休人员经费和服务管理机构经费结余报经同级财政部门确认后，可结转下一年度继续使用。服务管理机构固定资产要按国家有关规定进行分类登记入账，加强日常管理。

第十八条 地方各级退役军人事务、财政部门应当根据开展教育培训工作的内容，制定教育培训补助资金的申请和拨付程序，并根据参加教育培训退役士兵实际人数、培训阶段、学习效果、就业情况等因素实施绩效考评，采取分阶段、分比例的方式将补助资金直接拨付到承担教育培训的机构。

承担教育培训任务的机构向组织教育培训的退役军人事务部门提出资金申请，申请报告必须附有退役士兵学员花名册，并经相应行政主管部门审核确认。

组织教育培训的退役军人事务部门应当在认真审核申请报告及花名册的基础上，确认教育培训工作任务，并提出补助资金分配方案；同级财政部门对退役军人事务部门提出的资金分配方案审核确认后及时下达补助资金。

第十九条 各级财政、退役军人事务部门应当强化补助经费的使用管理，并积极配合有关部门做好审计、稽查等工作。财政部各地监管局在规定职权范围内，依法对补助经费的使用管理情况进行监督。

各级财政、退役军人事务部门及其工作人员在补助经费的分配、审核、使用、管理等工作中，存在违反本办法规定的行为，以及其他滥用职权、玩忽职守、徇私舞弊等违法违纪行为的，按照《中华人民共和国预算法》《中华人民共和国公务员法》《中华人民共和国监察法》《财政违法行为处罚处分条例》等国家有关规定追究相应责任；涉嫌犯罪的，依法移送司法机关处理。

第二十条 省级财政、退役军人事务部门可以依据本办法，结合当地实际，制定具体的实施细则。

第二十一条 本办法由财政部会同退役军人部负责解释。

第二十二条 本办法自发布之日起施行。《军队移交政府离退休人员安置经费使用管理办法》（财社〔2005〕52号）、《退役士兵职业教育和技能培训资金使用管理办法》（财社〔2011〕35号）、《1级至4级分散供养残疾退役士兵购（建）房资金使用管理办法》（财社〔2013〕15号）、《军队离退休干部服务管理机构用房建设专项补助资金使用管理办法》（财社〔2013〕16号）同时废止。

退役军人逐月领取退役金安置办法

（2021年12月24日　退役军人部发〔2021〕82号）

第一章　总　　则

第一条 为规范退役军人逐月领取退役金安置工作，根据《中华人民共和国退役军人保障法》等有关法律法规，制定本办法。

第二条 本办法适用于以逐月领取退役金方式安置的退役军官和退役军士。

第三条 逐月领取退役金安置，坚持突出服役贡献、体现尊重优待、鼓励就业创业、纳入社会保障的原则。

第四条 国务院退役军人工作主管部门负责统筹全国逐

月领取退役金退役军人接收安置工作。省级人民政府退役军人工作主管部门根据国家下达的逐月领取退役金退役军人安置计划进行档案审核和安置地审定。市、县级人民政府退役军人工作主管部门负责本行政区域内逐月领取退役金退役军人接收安置、服务管理、教育培训、就业创业扶持、退役金核准发放等工作。

中央军委政治工作部门负责统筹全军逐月领取退役金退役军人审核移交工作。军队团级以上单位有关部门负责本单位逐月领取退役金退役军人档案整理、服役情形认定、退役金核定等工作。省军区（卫戍区、警备区）负责全军安置到所在省（自治区、直辖市）逐月领取退役金退役军人的移交，并配合当地做好接收安置工作。

中央和国家机关有关部门、各地有关部门、军队有关单位在各自职责范围内做好相关工作。

第二章　安置对象和安置地

第五条　大校以下军官退役时符合下列条件之一的，由本人申请，经审核批准后可以以逐月领取退役金方式安置：

（一）担任军官满 16 年的；

（二）担任军士和军官累计满 16 年的；

（三）服役满 20 年的；

（四）直接选拔招录军官、特招入伍军官晋升（授予）少校以上军衔后达龄退役的。

第六条 军士退役时符合下列条件之一的，由本人申请，经审核批准后可以以逐月领取退役金方式安置：

（一）担任军士满 16 年的；

（二）服役满 18 年的；

（三）晋升（授予）四级军士长以上军衔后，在本衔级服役满 6 年且服役累计满 14 年的。

第七条 军官、军士有下列情形之一的，不以逐月领取退役金方式安置：

（一）超过 50 周岁且可以作退休安置的；

（二）因伤残可以作退休安置或者经医学鉴定基本丧失工作能力的；

（三）受审查尚未作出结论或者留党察看期未满的；

（四）被开除党籍或者因故意犯罪受刑事处罚的；

（五）法律法规规定的其他原因不宜作逐月领取退役金安置的。

第八条 逐月领取退役金的退役军官、退役军士可以在本人原籍、入伍地或者入伍时户口所在地安置，也可以按照下列情形选择安置地：

（一）可以在配偶随军前、结婚时或者现户口所在地安置，无配偶的可以比照驻地军人配偶随军条件在驻地安置；可以在本人父母或者配偶父母任何一方户口所在地安置，本人父母双方或者一方为军人的，可以在父母任何一方的原籍、入伍地或者离退休安置地安置；军官符合规定条件的，可以在子女户口所在地安置，军官、军士的子女为现役军人且符合驻地军人配偶随军条件的，也可以在子女部队驻地安置。其中，随配偶或者配偶父母安置的，须符合军队有关现役军人结婚的规定。

（二）夫妻同为军官的，双方或者一方以逐月领取退役金方式安置，可以在任何一方的部队驻地、原籍、入伍地或者入伍时户口所在地安置；夫妻一方为军官，另一方为当年符合安排工作、逐月领取退役金、退休或者供养条件的军士，双方或者一方以逐月领取退役金方式安置，可以在任何一方的部队驻地、原籍、入伍地或者入伍时户口所在地安置；夫妻同为军士的，双方或者一方以逐月领取退役金方式安置，可以在符合随军条件一方的部队驻地安置。

（三）国家规定的其他情形。

易地安置落户在国务院确定的超大城市的退役军官，应当符合国家和军队关于退役军官在该超大城市安置落户的有关规定；易地安置落户在国务院确定的超大城市的退役军士，应当结婚满 2 年且符合该超大城市关于落户的相关政策规定。入伍时是普通高等学校在校学生的退役军官、退役军士，退役后不复学的，其安置地为入学前的户口所在地。

第三章　退役金发放与调整

第九条　退役金区分国家法定退休年龄前后两个阶段发放。达到国家法定退休年龄前，按照规定逐月发放退役金；

达到国家法定退休年龄后，按照规定享受基本养老金、职业年金等养老保险待遇，并继续保留一定比例退役金发放终身。

第十条 依据本办法出台当年军人工资、全国城镇单位就业人员平均工资，综合考虑军官、军士队伍建设和退役军人安置实际，确定退役金计发基数，具体标准见附表1。

第十一条 国家建立退役金调整机制。根据经济社会发展水平、财力状况等因素，参照企业和机关事业单位退休人员基本养老金调整幅度和频次，调整退役金。

第十二条 退役金根据担任军官、军士年限，按照计发基数一定比例确定，具体计发比例按照下列规定执行：

（一）担任军官满16年或者担任军士和军官累计满16年的退役军官，退役金按照计发基数的60%确定；超过16年的，每多1年计发比例增加2%；符合本办法第五条第四项规定，不满16年的，每少1年计发比例减少2%。

（二）担任军士满16年的退役军士，退役金按照计发基数的50%确定；超过16年的，每多1年计发比例增加2%；符合本办法第六条第三项规定，不满16年的，每少1年计发比例减少2%。

第十三条 对获得军队功勋荣誉表彰，以及长期在艰苦边远地区和特殊岗位服役的退役军官、退役军士，按照计发基数一定比例增发退役金，具体增发比例按照下列规定执行：

（一）服役期间获得三等功、二等功、一等功的，计发比例分别增加2%、4%、8%；获得四等战功、三等战功、二等战功、一等战功的，计发比例分别增加 2%、4%、8%、12%；获得勋章、荣誉称号的，计发比例增加 15%；获得二级表彰并经批准的、一级表彰的，分别按照二等战功、一等战功标准增加退役金计发比例。多次获得功勋荣誉表彰的，计发比例可以累加，累加比例不超过 15%；同一等级功勋荣誉表彰累加的增发比例，不超过上一等级的增发比例；同一事由获得两次以上功勋荣誉表彰的，增发比例就高执行。

（二）在西藏自治区、三类以上艰苦边远地区服役满 10 年的，计发比例增加 5%；超过 10 年的，在西藏自治区和六类、五类、四类、三类艰苦边远地区每多 1 年计发比例分别再增加 2%、1.5%、1.2%、0.8%、0.5%。在特类岛、一类岛、二类岛服役，分别参照在五类、四类、三类艰苦边远地区服役的相关标准增加计发比例。同一地区符合艰苦边远地区和海岛两种增发情形的就高执行。

在上述地区服役增发退役金的比例可以累加，除安置在上述地区外，累加比例不超过 15%。

（三）在飞行、舰艇、涉核岗位服役满 10 年的，计发比例增加 5%。担任作战部队师、旅、团、营级单位主官累计满 3 年的退役军官，计发比例增加 2%。

第十四条 按照本办法第十二条和第十三条规定计算的退役金计发比例，累计不得超过 100%。

第十五条 逐月领取退役金的退役军人在西藏自治区、三类以上艰苦边远地区服役满 10 年，安置在上述地区，且按照规定缴纳基本养老保险费的，达到国家法定退休年龄前发给地区补助，具体标准见附表2。地区补助标准随国家艰苦边远地区津贴标准调整，其中西藏自治区补助标准按照六类艰苦边远地区津贴标准相应调整。

达到国家法定退休年龄前，在上述地区无实际工作生活情形连续超过12个月，或者本人户籍迁出上述地区的，自下月起停发地区补助。

第十六条 逐月领取退役金的退役军人，达到国家法定退休年龄时，保留当月退役金（含艰苦边远地区补助）的一定比例，自下月起按照规定发放终身。其中，担任军官、军士16年的保留20%，每多1年保留比例增加1%，每少1年保留比例减少1%，保留比例不超过25%。在海拔3500米以上地区服役且安置在该类地区的，在该类地区每服役1年保留比例再增加1%，最多不超过10%。

保留的退役金按照本办法第十一条规定调整。

第十七条 确定退役金计发比例以及相关待遇时，担任军官和军士年限、服役年限，以及艰苦边远地区服役年限、特殊岗位服役年限等，不满12个月的按月折算。年限起止时间按照任职命令确定。

本办法关于军官、军士服役时间（含在艰苦边远地区和特殊岗位服役时间），均不包含受刑事处罚服刑时间以及批准退役后滞留部队时间。

第十八条 逐月领取退役金的退役军人被录用为公务员

或者聘用为事业单位工作人员的，自被录用、聘用下月起停发退役金，其社会保险按照国家规定转移接续。

逐月领取退役金的退役军人违法犯罪的，按照国家有关规定中止、降低或者取消退役金，其社会保险待遇按照国家有关规定执行。

第四章　相关待遇保障

第十九条　逐月领取退役金的退役军人，依据其军衔等级、服役贡献等享受着制式军装参加重大庆典活动，以及去世后根据条件安葬在军人公墓等国家法律法规明确的政治待遇。

退役军人党员管理按照有关规定执行。

第二十条　逐月领取退役金的退役军人基本养老保险和职业年金补助，按照安置到企业的退役军人办法计算。保险关系、补助资金根据国家和军队有关规定转移。退役后就业的按照国家有关规定接续缴纳基本养老保险费，未就业的可以以灵活就业人员身份参加基本养老保险。符合国家规定基本养老保险待遇领取条件的，享受养老保险待遇。

第二十一条　逐月领取退役金的退役军人按照规定参加安置地基本医疗保险，享受相应的医疗保险待遇。退役时，医疗保险关系按照规定转移至安置地医疗保障经办机构，服役期间个人账户资金按照规定转入本人新的账户。退役后因个人身心状况、家庭实际困难等原因无法就业的，参加职工基本医疗保险单位缴费部分由安置地退役军人工作主管部门向当地医疗保险费征收机构缴纳，所需经费由安置地人民政府解决；个人缴费部分由个人按照规定缴纳。逐月领取退役金的退役军官在参加职工基本医疗保险的基础上，参照公务员医疗补助标准，享受相应待遇。

第二十二条 逐月领取退役金的退役军人，享受国家和军队有关规定明确的住房待遇。服役期间的住房公积金，按照规定在其离队时根据本人意愿可以一次性发给本人，也可以转移接续到安置地。转移接续到安置地的，可按照安置地规定享受使用权益。符合条件的人员申请安置地保障性住房时，同等条件下予以优先安排。

第二十三条 逐月领取退役金的退役军人，享受国家扶持退役军人就业创业和教育培训的各项优先优惠政策。因身体状况、技能水平等原因未能就业，以及连续失业一定时间仍未就业的，地方各级人民政府提供有针对性的职业介绍、就业指导等服务；符合就业困难人员条件的，按照规定享受社会保险补贴、公益性岗位安置等就业援助政策。

第二十四条 采取逐月领取退役金方式安置的退役军官和符合随军条件的退役军士，其配偶子女随调随迁入学等，分别按照转业军官和安排工作退役军士有关规定执行。

第二十五条 逐月领取退役金的退役军人去世的，按照国家有关规定发给抚恤金和丧葬补助费，其基本养老、基本医疗保险个人账户和军人职业年金账户资金余额可以继承。

第二十六条 逐月领取退役金退役军人的退役金、地区补助、教育培训、服务管理经费等，由中央和地方按照财政事权和支出责任划分分别承担。

第五章 附 则

第二十七条 中国人民武装警察部队退役警官、退役警士适用本办法。

本办法有关军官的规定适用于军队文职干部。

在军官制度改革中未参加等级转换的退役军官，参照本办法执行。

新的士兵制度施行后，对应套改新军衔后的军士，适用本办法。

第二十八条 本办法由退役军人事务部和中央军委政治工作部负责解释。

第二十九条 本办法自发布之日起施行。

四、教育培训

国务院关于推行终身职业技能培训制度的意见

（2018 年 5 月 3 日　国发〔2018〕11 号）

职业技能培训是全面提升劳动者就业创业能力、缓解技能人才短缺的结构性矛盾、提高就业质量的根本举措，是适应经济高质量发展、培育经济发展新动能、推进供给侧结构性改革的内在要求，对推动大众创业万众创新、推进制造强国建设、提高全要素生产率、推动经济迈上中高端具有重要意义。为全面提高劳动者素质，促进就业创业和经济社会发展，根据党的十九大精神和“十三五”规划纲要相关要求，现就推行终身职业技能培训制度提出以下意见。

一、总体要求

（一）指导思想。

以习近平新时代中国特色社会主义思想为指导，全面深入贯彻党的十九大和十九届二中、三中全会精神，认真落实党中央、国务院决策部署，统筹推进“五位一体”总体布局和协调推进“四个全面”战略布局，坚持以人民为中心的发展思想，牢固树立新发展理念，深入实施就业优先战略和人才强国战略，适应经济转型升级、制造强国建设和劳动者就业创业需要，深化人力资源供给侧结构性改革，推行终身职业技能培训制度，大规模开展职业技能培训，着力提升培训的针对性和有效性，建设知识型、技能型、创新型劳动者大军，为全面建成社会主义现代化强国、实现中华民族伟大复兴的中国梦提供强大支撑。

（二）基本原则。

促进普惠均等。针对城乡全体劳动者，推进基本职业技能培训服务普惠性、均等化，注重服务终身，保障人人享有基本职业技能培训服务，全面提升培训质量、培训效益和群众满意度。

坚持需求导向。坚持以促进就业创业为目标，瞄准就业创业和经济社会发展需求确定培训内容，加强对就业创业重点群体的培训，提高培训后的就业创业成功率，着力缓解劳动者素质结构与经济社会发展需求不相适应、结构性就业矛盾突出的问题。

创新体制机制。推进职业技能培训市场化、社会化改革，充分发挥企业主体作用，鼓励支持社会力量参与，建立培训资源优化配置、培训载体多元发展、劳动者按需选择、政府加强监管服务的体制机制。

坚持统筹推进。加强职业技能开发和职业素质培养，全面做好技能人才培养、评价、选拔、使用、激励等工作，着力加强高技能人才队伍建设，形成有利于技能人才发展的制度体系和社会环境，促进技能振兴与发展。

（三）目标任务。

建立并推行覆盖城乡全体劳动者、贯穿劳动者学习工作终身、适应就业创业和人才成长需要以及经济社会发展需求的终身职业技能培训制度，实现培训对象普惠化、培训资源市场化、培训载体多元化、培训方式多样化、培训管理规范化，大规模开展高质量的职业技能培训，力争2020年后基本满足劳动者培训需要，努力培养造就规模宏大的高技能人才队伍和数以亿计的高素质劳动者。

二、构建终身职业技能培训体系

（四）完善终身职业技能培训政策和组织实施体系。面向城乡全体劳动者，完善从劳动预备开始，到劳动者实现就业创业并贯穿学习和职业生涯全过程的终身职业技能培训政策。以政府补贴培训、企业自主培训、市场化培训为主要供给，以公共实训机构、职业院校（含技工院校，下同）、职业培训机构和行业企业为主要载体，以就业技能培训、岗位技能提升培训和创业创新培训为主要形式，构建资源充足、布局合理、结构优化、载体多元、方式科学的培训组织实施体系。（人力资源社会保障部、教育部等按职责分工负责。列第一位者为牵头单位，下同）

（五）围绕就业创业重点群体，广泛开展就业技能培训。持续开展高校毕业生技能就业行动，增强高校毕业生适应产业发展、岗位需求和基层就业工作能力。深入实施农民工职业技能提升计划——“春潮行动”，将农村转移就业人员和新生代农民工培养成为高素质技能劳动者。配合化解过剩产能职工安置工作，实施失业人员和转岗职工特别职业培训计划。实施新型职业农民培育工程和农村实用人才培训计划，全面建立职业农民制度。对城乡未继续升学的初、高中毕业生开展劳动预备制培训。对即将退役的军人开展退役前技能储备培训和职业指导，对退役军人开展就业技能培训。面向符合条件的建档立卡贫困家庭、农村“低保”家庭、困难职工家庭和残疾人，开展技能脱贫攻坚行动，实施“雨露计划”、技能脱贫千校行动、残疾人职业技能提升计划。对服刑人员、强制隔离戒毒人员，开展以顺利回归社会为目的的就业技能培训。（人力资源社会保障部、教育部、工业和信息化部、民政部、司法部、住房城乡建设部、农业农村部、退役军人事务部、国务院国资委、国务院扶贫办、全国总工会、共青团中央、全国妇联、中国残联等按职责分工负责）

（六）充分发挥企业主体作用，全面加强企业职工岗位技能提升培训。将企业职工培训作为职业技能培训工作的重点，明确企业培训主体地位，完善激励政策，支持企业大规模开展职业技能培训，鼓励规模以上企业建立职业培训机构开展职工培训，并积极面向中小企业和社会承担培训任务，降低企业兴办职业培训机构成本，提高企业积极性。对接国民经济和社会发展中长期规划，适应高质量发展要求，推动企业健全职工培训制度，制定职工培训规划，采取岗前培训、学徒培训、在岗培训、脱产培训、业务研修、岗位练兵、技术比武、技能竞赛等方式，大幅提升职工技能水平。全面推行企业新型学徒制度，对企业新招用和转岗的技能岗位人员，通过校企合作方式，进行系统职业技能培训。发挥失业保险促进就业作用，支持符合条件的参保职工提升职业技能。健全校企合作制度，探索推进产教融合试点。（人力资源社会保障部、教育部、工业和信息化部、住房城乡建设部、国务院国资委、全国总工会等按职责分工负责）

（七）适应产业转型升级需要，着力加强高技能人才培训。面向经济社会发展急需紧缺职业（工种），大力开展高技能人才培训，增加高技能人才供给。深入实施国家高技能人才振兴计划，紧密结合战略性新兴产业、先进制造业、现代服务业等发展需求，开展技师、高级技师培训。对重点关键岗位的高技能人才，通过开展新知识、新技术、新工艺等方面培训以及技术研修攻关等方式，进一步提高他们的专业知识水平、解决实际问题能力和创新创造能力。支持高技能领军人才更多参与国家科研项目。发挥高技能领军人才在带徒传技、技能推广等方面的重要作用。（人力资源社会保障部、教育部、工业和信息化部、住房城乡建设部、国务院国资委、全国总工会等按职责分工负责）

（八）大力推进创业创新培训。组织有创业意愿和培训需求的人员参加创业创新培训。以高等学校和职业院校毕业生、科技人员、留学回国人员、退役军人、农村转移就业和返乡下乡创业人员、失业人员和转岗职工等群体为重点，依托高等学校、职业院校、职业培训机构、创业培训（实训）中心、创业孵化基地、众创空间、网络平台等，开展创业意识教育、创新素质培养、创业项目指导、开业指导、企业经营管理等培训，提升创业创新能力。健全以政策支持、项目评定、孵化实训、科技金融、创业服务为主要内容的创业创新支持体系，将高等学校、职业院校学生在校期间开展的“试创业”实践活动纳入政策支持范围。发挥技能大师工作室、劳模和职工创新工作室作用，开展集智创新、技术攻关、技能研修、技艺传承等群众性技术创新活动，做好创新成果总结命名推广工作，加大对劳动者创业创新的扶持力度。（人力资源社会保障部、教育部、科技部、工业和信息化部、住房城乡建设部、农业农村部、退役军人事务部、国务院国资委、国务院扶贫办、全国总工会、共青团中央、全国妇联、中国残联等按职责分工负责）

（九）强化工匠精神和职业素质培育。大力弘扬和培育工匠精神，坚持工学结合、知行合一、德技并修，完善激励机制，增强劳动者对职业理念、职业责任和职业使命的认识与理解，提高劳动者践行工匠精神的自觉性和主动性。广泛开展“大国工匠进校园”活动。加强职业素质培育，将职业道德、质量意识、法律意识、安全环保和健康卫生等要求贯穿职业培训全过程。（人力资源社会保障部、教育部、科技部、工业和信息化部、住房城乡建设部、国务院国资委、国家市场监督管理总局、全国总工会、共青团中央等按职责分工负责）

三、深化职业技能培训体制机制改革

（十）建立职业技能培训市场化社会化发展机制。加大政府、企业、社会等各类培训资源优化整合力度，提高培训供给能力。广泛发动社会力量，大力发展民办职业技能培训。鼓励企业建设培训中心、职业院校、企业大学，开展职业训练院试点工作，为社会培育更多高技能人才。鼓励支持社会组织积极参与行业人才需求发布、就业状况分析、培训指导等工作。政府补贴的职业技能培训项目全部向具备资质的职业院校和培训机构开放。（人力资源社会保障部、教育部、工业和信息化部、民政部、国家市场监督管理总局、全国总工会等按职责分工负责）

（十一）建立技能人才多元评价机制。健全以职业能力为导向、以工作业绩为重点、注重工匠精神培育和职业道德养成的技能人才评价体系。建立与国家职业资格制度相衔接、与终身职业技能培训制度相适应的职业技能等级制度。完善职业资格评价、职业技能等级认定、专项职业能力考核等多元化评价方式，促进评价结果有机衔接。健全技能人才评价管理服务体系，加强对评价质量的监管。建立以企业岗位练兵和技术比武为基础、以国家和行业竞赛为主体、国内竞赛与国际竞赛相衔接的职业技能竞赛体系，大力组织开展职业技能竞赛活动，积极参与世界技能大赛，拓展技能人才评价选拔渠道。（人力资源社会保障部、教育部、工业和信息化部、住房城乡建设部、国务院国资委、全国总工会、共青团

中央、中国残联等按职责分工负责)

（十二）建立职业技能培训质量评估监管机制。对职业技能培训公共服务项目实施目录清单管理，制定政府补贴培训目录、培训机构目录、鉴定评价机构目录、职业资格目录，及时向社会公开并实行动态调整。建立以培训合格率、就业创业成功率为重点的培训绩效评估体系，对培训机构、培训过程进行全方位监管。结合国家“金保工程”二期，建立基于互联网的职业技能培训公共服务平台，提升技能培训和鉴定评价信息化水平。探索建立劳动者职业技能培训电子档案，实现培训信息与就业、社会保障信息联通共享。(人力资源社会保障部、财政部等按职责分工负责)

（十三）建立技能提升多渠道激励机制。支持劳动者凭技能提升待遇，建立健全技能人才培养、评价、使用、待遇相统一的激励机制。指导企业不唯学历和资历，建立基于岗位价值、能力素质、业绩贡献的工资分配机制，强化技能价值激励导向。制定企业技术工人技能要素和创新成果按贡献参与分配的办法，推动技术工人享受促进科技成果转化的有关政策，鼓励企业对高技能人才实行技术创新成果入股、岗位分红和股权期权等激励方式，鼓励凭技能创造财富、增加收入。落实技能人才积分落户、岗位聘任、职务职级晋升、参与职称评审、学习进修等政策。支持用人单位对聘用的高级工、技师、高级技师，比照相应层级工程技术人员确定其待遇。完善以国家奖励为导向、用人单位奖励为主体、社会奖励为补充的技能人才表彰奖励制度。（人力资源社会保障部、教育部、工业和信息化部、公安部、国务院国资委、国家公务员局等按职责分工负责）

四、提升职业技能培训基础能力

（十四）加强职业技能培训服务能力建设。推进职业技能培训公共服务体系建设，为劳动者提供市场供求信息咨询服务，引导培训机构按市场和产业发展需求设立培训项目，引导劳动者按需自主选择培训项目。推进培训内容和方式创新，鼓励开展新产业、新技术、新业态培训，大力推广“互联网+职业培训”模式，推动云计算、大数据、移动智能终端等信息网络技术在职业技能培训领域的应用，提高培训便利度和可及性。（人力资源社会保障部、国家发展改革委等按职责分工负责）

（十五）加强职业技能培训教学资源建设。紧跟新技术、新职业发展变化，建立职业分类动态调整机制，加快职业标准开发工作。建立国家基本职业培训包制度，促进职业技能培训规范化发展。支持弹性学习，建立学习成果积累和转换制度，促进职业技能培训与学历教育沟通衔接。实行专兼职教师制度，完善教师在职培训和企业实践制度，职业院校和培训机构可根据需要和条件自主招用企业技能人才任教。大力开展校长等管理人员培训和师资培训。发挥院校、行业企业作用，加强职业技能培训教材开发，提高教材质量，规范教材使用。（人力资源社会保障部、教育部等按职责分工负责）

（十六）加强职业技能培训基础平台建设。推进高技能人才培训基地、技能大师工作室建设，建成一批高技能人才培养培训、技能交流传承基地。加强公共实训基地、职业农民培育基地和创业孵化基地建设，逐步形成覆盖全国的技能实训和创业实训网络。对接世界技能大赛标准，加强竞赛集训基地建设，提升我国职业技能竞赛整体水平和青年技能人才培养质量。积极参与走出去战略和“一带一路”建设中的技能合作与交流。（人力资源社会保障部、国家发展改革委、教育部、科技部、工业和信息化部、财政部、农业农村部、商务部、国务院国资委、国家国际发展合作署等按职责分工负责）

五、保障措施

（十七）加强组织领导。地方各级人民政府要按照党中央、国务院的总体要求，把推行终身职业技能培训制度作为推进供给侧结构性改革的重要任务，根据经济社会发展、促进就业和人才发展总体规划，制定中长期职业技能培训规划并大力组织实施，推进政策落实。要建立政府统一领导，人力资源社会保障部门统筹协调，相关部门各司其职、密切配合，有关人民团体和社会组织广泛参与的工作机制，不断加大职业技能培训工作力度。（人力资源社会保障部等部门、单位和各省级人民政府按职责分工负责）

（十八）做好公共财政保障。地方各级人民政府要加大投入力度，落实职业技能培训补贴政策，发挥好政府资金的引导和撬动作用。合理调整就业补助资金支出结构，保障培训补贴资金落实到位。加大对用于职业技能培训各项补贴资金的整合力度，提高使用效益。完善经费补贴拨付流程，简化程序，提高效率。要规范财政资金管理，依法加强对培训补贴资金的监督，防止骗取、挪用，保障资金安全和效益。有条件的地区可安排经费，对职业技能培训教材开发、新职业研究、职业技能标准开发、师资培训、职业技能竞赛、评选表彰等基础工作给予支持。（人力资源社会保障部、教育部、财政部、审计署等按职责分工负责）

（十九）多渠道筹集经费。加大职业技能培训经费保障，建立政府、企业、社会多元投入机制，通过就业补助资金、企业职工教育培训经费、社会捐助赞助、劳动者个人缴费等多种渠道筹集培训资金。通过公益性社会团体或者县级以上人民政府及其部门用于职业教育的捐赠，依照税法相关规定在税前扣除。鼓励社会捐助、赞助职业技能竞赛活动。（人力资源社会保障部、教育部、工业和信息化部、民政部、财政部、国务院国资委、税务总局、全国总工会等按职责分工负责）

（二十）进一步优化社会环境。加强职业技能培训政策宣传，创新宣传方式，提升社会影响力和公众知晓度。积极开展技能展示交流，组织开展好职业教育活动周、世界青年技能日、技能中国行等活动，宣传校企合作、技能竞赛、技艺传承等成果，提高职业技能培训吸引力。大力宣传优秀技能人才先进事迹，大力营造劳动光荣的社会风尚和精益求精的敬业风气。（人力资源社会保障部、教育部、全国总工会、共青团中央等按职责分工负责）

退役军人事务部等七部门关于全面做好退役士兵教育培训工作的指导意见

（2021 年 9 月 7 日　退役军人部发〔2021〕53 号）

各省、自治区、直辖市退役军人事务厅（局）、教育厅（教委）、财政厅（局）、人力资源社会保障厅（局）、征兵办公室，新疆生产建设兵团退役军人事务局、教育局、财政局、人力资源社会保障局、征兵办公室，各战区联合参谋部、政治工作部，各军兵种参谋部（战勤部）、政治工作部，军委机关各部门办公厅（秘书局、综合局）、政治工作局，军事科学院科研部、政治工作部，国防大学教育训练部、政治工作部，国防科技大学教务处、政治工作处，武警部队参谋部、政治工作部，各省军区（卫戍区、警备区）：

退役士兵为国防和军队现代化建设作出过重要贡献，是国家宝贵的人力资源。加强退役士兵教育培训工作，有利于促进退役士兵提升能力素质，有利于提高就业质量，有利于经济社会高质量发展，为全面建设社会主义现代化国家贡献新的力量。为贯彻《中华人民共和国退役军人保障法》，进一步做好退役士兵教育培训工作，现提出如下意见。

一、总体要求

以习近平新时代中国特色社会主义思想为指导，全面贯彻党的十九大和十九届二中、三中、四中、五中全会精神，坚持政府主导、社会支持，面向退役军士和退役义务兵，建立包括适应性培训、职业技能培训、学历教育和终身学习的教育培训体系，促进退役士兵为经济社会建设更好服务。

二、普遍推行适应性培训

（一）**加强职业技能储备培训和离队前教育。**军队做好面向现役士兵的教育培训，支持其在服役期间学习储备多种职业技能，取得更多职业技能等级证书；进一步完善退役士兵离队前教育工作。县级以上地方人民政府退役军人事务部门积极主动配合驻地部队按需开展“送技能进军营”、定期开展“送政策进军营”等活动，宣讲政策形势，加强择业指导，实现区域内驻军单位基本覆盖。

（二）**实施即退即训。**面向自主就业退役士兵开展适应性培训，帮助其尽快转变角色融入社会。培训工作由省（区、市）退役军人事务部门结合实际统筹安排，在自主就业退役士兵返乡报到后及时组织实施，培训时长不少于80学时。

（三）**确保培训实效。**适应性培训要强化思想政治引领，面向自主就业退役士兵开展安全保密教育，树牢组织纪律意识；宣讲退役政策，普及相关法律法规；开展心理调适，促进角色转换；实施职业指导，分析就业创业形势，引导合理就业预期；组织人才测评，提供就业推荐、职业培训项目推介。采用“互联网+培训”等多种教学手段，灵活安排教学，定期开展培训评估，确保教学效果。

三、全员开展职业技能培训

（四）优化培训模式。退役军人事务部门依托职业技能等级证书目录、职业技能培训机构目录中的机构面向自主就业退役士兵开展职业技能培训，实施学历证书+若干职业技能等级证书制度（1+X 证书制度）和学分银行制度，建立学习成果认定、积累和转换机制。地方各级退役军人事务部门在省域内联网设立自主就业退役士兵培训台账，加强对参训人员和教育培训经费的管理，制定培训资助标准，建立培训资金省级统筹机制，实现培训待遇省域内通兑；依托现有资源统筹建立退役军人就业创业园地，发挥示范作用。鼓励各省（区、市）教育培训机构对接共享优质培训资源，促进自主就业退役士兵职业技能培训均衡化发展。自主就业退役士兵可在达到法定退休年龄前接受一次免费职业技能培训，按规定由各地退役军人事务部门、教育部门选择实施 1+X 证书制度且对接职业教育国家学分银行的职业院校及应用型本科高校作为培训基地开展培训，培训成果记入职业教育国家学分银行。自主就业退役士兵在培训基地学校以外的培训机构参加培训，可在退役军人事务部门、人力资源社会保障部门统筹下，按照规定程序和标准享受资助待遇。

（五）提高管理服务能力。对签约合作的承训单位按有关规定实施合同管理，建立健全激励约束机制，定期开展检查考核，提高培训质量。深化退役士兵职业技能培训工作“放管服”改革，提高服务效能。严格执行保密规定，确保退役士兵信息安全。结合培训项目实际，科学设定学时要求。推动军地有关部门建立军事专业与职业对应目录和军地职业技能证书衔接机制，对军事专业资格证书，地方可视作对应职业的同级技能证书，发挥同等效力，不再重新鉴定评价。

四、全力支持提升学历

（六）支持从高校应征入伍士兵退役后复学深造。支持入伍前已被普通高等学校录取并保留入学资格或者保留学籍的退役士兵入学或复学，经学校同意并履行相关程序后可转入本校其他专业学习，免修公共体育、军事技能和军事理论等课程，直接获得相应课程学分，允许适当延长修业年限。高职（专科）升普通本科、成人本科按规定免试入学。符合条件的退役大学生士兵参加全国硕士研究生招生考试按有关规定享受加分照顾。服役期间获二等功以上奖励，符合全国硕士研究生招生考试报考条件的退役士兵可申请免初试攻读硕士研究生。适度扩大“退役大学生士兵”专项硕士研究生招生计划规模。

（七）鼓励高中、初中学历退役士兵提升学历。退役士兵参加中职教育实行注册免试入学；报考高职院校免文化素质考试。符合条件的退役士兵参加全国普通高考、成人高考，按规定享受加分照顾。高等学校可按规定通过单列计划、单独招生等方式招考退役士兵。将退役士兵服役期间的学历教育和非学历教育学习成果按规定记入国家学分银行，实现退役前后学习成果贯通连续。建立健全行业教育合作机制，对适合退役士兵就业的行业，加大行业系统内院校招生力度，以专业教育促进退役士兵入行就业，努力实现“入学即入职”。

（八）注重提升教学质量。退役军人事务部门可根据学费减免政策指导退役士兵按需报考。教育等部门按照国家有关规定，规范退役士兵培养过程，将教学成效作为重要因素纳入院校考核评优的指标体系。培养院校要设计符合退役士兵特点的人才培养方案，采用地方订单定向培养等方式，严把教学质量和教育纪律关口，在学业考核上对退役士兵和其他在校生“同大纲、同标准”。

五、开展终身教育培训

（九）实行职业生涯全过程培训。将退役士兵培训纳入国家终身职业技能培训制度体系。以职业素养提升、技术更新、技能等级晋升为培养目标，鼓励用人单位定期组织退役士兵参加岗位技能提升和知识更新培训，拓展职业上升空间。退役军人事务部门依托就业企业合作签约机制，支持合作企业为受聘退役士兵提供多渠道、多层级、多频次的教育培训。紧紧围绕服务乡村振兴、打造“双创”升级版等国家战略，开展退役士兵创业培训。

（十）建设全国退役士兵网络学习平台。依托现有资源，集成网络教学、信息推送、职业能力倾向测试、学习台账登记、统计分析等功能，为退役士兵在线参加适应性培训、职业技能培训、学历教育和终身教育培训提供平台支撑。建立政府引导、多方参与的资源共建共享机制，鼓励各类教育培训机构在网络学习平台面向退役士兵发布优质课程、开展线上培训、实施教学管理，提升培训效能。

六、加强组织领导

（十一）强化协同发力。各地区、各部门要进一步提高政治站位，高度重视退役士兵教育培训工作，多措并举，抓出实效。建立健全部门间协调机制，退役军人事务部门统筹协调，相关部门各司其职、协调配合，统筹规划退役士兵教育培训工作。推动实现区域间协调联动，依托乡村振兴和区域一体化发展，对接共享优质教育培训资源。各地区结合实际，由教育等部门研究制定落实退役士兵终身教育培训政策的具体措施，建立年度报告、检查和评估机制。

（十二）优化经费保障。自 2019 年秋季学期起，对通过全国统一高考或高职分类招考方式考入普通高等学校的全日制在校自主就业退役士兵学生均实行学费减免，减免最高限额按规定标准执行；全日制在校退役士兵学生全部享受本专科生国家助学金。退役士兵参加全日制中等职业教育的，按规定享受中等职业教育国家奖助学金和免学费政策。

自主就业退役士兵适应性培训、职业技能培训经费可通过退役安置补助经费列支。地方财政要加强退役士兵教育培训经费保障，制定经费管理办法，提高资金使用效率。中央财政合理确定补助标准。有条件的地区在经费方面可对参战、军龄长、有立功受奖表现、所学技能多等级高的退役士兵学员适当倾斜，退役士兵各项教育培训经费按现有渠道拨付。

（十三）明确部门职责。退役军人事务部门负责退役士兵教育培训工作的协调推动；教育、人力资源社会保障等有关部门做好退役士兵招生录取、教学管理、技能鉴定评价、数据共享等工作；财政部门负责按规定落实退役士兵教育培训相关经费保障；军队有关部门负责组织实施士兵服役期间继续教育、离队前教育和退役后教育培训档案材料移交等工作，协同地方有关部门促进退役士兵军地技能证书有效衔接转换。

（十四）注重宣传引导。要创新宣传方式，充分运用各类新闻媒体，采取灵活多样形式，做好退役士兵教育培训工作的宣讲普及，提升相关政策影响力和知晓度。鼓励自主就业退役士兵在返乡报到和就业前的窗口期尽早参加职业技能培训。广泛开展各类交流活动，展示退役士兵参加教育培训成果，提高教育培训工作的吸引力。强化典型引领，积极宣传各地区、各部门开展退役士兵教育培训、提高服务质量的经验与成效，营造支持和服务退役士兵教育培训的良好环境。

教育部办公厅、退役军人事务部办公厅、财政部办公厅关于全面做好退役士兵职业教育工作的通知

（2019年8月7日 教职成厅函〔2019〕17号）

各省、自治区、直辖市教育厅（教委）、退役军人事务厅（局）、财政厅（局），新疆生产建设兵团教育局、退役军人事务局、财政局：

为深入贯彻落实党中央、国务院、中央军委关于新时代退役军人工作的决策部署，适应经济社会发展需要，提高退役士兵就业创业能力，促进退役士兵充分稳定就业，根据《国家职业教育改革实施方案》和《高职扩招专项工作实施方案》精神，现就全面推动退役士兵接受职业教育工作通知如下。

一、加大招生工作力度

（一）鼓励符合高考报名条件的退役士兵报考高职院校，由省级教育部门指导有关高职院校在高职分类招生考试中采取自愿报名、单列计划、单独录取的办法组织实施，确保有升学意愿且达到基本培养要求的考生能被录取。退役士兵可免于文化素质考试，由各校组织与报考专业相关的职业适应

性面试或技能测试，鼓励采用情景模拟、问答、才艺展示等方式进行测试。学校可通过联合测试或成绩互认等方法，减轻考生考试负担。各地退役军人事务部门负责招生宣传动员，发动符合条件的退役士兵积极报考；根据教育部门提供的报名数据，严格开展退役士兵考生资格审核。

（二）退役士兵申请就读中等职业学校，可免试入学。

（三）退役士兵学员修业年限可适当延长，达到毕业要求的可颁发相应学历证书，符合相关学位授予条件即可取得学位证书。

（四）鼓励支持退役士兵参加高等教育自学考试及各类高等学校举办的学历继续教育。各地退役军人事务部门负责退役士兵考生的资格审核工作。

（五）鼓励高职（专科）学历的退役士兵申请就读普通本科高校，具体招生办法由省级教育部门制定。

二、灵活开展教育教学

（一）各地教育、退役军人事务部门要加强工作统筹，指导相应院校制定专项规章制度，提高退役士兵学生教学与管理的灵活性、针对性、有效性。就读职业院校的退役士兵学生应建立正式学籍，一般单独编班开展教学。

（二）教育部门要指导学校针对退役士兵需求与特点，优化专业设置。退役士兵入学后采取学分制管理、多元化教学，实行弹性学习时间，鼓励半工半读、工学结合。同时，要坚持“宽进严出”原则，严格培养质量，严把考试考核关口，严肃作风纪律要求，使退役士兵学有所获、学有所成。经过有关复核程序，退役士兵可以免修服役岗位相关专业课程以及公共体育课、军事课等课程，获得相应学分。对于取得职业技能等级证书的，根据证书等级和类别按规定免修相应课程。服役经历可以视作相关岗位实习经历和参加社会实践活动。

（三）支持退役士兵学生参加“1+X证书”制度试点，鼓励退役士兵学员获得学历证书的同时积极取得多类职业技能等级证书。面向技术技能人才紧缺行业领域，打造针对退役士兵的高水平专业化产教融合实训基地。支持职业院校坚持学历教育与培训并举并重，按照育训结合、长短结合、内外结合的要求，积极引进、开发就业创业培训项目。

（四）各地要围绕现代农业、先进制造业、现代服务业、战略性新兴产业等行业领域需求，积极研究编制针对退役士兵的教育项目。民族地区、边疆地区、贫困地区等地方，可以结合国家战略、区域特点、地方需要，有针对性的创设符合实际的教育教学形式。对于服役期间有过士官长、班长、士官参谋、专业技师以及支部委员等岗位经验的退役士兵，要给予重点关注，注重发挥示范作用。

三、加强就业指导服务

（一）退役军人事务等部门要按照职责对退役军人提供有针对性的就业服务。各地要指导职业院校积极与各类企业等用人单位建立紧密、稳定的合作关系，坚持就业导向，开设就业指导课程，搭建就业平台，提供就业岗位，将就业指导贯穿教育全过程，大力开展“订单、定岗、定向”教育培训，促进退役士兵充分就业。

（二）各地要强化校企深度合作，发挥企业在退役士兵职业教育中的重要作用。加大政策激励与指导力度，鼓励支持大企业举办退役士兵教育培训后帮助其就业。有条件的地方探索设立退役士兵职业教育集团，强化教育培训针对性、有效性，有机衔接教育培训与就业。鼓励企业积极推动新招录退役士兵参加学徒培训，按规定享受相关补贴。

（三）退役士兵就读期间，院校应该采取多种渠道，组织有针对性的创业教育，定期开展创业论坛等活动，开展创业意识教育、创业项目指导、经营管理咨询等专项培训，联合成功创业退役军人组建创业指导团队，鼓励引导有条件、有能力的退役士兵创业发展，以创业带动就业。

四、完善保障机制措施

（一）各地教育、退役军人事务、财政部门要充分利用现有退役军人事务工作机制以及教育相关工作机制，会同职业院校、企业等单位，健全专项协作模式，相互配合支持，统筹规划，定期会商，及时妥善研究解决工作中遇到的新情况新问题，确保工作有序进行。

（二）各级财政要落实《退役士兵安置条例》等法律法规，将自主就业退役士兵的职业教育和技能培训经费列入县级以上人民政府财政预算。加强资金监管，确保资金效能与安全。

（三）退役士兵接受学历职业教育，纳入招生计划，按照当地生均财政拨款标准拨付经费。退役士兵学生，按照规定享受学费减免、助学金等资助政策。

（四）各级退役军人事务部门要主动协同教育部门，在每年退伍季集中开展政策宣传，本着自愿参加、自选专业的原则，积极引导退役士兵参加职业教育，为退役士兵提高学历层次、增强职业技能提供更多保障渠道。各级退役军人事务部门要制定切实可行措施，通过普遍通知、重点走访、召开座谈会等方式做好宣传，并结合信息采集、光荣牌发放、走访慰问、送政策进军营等活动积极动员，引导退役士兵参加职业教育，确保政策落地落实。

（五）省级退役军人事务部门要加强组织管理工作，全面建立退役士兵教育培训台账。要会同教育部门加强对教育教学过程与效果的考核考评，制定有效措施，建立资金联动，设定评价标准，实施动态管理。要加快信息化建设，有效对接需求与供给，提供便捷线上线下服务。

（六）各地要积极正面宣传政策措施，树立积极承接、出色完成任务的院校典型，以及通过教育培训实现充分稳定就业、成功创业的退役士兵典型，营造全社会关心退役军人人才建设、支持退役军人教育培训工作、助力退役军人就业创业的良好氛围。

（七）各地要深刻认识退役士兵职业教育工作的重要意

义，充分发挥退役士兵群体的人力资源优势，将面向退役士兵的高职扩招工作与退役士兵职业教育工作统筹考虑，形成全面推进退役士兵接受职业教育的合力，有质量地扩大高素质技术技能人才培养规模。

退役士兵教育培训政策摘要二十三条

（2022年1月7日　退役军人事务部）

一、学历教育政策

退役士兵重点关心的学历教育政策，涵盖中高职、专升本、成人本科、普通本科、以及研究生教育的招考、复学、资助、培养及管理等方面的优惠政策要点，搭建退役士兵学历提升便捷通路，助力退役士兵提升核心竞争力。

（一）招考政策

1.【中等职业教育】退役士兵申请就读中等职业学校，经学校考核同意，可免试入学，并纳入年度招生计划。【《教育部关于进一步落实好退役士兵就读中等职业学校和高等学校相关政策的通知》（教职成函〔2014〕4号）】

2.【高职（大专）】退役士兵可免于文化素质考试，由各校组织与报考专业相关的职业适应性面试或技能测试。【《教育部办公厅 退役军人事务部办公厅 财政部办公厅关于全面做好退役士兵职业教育工作的通知》（教职成厅函〔2019〕17号）】

3. 【专升本】从 2022 年招生起，高职（专科）毕业生及在校生（含高校新生）应征入伍，退役后完成高职（专科）学业的，申请专升本，免于参加文化课考试。有关高校组织相关的职业适应性或职业技能综合考查，综合评价，择优录取。【《教育部办公厅关于做好 2022 年普通高等学校专升本考试招生工作的通知》（教学厅〔2021〕8 号）】

4. 【成人本科】退役士兵参加全国成人高考，增加 10 分投档。高职（专科）毕业生及在校生（含高校新生）应征入伍，退役后在完成高职（专科）学业的前提下，可免试入读普通本科，或根据意愿入读成人本科。【《教育部关于进一步落实好退役士兵就读中等职业学校和高等学校相关政策的通知》（教职成函〔2014〕4 号）及有关文件】

5. 【普通高考】自主就业（自谋职业）退役士兵可在其全国普通高考统考成绩总分的基础上增加 10 分投档。在服役期间荣立二等功以上或被大军区以上单位授予荣誉称号的，增加 20 分投档。退役考生在与其他考生同等条件下优先录取。【《教育部关于进一步落实好退役士兵就读中等职业学校和高等学校相关政策的通知》（教职成函〔2014〕4 号）】

6. 【研究生招考】①考试优待：高校学生应征入伍服现役退役，达到报考条件后，3 年内参加全国硕士研究生招生考试，初试总分加 10 分，同等条件下优先录取。在部队荣立二等功以上，符合全国硕士研究生招生考试报考条件的，可申请免试（初试）攻读硕士研究生。【《关于促进新时代退役军人就业创业工作的意见》（退役军人部发〔2018〕26号）、《教育部关于印发〈2022年全国硕士研究生招生工作管理规定〉的通知》（教学函〔2021〕2号）】

②单列计划：设立“退役大学生士兵计划”，专门招收退役大学生士兵攻读硕士研究生。纳入“退役大学生士兵”专项计划招录的，不再享受退役大学生士兵初试加分政策。符合条件的退役士兵可申请在“退役大学生士兵计划”和初试加分政策之间调剂。【《关于做好2016年“退役大学生士兵专项硕士研究生招生计划”招生工作的通知》（教学厅〔2015〕9号）、《教育部关于印发〈2022年全国硕士研究生招生工作管理规定〉的通知》（教学函〔2021〕2号）】

（二）退役大学生士兵复学政策

7. **【保留学籍】** 入伍前已被普通高等学校录取并保留入学资格或保留学籍的退役士兵，退役后2年内允许入学或复学。【《教育部关于进一步落实好退役士兵就读中等职业学校和高等学校相关政策的通知》（教职成函〔2014〕4号）】

8. **【转专业】** 经学校同意并履行相关程序后可转入本校其他专业学习。【《教育部办公厅关于进一步做好高校学生参军入伍工作的通知》（教学厅〔2015〕3号）】

9. **【免修课】** 免修公共体育、军事技能和军事理论等课程，直接获得学分。【《退役军人事务部等七部门关于全面做好退役士兵教育培训工作的指导意见》（退役军人部发〔2021〕53号）】

10. 【学习期限】允许适当延长修业年限。【《退役军人事务部等七部门关于全面做好退役士兵教育培训工作的指导意见》(退役军人部发〔2021〕53号)】

11. 【就业】参加国家组织的农村基层服务项目人选选拔，以及毕业后参加军官人选选拔的，优先录取。【《教育部关于进一步落实好退役士兵就读中等职业学校和高等学校相关政策的通知》(教职成函〔2014〕4号)】

(三) 教育资助政策

12. 【学费减免】自2019年秋季学期起，对通过全国统一高考或高职分类招考方式考入普通高等学校的全日制在校自主就业退役士兵学生均实行学费减免。目前的学费减免标准是，本专科生每生每年最高不超过8000元，研究生每生每年最高不超过12000元。【《退役军人事务部等七部门关于全面做好退役士兵教育培训工作的指导意见》(退役军人部发〔2021〕53号)、《关于印发〈学生资助资金管理办法〉》的通知(财科教〔2019〕19号)】

13. 【助学金】全日制在校退役士兵学生全部享受本专科生国家助学金。现行标准为每生每年3300元。【《关于调整职业院校奖助学金政策的通知》(财教〔2019〕25号)、《退役军人事务部等七部门关于全面做好退役士兵教育培训工作的指导意见》(退役军人部发〔2021〕53号)】

(四) 高职扩招专项工作中退役军人的管理及培养

14. 【免修课程】取得职业技能等级证书的，根据证书等级和类别按规定免修相应课程。服役经历可以视作相关岗位实习经历和参加社会实践活动。【《关于全面做好退役士兵职业教育工作的通知》（教职成厅函〔2019〕17号）】

15.【修业年限】实行弹性学制，学业年限3—6年。【《教育部办公厅关于进一步做好高职学校退役军人学生招收、培养与管理工作的通知》（教职成厅函〔2020〕16号）】

16.【考核】针对退役军人学生单独设计考核评价方法，积极探索考试与考查相结合、过程性考核与课程结业考试相结合、线上考试与线下考试相结合，对退役军人学生的学习成果进行多元评价，为退役军人学习提供方便。【《教育部办公厅关于进一步做好高职学校退役军人学生招收、培养与管理工作的通知》（教职成厅函〔2020〕16号）】

二、技能培训政策

技能培训政策包括免费培训、经费保障、激励措施、普惠政策等，帮助自主就业退役士兵从军事人才向社会急需技能人才转变，更好实现高质量稳定就业。

17.【免费培训】自主就业退役士兵可在达到法定退休年龄前接受一次免费职业技能培训（免学杂费、免住宿费、免技能鉴定费，并享受培训期间生活补助）。【《关于促进新时代退役军人就业创业工作的意见》（退役军人部发〔2018〕26号）、《退役军人事务部等七部门关于全面做好退役士兵教育培训工作的指导意见》（退役军人部发〔2021〕53号）】

18.【省级统筹】地方各级退役军人事务部门在省域内建

立培训资金省级统筹机制，实现培训待遇省域内通兑。【《退役军人事务部等七部门关于全面做好退役士兵教育培训工作的指导意见》（退役军人部发〔2021〕53号）】

19. **【经费保障】**技能培训经费由各级财政负担，中央财政予以专项补助。有条件的地区在经费方面可对参战、军龄长、有立功受奖表现、所学技能多等级高的退役士兵学员适当倾斜。【《国务院 中央军委关于加强退役士兵职业教育和技能培训工作的通知》（国发〔2010〕42号）、《退役军人事务部等七部门关于全面做好退役士兵教育培训工作的指导意见》（退役军人部发〔2021〕53号）】

20. **【普惠政策】**退役军人参加职业技能提升行动接受培训，可按有关规定享受当地免费培训政策，符合条件的困难退役军人可享受生活补贴。所需资金在职业技能提升行动专项经费中列支。参加培训并取得证书的人员，原则上每年可享受不超过3次补贴资助，但同一职业同一等级不可重复享受。【《关于做好退役军人职业技能培训工作的通知》（退役军人办发〔2019〕37号）】

三、适应性培训政策

适应性培训政策包括培训时长、内容、方式等，帮助自主就业退役士兵及时转变角色，融入社会，再立新功。

21. **【培训时长】**不少于80学时。【《退役军人事务部等七部门关于全面做好退役士兵教育培训工作的指导意见》（退役军人部发〔2021〕53号）】

22. 【培训内容】适应性培训要强化思想政治引领，面向自主就业退役士兵开展安全保密教育，树牢组织纪律意识；宣讲退役政策，普及相关法律法规；开展心理调适，促进角色转换；实施职业指导，分析就业创业形势，引导合理就业预期；组织人才测评，提供就业推荐、职业培训项目推介。【《退役军人事务部等七部门关于全面做好退役士兵教育培训工作的指导意见》（退役军人部发〔2021〕53号）】

23. 【培训方式】采用“互联网+培训”等多种教学手段，灵活安排教学，定期开展培训评估，确保教学效果。【《退役军人事务部等七部门关于全面做好退役士兵教育培训工作的指导意见》（退役军人部发〔2021〕53号）】

五、就业创业

退役军人事务部、中共中央组织部、中共中央政法委员会等关于促进新时代退役军人就业创业工作的意见

（2018年7月27日　退役军人部发〔2018〕26号）

各省、自治区、直辖市党委组织部、政法委，政府办公厅、教育厅（局）、公安厅（局）、民政厅（局）、财政厅（局）、人力资源社会保障厅（局）、国资委、扶贫办，国家税务总局各省、自治区、直辖市、计划单列市税务局，各战区、各军兵种、军委机关各部门、军事科学院、国防大学、国防科技大学、武警部队政治工作部（局、处）：

退役军人是重要的人力资源，是建设中国特色社会主义的重要力量。促进他们就业创业、引导他们积极投身“大众创业、万众创新”实践，对于更好实现退役军人自身价值、助推经济社会发展、服务国防和军队建设具有重要意义。新时代退役军人就业创业工作要以习近平新时代中国特色社会主义思想为指导，坚持政府推动、政策优先，市场导向、需求牵引，自愿选择、自主作为，社会支持、多方参与，调动各方面力量共同推进，保障退役军人在享受普惠性就业创业扶持政策和公共服务基础上再给予特殊优待。现就促进退役

军人（自主就业退役士兵、自主择业军转干部、复员干部）就业创业工作提出如下意见：

一、提升就业创业能力

（一）完善多层次、多样化的教育培训体系。将退役军人就业创业培训纳入国家学历教育和职业教育体系，依托普通高校、职业院校（含技工院校）等教育资源，促进现役军人与退役军人教育培训相衔接、学历教育与技能培训互为补充，改善知识结构，提升能力素质。

（二）开展退役前技能储备培训。组织开展退役前技能储备培训和职业指导，深入开展“送政策进军营”活动，加强经济社会发展和就业形势介绍、政策咨询、心理调适、“一对一”职业规划，有条件的部队可在军人退役前开展技能培训，努力把退役军人服役期间锤炼的品质转化为就业创业的优势。

（三）加强退役后职业技能培训。引导退役军人积极参加职业技能培训，退役后可选择接受一次免费（免学杂费、免住宿费、免技能鉴定费）培训，并享受培训期间生活补助。教育培训期限一般为2年，最短不少于3个月。督促指导承训机构突出提高社会适应能力和就业所需知识及技能，按需求进行实用性培训，开展“订单式”“定向式”“定岗式”培训，推进培训精细化、个性化。坚持谁培训、谁推荐就业，压实目标责任，提高就业成功率。

（四）推行终身职业技能培训。将退役军人纳入国家终身职业技能培训政策和组织实施体系，鼓励用人单位定期组织退役军人参加岗位技能提升和知识更新培训。对下岗失业退役军人，及时纳入失业人员特别职业培训计划、职业技能培训等范围，并按规定予以补贴。

（五）鼓励参加学历教育。鼓励各地将符合高考报名条件的退役军人纳入高等职业院校单独考试招生范围。退役军人参加全国普通高考、成人高考、研究生考试，符合条件的可享受加分照顾，同等条件下优先录取。成人高校招生专升本免试入学，服役期间立二等功以上且符合报考条件的，可申请免初试攻读硕士研究生。退役军人接受中等职业教育可实行注册入学。中等职业教育期间，按规定享受免学费和国家助学金资助；对退役一年以上、参加全国统一高考，考入全日制普通本科和高专高职学校的自主就业退役士兵，学历教育期间按规定享受学费资助和相关奖助学金资助，家庭经济困难退役士兵享受学生生活费补助。国家鼓励军人服役期间参加开放教育、自学考试等学历继续教育，退役后可根据需要继续完成学业，获得相应国民高等教育学历文凭。

（六）加强教育培训管理。建立退役军人职业技能承训机构目录、承训企业目录和普通高校、职业学校目录，及时向社会公开并实行定期考核、动态管理。各类目录由省级退役军人事务部门每年发布。经省级退役军人事务部门同意，退役军人可参加跨省异地教育培训。加强对承训单位教育培训质量考核，建立激励机制。

二、加大就业支持力度

（七）适当放宽招录（聘）条件。机关、社会团体、企业事业单位在招收录用工作人员或聘用职工时，对退役军人的年龄和学历条件适当放宽，同等条件下优先招录聘用退役军人。

（八）加大公务员招录力度。在军队服役 5 年（含）以上的高校毕业生士兵退役后可以报考面向服务基层项目人员定向考录的职位，同服务基层项目人员共享公务员定向考录计划，优先录用建档立卡贫困户家庭高校毕业生退役士兵。各地特别是边疆地区、深度贫困地区结合实施乡村振兴、脱贫攻坚等战略，设置一定数量基层公务员职位面向退役军人招考，西藏和四川、云南、甘肃、青海四省藏区以及新疆南疆地区县乡逐步扩大招考数量。各级党政机关在组织开展选调生工作时，注意选调有服役经历的优秀大学生。适当提高政法干警招录培养体制改革试点定向招录退役军人比例，应征入伍的高校毕业生退役后报考试点班的，教育考试笔试成绩总分加 10 分。有效拓宽从反恐特战等退役军人中招录公安机关人民警察渠道。

（九）拓展就业渠道。研究制定适合退役军人就业的岗位目录，提高退役军人服务保障以及安保等岗位招录退役军人的比例，辅警岗位同等条件下优先招录退役军人。选派退役军人参与社会治理、稳边固边、脱贫攻坚等重点工作，鼓励退役军人到党的基层组织、城乡社区担任专职工作人员。

（十）鼓励企业招用。吸纳退役军人就业的企业，符合条件的可享受相关税收优惠。对退役军人就业作出突出贡献的企业，给予表彰、奖励。

（十一）强化就业服务。各级公共就业服务机构设立退役军人窗口或实行退役军人优先制度，为其提供便捷高效服务。县级以上地方人民政府每年至少组织2次退役军人专场招聘活动，为其就业搭建平台。国家鼓励专业人力资源企业和社会组织为退役军人就业提供免费服务。

（十二）实施后续扶持。建立退役军人就业台帐，实行实名制管理，动态掌握就业情况，对出现下岗失业的，及时纳入再就业帮扶范围。接收退役军人的单位裁减人员的，优先留用退役军人。单位依法关闭、破产、改制的，当地人民政府优先推荐退役军人再就业，优先保障退役军人合法权益。

三、积极优化创业环境

（十三）开展创业培训。组织有创业意愿的退役军人，依托专业培训机构和大学科技园、众创空间、网络平台等，开展创业意识教育、创业项目指导、企业经营管理等培训，增强创业信心，提升创业能力。加强创业培训质量评估，对培训质量好的培训机构给予奖励。

（十四）优先提供创业场所。政府投资或社会共建的创业孵化基地和创业园区可设立退役军人专区，有条件的地区可专门建立退役军人创业孵化基地、众创空间和创业园区，并按规定落实经营场地、水电减免、投融资、人力资源、宣传推广等优惠服务。

（十五）享受金融税收优惠。符合条件的退役军人及其创办的小微企业可申请创业担保贷款，并按国家规定享受贷款贴息。鼓励有条件的地方因地制宜加大对退役军人就业创业的支持力度。退役军人从事个体经营，符合条件的可享受国家相关税收优惠。适时研究完善支持退役军人就业创业的税收优惠政策。

（十六）探索设立创业基金。引导企业和社会组织积极扶持退役军人创业，鼓励社会资本设立退役军人创业基金，拓宽资金保障渠道。

四、建立健全服务体系

（十七）搭建信息平台。加强信息化建设，形成全国贯通、实时共享、上下联动的退役军人就业创业服务信息平台，充分运用大数据，畅通信息渠道，促进供需有效对接，为退役军人就业创业提供精准服务。

（十八）建立指导队伍。组织动员创业经验丰富、关爱退役军人、热心公益事业的企业家和专家学者等人员，组成退役军人就业创业指导团队，发挥其在职业规划、创业指导、吸纳就业等方面的传帮带作用。

（十九）建设实训基地。依托现有专为退役军人服务的机构，按照分级分类管理原则，加快建立优势互补、资源共享、专为退役军人服务的区域化实训基地，将其纳入国家政策支持范围，给予适当补助。

（二十）引导多元服务。积极倡导全社会共同参与退役军人就业创业，把政府提供公共服务、社会力量补充服务、退役军人自我服务结合起来，支持为退役军人就业创业服务的社会组织依法开展工作。

五、切实加强组织领导

（二十一）健全工作机制。要把退役军人就业创业工作作为一项政治任务摆上重要议事日程，健全工作机制，统筹协调、组织指导退役军人就业创业工作，重点做好研究制定政策、拟定实施方案、选定承训单位和就业创业指导服务机构、开展监督考评等重要事项。

（二十二）明确任务分工。退役军人事务部门负责退役军人就业创业的组织协调、宣传发动、监督考评等工作。教育部门负责推荐并指导所属教育培训机构做好招生录取、教学管理、就业推荐等组织实施工作。财政部门负责退役军人就业创业经费的安排与监管工作。人力资源社会保障部门负责指导职业培训机构、公共就业服务机构为退役军人提供职业技能培训、基本公共就业服务。军地有关部门按照职责共同做好退役军人就业创业相关工作。

（二十三）严格追责问责。要把退役军人就业创业工作纳入年度绩效考核内容，加强监督检查，严格追踪问效，确保政策落实落地。对在中央政策之外增设条件、提高门槛的，坚决予以清理和纠正；对政策落实不到位、工作推进不力的，及时进行督查督办；对严重违反政策规定、造成不良影响的，严肃追究相关人员责任。

（二十四）强化宣传教育。加强退役军人思想政治和择业观念教育，帮助他们尽快实现角色转换，顺利融入社会，退役不褪色、退伍不褪志，继续保持发扬人民军队的光荣传统和优良作风，在社会主义现代化建设事业中再立新功、赢得全社会尊重。同时，大力宣传退役军人就业创业典型，弘扬自信自强、积极向上的精神风貌。宣传社会各界关心支持退役军人就业创业的先进事迹，营造有利于退役军人就业创业的良好氛围。

各地结合实际制定实施细则，贯彻落实情况及时报告。

退役军人事务部等16部门关于促进退役军人投身乡村振兴的指导意见

（2021年8月16日　退役军人部发〔2021〕48号）

民族要复兴，乡村必振兴。习近平总书记和党中央高度重视乡村振兴，强调要“举全党全社会之力推动乡村振兴”，指出“乡村振兴，人才是关键”。退役军人是重要的人力人才资源，是社会主义现代化建设的重要力量。促进退役军人投身乡村振兴，既是响应国家号召、投身国家战略的具体体现，也是引导他们返乡干事创业、实现人生价值的重要途径，有助于推动农村基层社会治理现代化能力提升，有助于推动农业农村经济社会更快更好发展，有助于推动乡村国防动员能力进一步强化。现就促进退役军人投身乡村振兴提出以下指导意见：

一、拓宽就业渠道

（一）鼓励退役军人到乡村重点产业创业就业。引导有资金、有技术、懂市场、能创新的退役军人，在农业内外、生产两端和城乡两头创业，发展特色种植业、规模养殖业、加工流通业、乡村服务业、乡村旅游和休闲农业等特色产业。重点支持返乡退役军人创办农产品储藏保鲜、分等分级、清洗包装等农产品初加工主体，发展蔬菜、水果、食用菌、茶叶等产业，利用新技术改造提升传统食品加工。引导农业产业化龙头企业、民营企业积极招用退役军人。支持退役军人从事乡村保洁员、水管员、护路员、生态护林员等工作，进一步增加就业收入。

（二）支持退役军人领办新型农业经营主体。鼓励退役军人创办领办家庭农场、农民合作社、农业社会化服务组织等新型农业经营主体和服务主体，并积极吸纳农村退役军人就业。支持退役军人中的乡村工匠、文化能人、手工艺人发挥自身特长，创办家庭工场、手工作坊、乡村车间等，开发剪纸、蜡染、刺绣、石雕、砖雕等乡土产业，领办兴办智慧农业、视频农业、直播直销等数字农业经营主体，创新产品营销模式，扩大销售市场，带动农民增收。

（三）持续引导退役军人参与乡村建设和基层治理。注重从退役军人党员中培养选拔村党组织书记，推动村党组织带头人队伍整体优化提升。落实艰苦边远地区乡镇公务员考录政策，适当降低门槛、放宽开考比例，鼓励县乡两级拿出一定数量的职位面向具有本地户籍或在本地长期生活工作的退役军人招考。鼓励复学的退役大学生士兵参加“一村一名大学生”、“三支一扶”等计划，反哺农业农村。引导退役军人从事乡村教师、农业经理人、乡镇人民调解员等职业，在同等条件下优先聘用，充实乡村建设人才队伍。鼓励各地通过适当方式引导退役军人参与农村环境整治提升、乡村公共基础设施建设及基本公共服务活动。

二、强化培育赋能

（四）引导参加学历教育。鼓励退役军人报考农业类高职院校，按规定享受优待政策。支持返乡入乡退役军人依托弹性学制、农学交替、送教下乡等教学培养方式，就地就近接受职业高等教育。

（五）加强涉农类职业技能培训。支持返乡入乡退役军人参加农业类相关职业技能培训。鼓励职业院校围绕本地农产特色，瞄准本地新农村建设要求，推出一批实用性强、见效快的中短期培训项目，符合条件的按规定纳入职业培训补贴范围，不断提高返乡入乡退役军人农技致富能力。

（六）做好农业创业培训。依托高素质农民培育计划，支持符合条件的退役军人参与新型农业经营和服务主体能力提升、种养加能手技能培训、农村创业创新带头人培育、乡村治理及社会事业发展带头人培育等行动，提升退役军人创业就业能力。按规定将符合条件的退役军人纳入农村实用人才带头人示范培训、地方农业执法骨干培训、农村创业创新培训、农机合作社运营管理等培训范围，针对性提升退役军人参与乡村振兴能力。有序推动农村创业创新导师队伍建设，加快培训平台共建共享，探索“平台+导师+创客”服务模式。

三、加强政策支持

（七）落实财税优惠政策。对符合条件的返乡创业退役军人，按规定纳入创业扶持政策范围。对符合条件的返乡入乡创业企业提供创业担保贷款贴息支持。充分发挥农产品产地冷藏保鲜设施建设、农业产业融合发展等项目的示范引领作用，引导、鼓励退役军人参与。返乡入乡退役军人从事个体经营或在乡企业招用退役军人，可按规定享受税收优惠政策。退役军人在乡村创办中小微企业，吸纳就业困难人员并为其缴纳社会保险费的，按规定给予企业社会保险补贴。

（八）加大金融政策支持。鼓励和支持金融机构创新金融产品和服务方式，引导银行机构提供专属信贷产品，推广“互联网+返乡创业+信贷”等模式，满足退役军人返乡创业融资需求。发挥政府性融资担保机构作用，为符合条件的返乡入乡退役军人提供融资担保，鼓励保险机构为退役军人农业创业企业提供综合保险服务，支持退役军人创办的乡村企业。引导各类产业发展基金、创业投资基金投入返乡入乡退役军人创办的项目，鼓励社会资本设立退役军人返乡入乡创业基金，拓宽资金保障渠道。

（九）加大用地政策支持。严格落实相关法律法规，在农村土地承包经营权、宅基地使用权、房屋财产权、集体收益分配权保障过程中，对回到农村、符合条件的退役军人，加强信息对接，维护合法权益。鼓励各地制定细则，在新编县乡级国土空间规划、省级制定土地利用年度计划中做好各类用地安排，支持退役军人等返乡入乡创业就业人员发展农村产业融合发展项目用地需求。农村整治用地指标，优先用于符合条件的返乡入乡退役军人。允许在符合国土空间规划和用途管制要求、不占用永久基本农田和生态保护红线的前提下探索创新用地方式，支持退役军人创办乡村休闲旅游等新产业新业态。

（十）加大保障政策支持。符合住房保障条件的退役军人家庭纳入城镇住房保障范围。推动地方政府建立社保关系转移接续机制，将返乡创业退役军人的权益纳入法治保障。

四、优化服务保障

（十一）做好公共服务。鼓励公共人力资源服务机构免费为退役军人提供职业介绍、创业指导等服务。建立完善退役军人就业台账，动态跟踪退役军人返乡入乡就业创业情况。鼓励各地打通部门间信息查询互认通道，提高服务精准度。积极培育市场化中介服务机构，引导行业协会商会发挥作用，鼓励为退役军人提供专业服务。积极邀请、支持、组织退役军人涉农企业参加各类招聘活动，有条件的可以设置退役军人涉农专区或专场招聘。

（十二）发挥聚集功能。依托农村产业融合发展示范园、农产品加工园、高新技术园区等，按规定设立一批乡情浓厚、特色突出、设施齐全的退役军人就业创业园区。建设一批集“生产+加工+科技+营销+品牌+体验”于一体、“预孵化+孵化器+加速器+稳定器”全产业链的孵化实训基地、众创空间和星创天地等，帮助退役军人开展上下游配套创业。

（十三）强化宣传激励。通过优秀人才评选、创新创业比赛、职业技能大赛等途径，每年选树一批乡村人才中的退役军人先进典型，按照国家有关规定给予表彰，引导退役军人增强力争上游、务农光荣的思想观念。掀起退役军人“返乡创业光荣、自主创业光荣、服务创业光荣”的社会新风尚，用身边人身边事教育引导身边人，让退役军人学有榜样、干有方向。对招用退役军人较多的乡村企业典型予以宣传，在退役军人事务、农业农村、工商联等相关评选表彰活动中，同等条件下予以优先考虑。

各地各部门要高度重视、相互配合，形成齐抓共管的工作合力，结合实际情况，拿出管用措施，积极促进退役军人投身乡村振兴，让退役军人就业创业有成就感、有获得感、有归属感，为全面推进乡村振兴和加快农业农村现代化做出新的更大贡献。

财政部、税务总局、退役军人部
关于进一步扶持自主就业退役士兵
创业就业有关税收政策的通知

（2019 年 2 月 2 日　财税〔2019〕21 号）

各省、自治区、直辖市、计划单列市财政厅（局）、退役军人事务厅（局），国家税务总局各省、自治区、直辖市、计划单列市税务局，新疆生产建设兵团财政局：

为进一步扶持自主就业退役士兵创业就业，现将有关税收政策通知如下：

一、自主就业退役士兵从事个体经营的，自办理个体工商户登记当月起，在 3 年（36 个月，下同）内按每户每年 12000 元为限额依次扣减其当年实际应缴纳的增值税、城市维护建设税、教育费附加、地方教育附加和个人所得税。限额标准最高可上浮 20%，各省、自治区、直辖市人民政府可根据本地区实际情况在此幅度内确定具体限额标准。

纳税人年度应缴纳税款小于上述扣减限额的，减免税额以其实际缴纳的税款为限；大于上述扣减限额的，以上述扣减限额为限。纳税人的实际经营期不足 1 年的，应当按月换算其减免税限额。换算公式为：减免税限额 = 年度减免税限额 ÷

12×实际经营月数。城市维护建设税、教育费附加、地方教育附加的计税依据是享受本项税收优惠政策前的增值税应纳税额。

二、企业招用自主就业退役士兵，与其签订1年以上期限劳动合同并依法缴纳社会保险费的，自签订劳动合同并缴纳社会保险当月起，在3年内按实际招用人数予以定额依次扣减增值税、城市维护建设税、教育费附加、地方教育附加和企业所得税优惠。定额标准为每人每年6000元，最高可上浮50%，各省、自治区、直辖市人民政府可根据本地区实际情况在此幅度内确定具体定额标准。

企业按招用人数和签订的劳动合同时间核算企业减免税总额，在核算减免税总额内每月依次扣减增值税、城市维护建设税、教育费附加和地方教育附加。企业实际应缴纳的增值税、城市维护建设税、教育费附加和地方教育附加小于核算减免税总额的，以实际应缴纳的增值税、城市维护建设税、教育费附加和地方教育附加为限；实际应缴纳的增值税、城市维护建设税、教育费附加和地方教育附加大于核算减免税总额的，以核算减免税总额为限。

纳税年度终了，如果企业实际减免的增值税、城市维护建设税、教育费附加和地方教育附加小于核算减免税总额，企业在企业所得税汇算清缴时以差额部分扣减企业所得税。当年扣减不完的，不再结转以后年度扣减。

自主就业退役士兵在企业工作不满1年的，应当按月换算减免税限额。计算公式为：企业核算减免税总额=Σ每名自主就业退役士兵本年度在本单位工作月份÷12×具体定额标准。

城市维护建设税、教育费附加、地方教育附加的计税依据是享受本项税收优惠政策前的增值税应纳税额。

三、本通知所称自主就业退役士兵是指依照《退役士兵安置条例》（国务院 中央军委令第608号）的规定退出现役并按自主就业方式安置的退役士兵。

本通知所称企业是指属于增值税纳税人或企业所得税纳税人的企业等单位。

四、自主就业退役士兵从事个体经营的，在享受税收优惠政策进行纳税申报时，注明其退役军人身份，并将《中国人民解放军义务兵退出现役证》《中国人民解放军士官退出现役证》或《中国人民武装警察部队义务兵退出现役证》《中国人民武装警察部队士官退出现役证》留存备查。

企业招用自主就业退役士兵享受税收优惠政策的，将以下资料留存备查：1. 招用自主就业退役士兵的《中国人民解放军义务兵退出现役证》《中国人民解放军士官退出现役证》或《中国人民武装警察部队义务兵退出现役证》《中国人民武装警察部队士官退出现役证》；2. 企业与招用自主就业退役士兵签订的劳动合同（副本），为职工缴纳的社会保险费记录；3. 自主就业退役士兵本年度在企业工作时间表（见附件）。

五、企业招用自主就业退役士兵既可以适用本通知规定的税收优惠政策，又可以适用其他扶持就业专项税收优惠政策的，企业可以选择适用最优惠的政策，但不得重复享受。

六、本通知规定的税收政策执行期限为2019年1月1日至2021年12月31日。纳税人在2021年12月31日享受本通知规定税收优惠政策未满3年的，可继续享受至3年期满为止。《财政部 税务总局 民政部关于继续实施扶持自主就业退役士兵创业就业有关税收政策的通知》（财税〔2017〕46号）自2019年1月1日起停止执行。

退役士兵以前年度已享受退役士兵创业就业税收优惠政策满3年的，不得再享受本通知规定的税收优惠政策；以前年度享受退役士兵创业就业税收优惠政策未满3年且符合本通知规定条件的，可按本通知规定享受优惠至3年期满。

各地财政、税务、退役军人事务部门要加强领导、周密部署，把扶持自主就业退役士兵创业就业工作作为一项重要任务，主动做好政策宣传和解释工作，加强部门间的协调配合，确保政策落实到位。同时，要密切关注税收政策的执行情况，对发现的问题及时逐级向财政部、税务总局、退役军人部反映。

附件：自主就业退役士兵本年度在企业工作时间表（样表）（略）

教育部办公厅关于进一步做好高职学校退役军人学生招收、培养与管理工作的通知

（2020年10月28日　教职成厅函〔2020〕16号）

各省、自治区、直辖市教育厅（教委），新疆生产建设兵团教育局：

为深入贯彻落实国务院关于高职扩招和加强退役军人教育培训工作有关部署，提升退役军人技术技能水平和就业创业能力，促进其充分稳定就业，现就进一步做好高职学校退役军人学生招收、培养与管理工作通知如下。

一、精准设置招生专业

（一）加强省级统筹。各省级教育行政部门要根据退役军人规模、区域分布等情况，统筹招收退役军人学生的高等职业学校布局。指导有关高职学校按照社会急需、基础适切、就业率高的原则，依托优质教育教学资源，根据地方经济社会发展需要，结合退役军人自身基础与优势等因素，在充分调研退役军人就业创业需求的基础上，统筹规划、科学设置专业。

（二）鼓励设置发挥退役军人优势的专业。有关高职学校应针对退役军人政治素质过硬、作风纪律严明、身体素质较

好等优势，结合服役期间的业务专长，优先考虑设置社会工作、党务工作、健身指导与管理、救援技术、建设工程管理、汽车运用与维修技术、船舶工程技术、飞行器维修技术等专业，重点培养城乡社区和“两新组织”等基层党群工作者、体育和健身教练、消防和应急救援人员、建筑工程技术人员、汽车（或船舶、民用航空器）维修人员等高素质技术技能人才。

二、全面落实招生考试政策

（一）优化招生考试方式。鼓励符合高考报名条件的退役军人报考高职学校，由省级教育行政部门指导有关高职学校在高职分类招生考试中采取自愿报名、单列计划、单独考试、单独录取的办法组织实施，各校组织与报考专业相关的职业适应性面试或技能测试，鼓励采用情景模拟、问答、技术技能展示等方式进行测试。

（二）落实相关考试政策。符合条件的退役军人可免于文化素质考试，取得相关职业技能等级证书以及职业资格证书的，报考相关专业可免予职业技能测试。对于符合免试条件的技能拔尖退役军人，可以由高职学校按规定予以免试录取。鼓励高职学校通过联合考试或成绩互认等方式，减轻退役军人考试负担。

三、灵活确定培养模式

（一）创新培养模式。在标准不降的前提下，根据退役军人学生的学情调研分析结果，为退役军人学生提供个性化、菜单式培养方式，鼓励实施现代学徒制培养、订单培养、定向培养，鼓励半工半读、工学结合，缓解退役军人学生工学矛盾。

（二）单独制订人才培养方案。落实《教育部关于职业院校专业人才培养方案制订与实施工作的指导意见》（教职成〔2019〕13号）要求，单独编制适合退役军人学生培养的专业人才培养方案，合理设置课程，确保总学时不低于2500，其中集中学习不得低于总学时的40%。退役军人学生可按规定提出转专业、辅修第二专业等。退役军人学生可申请免修公共体育、军事技能和军事理论等课程，直接获得相应学分。

（三）灵活安排教学进程。退役军人入学后可实行弹性学制、弹性学期、弹性学时，学业年限3-6年。要充分发挥学分制优势，灵活学习时间，支持利用周末、寒暑假、晚间等开展教学。坚持集中教学和分散教学相结合，线下和线上相结合，在校学习和社区（企业）学习、“送教上门”相结合。创新实习管理方式，集中安排实习和学生自主实习相结合。用好专业教学资源库、在线开放课程、虚拟仿真实训等优质教学资源，鼓励采用项目式、案例式、问题式、参与式、讨论式等教学方法，融教学做于一体，使学生的技能不断提升。

四、创新教学管理与评价

（一）做好学分认定积累与转换。将退役军人服役期间的学历教育和非学历教育学习成果纳入职业教育国家学分银行。鼓励退役军人学生参加1+X证书制度试点，学习储备多种职业技能，拓展就业本领。对于取得职业技能等级证书的，根据证书等级和类别按规定免修相应课程或减免相应学分。

（二）创新学生管理。退役军人学生可单独编班，配足配强辅导员或班主任。对学习时间有保障的退役军人学生，经本人自愿申请，可编入统招生班级培养。鼓励退役军人学生选推“老班长”、党员、立功受奖人员担任学生干部，开展自我管理、自我教育、自我监督。鼓励符合条件的退役军人担任兼职辅导员，或参与学校军训指导、体育课教学、宿舍管理等。

（三）实施多元化考核评价。针对退役军人学生单独设计考核评价方法，积极探索考试与考查相结合、过程性考核与课程结业考试相结合、线上考试与线下考试相结合，对退役军人学生的学习成果进行多元评价，为退役军人学习提供方便。坚持“宽进严出”原则，修完规定内容，成绩合格、达到学校毕业要求的，由学校颁发普通全日制毕业证书。达到最长修学年限尚未达到毕业要求的，按照相关规定，颁发肄业证或结业证，坚决杜绝“清考”行为。

五、推进职业教育与继续教育融合

（一）开展学历继续教育。鼓励支持退役军人参加高等教育自学考试及各类学历继续教育。通过多种形式，支持具有高中学历的退役军人接受专科层次继续教育，符合条件的可接受本科层次继续教育；支持具有高等职业教育（专科）学历的退役军人接受本科层次继续教育。支持将退役军人纳入

"一村一名大学生计划"等项目。

（二）扩大培训供给。鼓励社会力量和行业企业参与培训，开设符合产业升级和技术进步趋势、就业潜力大、含金量高的职业技能培训项目，提高退役军人就业创业能力。鼓励有条件的职业学校牵头组建退役军人教育培训集团（联盟），推动退役、培训、就业有机衔接。

六、完善服务保障体系

（一）健全联动工作机制。各省级教育行政部门要发挥好职业教育部门联席会议作用，主动加强与退役军人事务管理部门的沟通配合，统筹规划，定期会商，并向省委教育工作领导小组报告工作进展。

（二）加强就业创业指导。坚持就业导向，将就业指导贯穿教育全过程，开设职业生涯规划和就业指导课程，大力开展订单、定岗、定向教育培训，促进退役军人充分就业。要加强退役军人创业教育，为他们成功创业提供便利、创造条件。

（三）做好典型宣传推广。各地要认真推广在退役军人学生培养中有突出贡献、重大创新、显著成效的学校典型案例，积极宣传广大教师和辅导员关心、支持、帮助退役军人学生学习就业的先进事迹，广大退役军人学生勤奋好学、厚德强技、创新创业的典型事例，营造支持退役军人教育培训和就业创业的良好氛围。

退役军人事务部等8部门关于促进退役军人到开发区就业创业的意见

（2021年1月27日　退役军人部发〔2021〕6号）

各省、自治区、直辖市退役军人事务厅（局），发展改革委、科技厅（委、局）、财政厅（局）、自然资源厅（局）、商务厅（局），新疆生产建设兵团退役军人事务局、发展改革委、科技局、财政局、自然资源局、商务局，海关总署广东分署、驻天津、上海特派办，各直属海关，税务总局各省、自治区、直辖市、计划单列市税务局：

退役军人是重要的人力资源，是建设中国特色社会主义的重要力量。促进他们到企业、产业集聚的各类开发区实现稳定就业、投身“双创”实践，对更好实现退役军人自身价值、助推经济社会发展、服务国防和军队建设具有重要意义。退役军人到开发区就业创业促进工作要以习近平新时代中国特色社会主义思想为指导，坚持政府推动、市场引导、社会支持相结合，紧密结合国家区域发展战略，调动各方面力量共同推进，保障退役军人在本区域就业创业享受同等条件下优先、普惠基础上优待。现就促进退役军人到开发区就业创业提出以下意见：

一、落实扶持政策

（一）开发区内退役军人从事个体经营或企业招用退役军人，符合相关规定的，可享受税收优惠政策。

（二）对退役军人创办中小微企业吸纳就业困难人员、农村建档立卡贫困人员就业的，按规定给予社会保险补贴。

二、积极促进就业

（三）发挥各区管委会促进就业的主导作用，需管委会审批、核准的生产经营性项目，享受管委会政策扶持的企业，在招录用工时，同等条件下优先录用退役军人。鼓励所有驻区企业优先招用退役军人。

（四）政府投资项目以及区内自行投资项目产生的岗位，招聘的物业公司、自身平台公司等企业和机构用工岗位中，设定一定比例（数量）招用退役军人。

（五）各区在开展的特色招聘活动中设置退役军人招聘专区，定向提供适合退役军人就业的岗位。

（六）加强岗位信息归集提供，建立各区与退役军人事务部门岗位信息共享渠道，用好退役军人就业创业网、中国开发区网等平台，加快实现公共机构岗位信息区域和全国公开发布。定期统计并与当地退役军人事务部门共享区内退役军人就业数据。

三、优化创业环境

（七）鼓励政府投资开发的孵化基地等创业载体对退役军人予以优先支持。对各区孵化基地等创业载体，优惠或免费提供退役军人场地、设置退役军人专区的，当地政府可视情给予适当支持。

（八）加大对退役军人初创企业的土地使用、项目遴选、贷款抵押、导师推荐、房租减免、住房优惠等政策扶持力度，减低创业成本。鼓励各区根据实际情况出台相关措施，对退役军人创办的紧跟国家产业发展导向的、获得版权注册或专利等创新技术的、推动经济转型或具有较强就业吸纳作用的企业，给予重点关注和支持。

（九）充分发挥创业投资和政府创业投资引导基金作用，支持退役军人初创企业发展。

四、加强服务管理

（十）发挥区内创新创业服务机构作用，在同等条件下，优先优惠为退役军人及其创办企业提供有关金融、外贸、法律、保险、审计、会计、知识产权、资产评估、计算、测试、信息咨询、人才交流与培训等支撑服务。

（十一）鼓励各区开设退役军人“绿色通道”，对符合入驻条件的，简化相关核准手续。

（十二）加强对区内退役军人创办企业的信用培育。退役军人创办企业申请高信用等级管理的，应加快认定工作进程。

（十三）对违反国家及地方法律法规、各区相关制度及管理规定，造成社会危害、损害退役军人及军创企业良好社会形象的，依法依规进行处理。

本意见所称开发区是指经济技术开发区、高新技术产业开发区、海关特殊监管区域等国家级开发区和经济开发区、工业园区、高新技术产业园区等省级开发区，具体可参照《中国开发区审核公告目录》。各地要高度重视、上下配合，结合实际情况，制定具体措施，积极促进退役军人就业创业。

退役军人事务部、中共中央组织部、中央精神文明建设指导委员会办公室等关于进一步加强由政府安排工作退役士兵就业安置工作的意见

（2018 年 7 月 27 日　退役军人部发〔2018〕27 号）

各省、自治区、直辖市、新疆生产建设兵团党委组织部，文明办，发展改革委、公安厅（局）、民政厅（局）、财政厅（局）、人力资源社会保障厅（局）、医疗保障局（办）、国资委，各战区、各军兵种、军委机关各部门、军事科学院、国防大学、国防科技大学、武警部队政治工作部（局、处）：

为进一步加强和改进由政府安排工作退役士兵就业安置工作，真正把党和国家关心关爱退役士兵的各项要求落到实处，显著提高退役士兵的获得感、荣誉感，根据《退役士兵安置条例》等有关政策规定，结合新时代做好退役士兵安置工作的新任务新要求，现提出如下意见：

一、统一思想认识

退役士兵是退役军人的重要组成部分，由政府安排工作退役士兵曾是部队建设的骨干、是地方发展的重要人力资源。妥善安置这些人员，对贯彻落实改革强军战略，推进国防和军队建设；对维护政治社会大局稳定，全面建成小康社会具有重要意义。习近平总书记对退役军人工作高度重视，对退役安置作出一系列重要论述。各部门要提高政治站位，深刻领会习近平总书记关于退役军人工作的重要指示批示精神，把退役士兵安置作为一项重要的政治任务，不讲条件、不打折扣地履行安置责任和国防义务，为现役官兵安心服役、专谋打赢提供有力保障，为退役士兵融入社会、就业创业创造良好条件。任何部门、行业和单位都不得以任何理由拒绝接收安置退役士兵。

二、提升安置质量

（一）严格落实政策规定。各类机关、团体、企事业单位都要严格落实中发〔2016〕24 号文件要求，确保“由政府安排工作退役士兵安置到机关、事业单位和国有企业的比例不低于 80%”。安置地退役士兵安置工作主管部门要制定具体的办法措施，形成机关、事业单位和国有企业科学合理的分类接收结构比例。党政机关要采取措施鼓励退役士兵参加公务员招考，事业单位和国有企业要发挥安置主渠道作用，确保提供充足的安置岗位数量，不断提高安置岗位质量。

国有、国有控股和国有资本占主导地位的企业，要按照本企业全系统新招录职工数量的5%核定年度接收计划，每年4月底前主动报送同级人民政府退役士兵安置工作主管部门，审核通过后按计划落实。不得提供濒临破产或生产有困难的企业岗位以及与退役士兵安置地不在同一地区（设区市）的岗位给退役士兵。中央企业岗位不计入属地提供的岗位数量。

（二）改进接收安置制度

1. 放宽安置地限制。士兵服现役期间父母户口所在地变更的，可随父母任何一方安置。经本人申请，也可在配偶或者配偶父母任何一方户口所在地安置。其中，易地安置落户到国务院确定的超大城市的，应符合其关于落户的相关政策规定。

2. 加强计划统筹。县级安置任务较重的可由市级在本行政区域内统筹安排，市级安置有困难的可由省级统筹调剂安排。由上级统筹安排的人员，要经本人同意且不受户口所在地限制，公安部门根据实际安置地办理落户手续。

3. 允许灵活就业。选择由政府安排工作的退役士兵回到地方后又放弃安排工作待遇的，经本人申请确认后，由安置地人民政府按照其在部队选择自主就业应领取的一次性退役金和地方一次性经济补助金之和的80%，发给一次性就业补助金，同时按规定享受扶持退役军人就业创业的各项优惠政策。

三、依法保障待遇

（一）及时安排上岗。接收单位应当从所在地人民政府退役士兵安置工作主管部门开出介绍信的1个月内，安排退役士兵上岗。非因退役士兵本人原因，接收单位未按照规定安排上岗的，应当从开出介绍信的当月起，按照不低于本单位同等条件人员平均工资80%的标准，逐月发给退役士兵生活费直至上岗为止。

（二）落实岗位待遇。退役士兵享受所在单位正式员工同工龄、同工种、同岗位、同级别待遇。军龄10年以上的，接收的企业应当与其签订无固定期限劳动合同，接收的事业单位应当与其签订期限不少于3年的聘用合同。任何部门、行业和单位不得出台针对退役士兵的歧视性措施，严禁以劳务派遣等形式代替接收安置。

（三）发放相关补助。退役士兵待安排工作期间，安置地人民政府应当按照上年度最低工资标准逐月发放生活补助。

（四）接续基本保险。退役士兵在国家规定的待安排工作期，以其在军队服役最后年度的缴费工资为基数，按20%的费率缴纳基本养老保险费，其中8%作为个人缴费记入个人账户，所需费用由安置地人民政府同级财政资金安排。退役士兵在国家规定的待安排工作期按规定参加安置地职工基本医疗保险，单位缴费部分由安置地人民政府足额缴纳，个人缴费部分由退役士兵个人缴纳，军地相关部门协同做好保险关系接续，确保待遇连续享受。

（五）坚持公平公正。把退役士兵服现役期间的表现作为安排工作的主要依据，结合量化评分情况进行排序选岗，使服役时间长、贡献大的退役士兵能够优先选岗。要进一步健全“阳光安置”制度，各地可结合实际研究制定选岗定岗的具体办法措施。

四、强化组织领导

（一）明确列入考核范围。各级各有关部门要协调推动将由政府安排工作退役士兵就业安置工作纳入党委政府目标考核体系，作为对下级党委政府年度考核内容，作为参加双拥模范城（县）、爱国拥军模范单位和个人评选的重要条件，作为文明城市、文明单位评选和社会信用评价的重要依据。

（二）切实加强督导检查。各级退役士兵安置工作主管部门要采取定期跟踪、实地督导等方式及时跟进了解工作情况。结合重视程度、工作力度以及任务完成情况，进行通报表扬或通报批评，对有问题的地区和单位，要限期整改。年度接收安置工作结束后，接收安置退役士兵的用人单位，要向同级人民政府退役士兵安置工作主管部门报告安置任务落实情况，地方人民政府退役士兵安置工作主管部门要向上级人民政府退役士兵安置工作主管部门报告安置任务落实情况。

（三）依法依规追究责任。各级要及时梳理汇总年度落实岗位、取消安置待遇等情况，形成存据、规范管理。要建立责任倒查制度，退役士兵安置工作主管部门要积极会同相关部门，对政策落实不到位的地区和拒收退役士兵的单位，进行约谈督促、挂牌督办、媒体曝光，责令限期整改；对拒绝整改的，要对相关单位负责人和直接责任人依法依规问责。

（四）高度重视教育管理。强化政策宣讲。每年士兵退役前，县级以上退役士兵安置工作主管部门到驻地部队开展2次以上“政策进军营”活动；退役士兵待安排工作期间，要向他们讲清安置政策和不同单位行业基本用人需求及发展预期等，帮助其找准就业预期与就业现状的平衡点，使他们能够更好更快融入社会。坚持规范管理。由政府安排工作退役士兵无正当理由自开出安置介绍信15个工作日内拒不服从安置地人民政府安排工作的，视为放弃安排工作待遇；在待安排工作期间被依法追究刑事责任的，取消其安排工作待遇；弄虚作假骗取安置待遇的，取消相关安置待遇。注重宣传引导。对接收安置工作积极、措施得力、成效显著的行业部门以及在不同岗位建功立业的退役士兵，要作为先进典型及时给予宣传表扬，激励各部门行业不断提高接收安置的积极性，引导广大退役士兵退伍不褪色，珍惜荣誉，自觉做改革发展的维护者、推动者。

本意见自2018年8月1日起执行，2018年8月1日后退出现役的士兵适用本意见。各地各有关部门要根据本意见，制定具体实施办法，落实好各项规定和任务。

六、抚恤优待

◎ 重点法规提要

· 军人抚恤优待条例

军人抚恤优待条例

（2004 年 8 月 1 日中华人民共和国国务院、中华人民共和国中央军事委员会令第 413 号公布　根据 2011 年 7 月 29 日《国务院、中央军事委员会关于修改〈军人抚恤优待条例〉的决定》第一次修订　根据 2019 年 3 月 2 日《国务院关于修改部分行政法规的决定》第二次修订）

第一章　总　　则

第一条　为了保障国家对军人的抚恤优待，激励军人保卫祖国、建设祖国的献身精神，加强国防和军队建设，根据《中华人民共和国国防法》、《中华人民共和国兵役法》等有关法律，制定本条例。

第二条　中国人民解放军现役军人（以下简称现役军人）、服现役或者退出现役的残疾军人以及复员军人、退伍军人、烈士遗属、因公牺牲军人遗属、病故军人遗属、现役军人家属，是本条例规定的抚恤优待对象，依照本条例的规定享受抚恤优待。

第三条　军人的抚恤优待，实行国家和社会相结合的方针，保障军人的抚恤优待与国民经济和社会发展相适应，保障抚恤优待对象的生活不低于当地的平均生活水平。

全社会应当关怀、尊重抚恤优待对象，开展各种形式的拥军优属活动。

国家鼓励社会组织和个人对军人抚恤优待事业提供捐助。

第四条 国家和社会应当重视和加强军人抚恤优待工作。

军人抚恤优待所需经费由国务院和地方各级人民政府分级负担。中央和地方财政安排的军人抚恤优待经费，专款专用，并接受财政、审计部门的监督。

第五条 国务院退役军人事务部门主管全国的军人抚恤优待工作；县级以上地方人民政府退役军人事务部门主管本行政区域内的军人抚恤优待工作。

国家机关、社会团体、企业事业单位应当依法履行各自的军人抚恤优待责任和义务。

第六条 各级人民政府对在军人抚恤优待工作中作出显著成绩的单位和个人，给予表彰和奖励。

第二章 死亡抚恤

第七条 现役军人死亡被批准为烈士、被确认为因公牺牲或者病故的，其遗属依照本条例的规定享受抚恤。

第八条 现役军人死亡，符合下列情形之一的，批准为烈士：

（一）对敌作战死亡，或者对敌作战负伤在医疗终结前因伤死亡的；

（二）因执行任务遭敌人或者犯罪分子杀害，或者被俘、被捕后不屈遭敌人杀害或者被折磨致死的；

（三）为抢救和保护国家财产、人民生命财产或者执行反恐怖任务和处置突发事件死亡的；

（四）因执行军事演习、战备航行飞行、空降和导弹发射训练、试航试飞任务以及参加武器装备科研试验死亡的；

（五）在执行外交任务或者国家派遣的对外援助、维持国际和平任务中牺牲的；

（六）其他死难情节特别突出，堪为楷模的。

现役军人在执行对敌作战、边海防执勤或者抢险救灾任务中失踪，经法定程序宣告死亡的，按照烈士对待。

批准烈士，属于因战死亡的，由军队团级以上单位政治机关批准；属于非因战死亡的，由军队军级以上单位政治机关批准；属于本条第一款第六项规定情形的，由中国人民解放军总政治部批准。

第九条 现役军人死亡，符合下列情形之一的，确认为因公牺牲：

（一）在执行任务中或者在上下班途中，由于意外事件死亡的；

（二）被认定为因战、因公致残后因旧伤复发死亡的；

（三）因患职业病死亡的；

（四）在执行任务中或者在工作岗位上因病猝然死亡，或者因医疗事故死亡的；

（五）其他因公死亡的。

现役军人在执行对敌作战、边海防执勤或者抢险救灾以外的其他任务中失踪，经法定程序宣告死亡的，按照因公牺牲对待。

现役军人因公牺牲，由军队团级以上单位政治机关确认；属于本条第一款第五项规定情形的，由军队军级以上单位政治机关确认。

第十条 现役军人除第九条第一款第三项、第四项规定情形以外，因其他疾病死亡的，确认为病故。

现役军人非执行任务死亡或者失踪，经法定程序宣告死亡的，按照病故对待。

现役军人病故，由军队团级以上单位政治机关确认。

第十一条 对烈士遗属、因公牺牲军人遗属、病故军人遗属，由县级人民政府退役军人事务部门分别发给《中华人民共和国烈士证明书》、《中华人民共和国军人因公牺牲证明书》、《中华人民共和国军人病故证明书》。

第十二条 现役军人死亡被批准为烈士的，依照《烈士褒扬条例》的规定发给烈士遗属烈士褒扬金。

第十三条 现役军人死亡，根据其死亡性质和死亡时的月工资标准，由县级人民政府退役军人事务部门发给其遗属一次性抚恤金，标准是：烈士和因公牺牲的，为上一年度全国城镇居民人均可支配收入的20倍加本人40个月的工资；病故的，为上一年度全国城镇居民人均可支配收入的2倍加本人40个月的工资。月工资或者津贴低于排职少尉军官工资标准的，按照排职少尉军官工资标准计算。

获得荣誉称号或者立功的烈士、因公牺牲军人、病故军人，其遗属在应当享受的一次性抚恤金的基础上，由县级人民政府退役军人事务部门按照下列比例增发一次性抚恤金：

（一）获得中央军事委员会授予荣誉称号的，增发35%；

（二）获得军队军区级单位授予荣誉称号的，增发30%；

（三）立一等功的，增发25%；

（四）立二等功的，增发15%；

（五）立三等功的，增发5%。

多次获得荣誉称号或者立功的烈士、因公牺牲军人、病故军人，其遗属由县级人民政府退役军人事务部门按照其中最高等级奖励的增发比例，增发一次性抚恤金。

第十四条 对生前作出特殊贡献的烈士、因公牺牲军人、病故军人，除按照本条例规定发给其遗属一次性抚恤金外，军队可以按照有关规定发给其遗属一次性特别抚恤金。

第十五条 一次性抚恤金发给烈士、因公牺牲军人、病故军人的父母（抚养人）、配偶、子女；没有父母（抚养人）、配偶、子女的，发给未满18周岁的兄弟姐妹和已满18周岁但无生活费来源且由该军人生前供养的兄弟姐妹。

第十六条 对符合下列条件之一的烈士遗属、因公牺牲军人遗属、病故军人遗属，发给定期抚恤金：

（一）父母（抚养人）、配偶无劳动能力、无生活费来源，或者收入水平低于当地居民平均生活水平的；

（二）子女未满18周岁或者已满18周岁但因上学或者残疾无生活费来源的；

（三）兄弟姐妹未满18周岁或者已满18周岁但因上学无生活费来源且由该军人生前供养的。

对符合享受定期抚恤金条件的遗属，由县级人民政府退役军人事务部门发给《定期抚恤金领取证》。

第十七条 定期抚恤金标准应当参照全国城乡居民家庭人均收入水平确定。定期抚恤金的标准及其调整办法，由国务院退役军人事务部门会同国务院财政部门规定。

第十八条 县级以上地方人民政府对依靠定期抚恤金生活仍有困难的烈士遗属、因公牺牲军人遗属、病故军人遗属，可以增发抚恤金或者采取其他方式予以补助，保障其生活不低于当地的平均生活水平。

第十九条 享受定期抚恤金的烈士遗属、因公牺牲军人遗属、病故军人遗属死亡的，增发6个月其原享受的定期抚恤金，作为丧葬补助费，同时注销其领取定期抚恤金的证件。

第二十条 现役军人失踪，经法定程序宣告死亡的，在其被批准为烈士、确认为因公牺牲或者病故后，又经法定程序撤销对其死亡宣告的，由原批准或者确认机关取消其烈士、因公牺牲军人或者病故军人资格，并由发证机关收回有关证件，终止其家属原享受的抚恤待遇。

第三章 残疾抚恤

第二十一条 现役军人残疾被认定为因战致残、因公致残或者因病致残的，依照本条例的规定享受抚恤。

因第八条第一款规定的情形之一导致残疾的，认定为因战致残；因第九条第一款规定的情形之一导致残疾的，认定为因公致残；义务兵和初级士官因第九条第一款第三项、第四项规定情形以外的疾病导致残疾的，认定为因病致残。

第二十二条 残疾的等级，根据劳动功能障碍程度和生活自理障碍程度确定，由重到轻分为一级至十级。

残疾等级的具体评定标准由国务院退役军人事务部门、人力资源社会保障部门、卫生部门会同军队有关部门规定。

第二十三条 现役军人因战、因公致残，医疗终结后符合评定残疾等级条件的，应当评定残疾等级。义务兵和初级士官因病致残符合评定残疾等级条件，本人（精神病患者由其利害关系人）提出申请的，也应当评定残疾等级。

因战、因公致残，残疾等级被评定为一级至十级的，享受抚恤；因病致残，残疾等级被评定为一级至六级的，享受抚恤。

第二十四条 因战、因公、因病致残性质的认定和残疾等级的评定权限是：

（一）义务兵和初级士官的残疾，由军队军级以上单位卫生部门认定和评定；

（二）现役军官、文职干部和中级以上士官的残疾，由军队军区级以上单位卫生部门认定和评定；

（三）退出现役的军人和移交政府安置的军队离休、退休干部需要认定残疾性质和评定残疾等级的，由省级人民政府退役军人事务部门认定和评定。

评定残疾等级，应当依据医疗卫生专家小组出具的残疾等级医学鉴定意见。

残疾军人由认定残疾性质和评定残疾等级的机关发给《中华人民共和国残疾军人证》。

第二十五条 现役军人因战、因公致残，未及时评定残疾等级，退出现役后或者医疗终结满 3 年后，本人（精神病患者由其利害关系人）申请补办评定残疾等级，有档案记载或者有原始医疗证明的，可以评定残疾等级。

现役军人被评定残疾等级后，在服现役期间或者退出现役后残疾情况发生严重恶化，原定残疾等级与残疾情况明显不符，本人（精神病患者由其利害关系人）申请调整残疾等级的，可以重新评定残疾等级。

第二十六条 退出现役的残疾军人，按照残疾等级享受残疾抚恤金。残疾抚恤金由县级人民政府退役军人事务部门发给。

因工作需要继续服现役的残疾军人，经军队军级以上单位批准，由所在部队按照规定发给残疾抚恤金。

第二十七条 残疾军人的抚恤金标准应当参照全国职工平均工资水平确定。残疾抚恤金的标准以及一级至十级残疾军人享受残疾抚恤金的具体办法，由国务院退役军人事务部门会同国务院财政部门规定。

县级以上地方人民政府对依靠残疾抚恤金生活仍有困难的残疾军人，可以增发残疾抚恤金或者采取其他方式予以补助，保障其生活不低于当地的平均生活水平。

第二十八条 退出现役的因战、因公致残的残疾军人因旧伤复发死亡的，由县级人民政府退役军人事务部门按照因公牺牲军人的抚恤金标准发给其遗属一次性抚恤金，其遗属享受因公牺牲军人遗属抚恤待遇。

退出现役的因战、因公、因病致残的残疾军人因病死亡的，对其遗属增发12个月的残疾抚恤金，作为丧葬补助费；其中，因战、因公致残的一级至四级残疾军人因病死亡的，其遗属享受病故军人遗属抚恤待遇。

第二十九条 退出现役的一级至四级残疾军人，由国家供养终身；其中，对需要长年医疗或者独身一人不便分散安置的，经省级人民政府退役军人事务部门批准，可以集中供养。

第三十条 对分散安置的一级至四级残疾军人发给护理费，护理费的标准为：

（一）因战、因公一级和二级残疾的，为当地职工月平均工资的50%；

（二）因战、因公三级和四级残疾的，为当地职工月平均工资的40%；

（三）因病一级至四级残疾的，为当地职工月平均工资的30%。

退出现役的残疾军人的护理费，由县级以上地方人民政府退役军人事务部门发给；未退出现役的残疾军人的护理费，经军队军级以上单位批准，由所在部队发给。

第三十一条 残疾军人需要配制假肢、代步三轮车等辅助器械，正在服现役的，由军队军级以上单位负责解决；退出现役的，由省级人民政府退役军人事务部门负责解决。

第四章 优 待

第三十二条 烈士遗属依照《烈士褒扬条例》的规定享受优待。

第三十三条 义务兵服现役期间，其家庭由当地人民政府发给优待金或者给予其他优待，优待标准不低于当地平均生活水平。

义务兵和初级士官入伍前是国家机关、社会团体、企业事业单位职工（含合同制人员）的，退出现役后，允许复工复职，并享受不低于本单位同岗位（工种）、同工龄职工的各项待遇；服现役期间，其家属继续享受该单位职工家属的有关福利待遇。

义务兵和初级士官入伍前的承包地（山、林）等，应当保留；服现役期间，除依照国家有关规定和承包合同的约定缴纳有关税费外，免除其他负担。

义务兵从部队发出的平信，免费邮递。

第三十四条 国家对一级至六级残疾军人的医疗费用按照规定予以保障，由所在医疗保险统筹地区社会保险经办机构单独列账管理。具体办法由国务院退役军人事务部门会同国务院人力资源社会保障部门、财政部门规定。

七级至十级残疾军人旧伤复发的医疗费用，已经参加工伤保险的，由工伤保险基金支付，未参加工伤保险，有工作的由工作单位解决，没有工作的由当地县级以上地方人民政府负责解决；七级至十级残疾军人旧伤复发以外的医疗费用，未参加医疗保险且本人支付有困难的，由当地县级以上地方人民政府酌情给予补助。

残疾军人、复员军人、带病回乡退伍军人以及因公牺牲军人遗属、病故军人遗属享受医疗优惠待遇。具体办法由省、自治区、直辖市人民政府规定。

中央财政对抚恤优待对象人数较多的困难地区给予适当补助，用于帮助解决抚恤优待对象的医疗费用困难问题。

第三十五条 在国家机关、社会团体、企业事业单位工作的残疾军人，享受与所在单位工伤人员同等的生活福利和医疗待遇。所在单位不得因其残疾将其辞退、解聘或者解除劳动关系。

第三十六条 现役军人凭有效证件、残疾军人凭《中华人民共和国残疾军人证》优先购票乘坐境内运行的火车、轮船、长途公共汽车以及民航班机；残疾军人享受减收正常票价50%的优待。

现役军人凭有效证件乘坐市内公共汽车、电车和轨道交通工具享受优待，具体办法由有关城市人民政府规定。残疾军人凭《中华人民共和国残疾军人证》免费乘坐市内公共汽车、电车和轨道交通工具。

第三十七条 现役军人、残疾军人凭有效证件参观游览公园、博物馆、名胜古迹享受优待，具体办法由公园、博物馆、名胜古迹管理单位所在地的县级以上地方人民政府规定。

第三十八条 因公牺牲军人、病故军人的子女、兄弟姐妹，本人自愿应征并且符合征兵条件的，优先批准服现役。

第三十九条 义务兵和初级士官退出现役后，报考国家公务员、高等学校和中等职业学校，在与其他考生同等条件下优先录取。

残疾军人、因公牺牲军人子女、一级至四级残疾军人的子女，驻边疆国境的县（市）、沙漠区、国家确定的边远地区中的三类地区和军队确定的特、一、二类岛屿部队现役军人的子女报考普通高中、中等职业学校、高等学校，在录取时按照国家有关规定给予优待；接受学历教育的，在同等条件下优先享受国家规定的各项助学政策。现役军人子女的入学、入托，在同等条件下优先接收。具体办法由国务院退役军人事务部门会同国务院教育部门规定。

第四十条 残疾军人、复员军人、带病回乡退伍军人、因公牺牲军人遗属、病故军人遗属承租、购买住房依照有关规定享受优先、优惠待遇。居住农村的抚恤优待对象住房有困难的，由地方人民政府帮助解决。具体办法由省、自治区、直辖市人民政府规定。

第四十一条 经军队师（旅）级以上单位政治机关批准随军的现役军官家属、文职干部家属、士官家属，由驻军所在地的公安机关办理落户手续。随军前是国家机关、社会团体、企业事业单位职工的，驻军所在地人民政府人力资源社会保障部门应当接收和妥善安置；随军前没有工作单位的，驻军所在地人民政府应当根据本人的实际情况作出相应安置；对自谋职业的，按照国家有关规定减免有关费用。

第四十二条 驻边疆国境的县（市）、沙漠区、国家确定的边远地区中的三类地区和军队确定的特、一、二类岛屿部队的现役军官、文职干部、士官，其符合随军条件无法随军的家属，所在地人民政府应当妥善安置，保障其生活不低于当地的平均生活水平。

第四十三条 随军的烈士遗属、因公牺牲军人遗属和病故军人遗属移交地方人民政府安置的，享受本条例和当地人民政府规定的抚恤优待。

第四十四条 复员军人生活困难的，按照规定的条件，由当地人民政府退役军人事务部门给予定期定量补助，逐步改善其生活条件。

第四十五条 国家兴办优抚医院、光荣院，治疗或者集中供养孤老和生活不能自理的抚恤优待对象。

各类社会福利机构应当优先接收抚恤优待对象。

第五章 法律责任

第四十六条 军人抚恤优待管理单位及其工作人员挪用、截留、私分军人抚恤优待经费，构成犯罪的，依法追究相关责任人员的刑事责任；尚不构成犯罪的，对相关责任人员依法给予行政处分或者纪律处分。被挪用、截留、私分的军人抚恤优待经费，由上一级人民政府退役军人事务部门、军队有关部门责令追回。

第四十七条 军人抚恤优待管理单位及其工作人员、参与军人抚恤优待工作的单位及工作人员有下列行为之一的，由其上级主管部门责令改正；情节严重，构成犯罪的，依法追究相关责任人员的刑事责任；尚不构成犯罪的，对相关责任人员依法给予行政处分或者纪律处分：

（一）违反规定审批军人抚恤待遇的；

（二）在审批军人抚恤待遇工作中出具虚假诊断、鉴定、证明的；

（三）不按规定的标准、数额、对象审批或者发放抚恤金、补助金、优待金的；

（四）在军人抚恤优待工作中利用职权谋取私利的。

第四十八条 负有军人优待义务的单位不履行优待义务的，由县级人民政府退役军人事务部门责令限期履行义务；逾期仍未履行的，处以2000元以上1万元以下罚款。对直接负责的主管人员和其他直接责任人员依法给予行政处分、纪律处分。因不履行优待义务使抚恤优待对象受到损失的，应当依法承担赔偿责任。

第四十九条 抚恤优待对象有下列行为之一的，由县级人民政府退役军人事务部门给予警告，限期退回非法所得；情节严重的，停止其享受的抚恤、优待；构成犯罪的，依法追究刑事责任：

（一）冒领抚恤金、优待金、补助金的；

（二）虚报病情骗取医药费的；

（三）出具假证明，伪造证件、印章骗取抚恤金、优待金、补助金的。

第五十条 抚恤优待对象被判处有期徒刑、剥夺政治权利或者被通缉期间，中止其抚恤优待；被判处死刑、无期徒刑的，取消其抚恤优待资格。

第六章 附 则

第五十一条 本条例适用于中国人民武装警察部队。

第五十二条 军队离休、退休干部和退休士官的抚恤优待，依照本条例有关现役军人抚恤优待的规定执行。

因参战伤亡的民兵、民工的抚恤，因参加军事演习、军事训练和执行军事勤务伤亡的预备役人员、民兵、民工以及其他人员的抚恤，参照本条例的有关规定办理。

第五十三条 本条例所称的复员军人，是指在 1954 年 10 月 31 日之前入伍、后经批准从部队复员的人员；带病回乡退伍军人，是指在服现役期间患病，尚未达到评定残疾等级条件并有军队医院证明，从部队退伍的人员。

第五十四条 本条例自2004年10月1日起施行。1988年7月18日国务院发布的《军人抚恤优待条例》同时废止。

伤残抚恤管理办法

（2007年7月31日民政部令第34号公布 根据2013年7月5日《民政部关于修改〈伤残抚恤管理办法〉的决定》修订 2019年12月16日退役军人事务部令第1号修订）

第一章 总 则

第一条 为了规范和加强退役军人事务部门管理的伤残抚恤工作，根据《军人抚恤优待条例》等法规，制定本办法。

第二条 本办法适用于符合下列情况的中国公民：

（一）在服役期间因战因公致残退出现役的军人，在服役期间因病评定了残疾等级退出现役的残疾军人；

（二）因战因公负伤时为行政编制的人民警察；

（三）因参战、参加军事演习、军事训练和执行军事勤务致残的预备役人员、民兵、民工以及其他人员；

（四）为维护社会治安同违法犯罪分子进行斗争致残的人员；

（五）为抢救和保护国家财产、人民生命财产致残的人员；

（六）法律、行政法规规定应当由退役军人事务部门负责伤残抚恤的其他人员。

前款所列第（三）、第（四）、第（五）项人员根据《工伤保险条例》应当认定视同工伤的，不再办理因战、因公伤残抚恤。

第三条 本办法第二条所列人员符合《军人抚恤优待条例》及有关政策中因战因公致残规定的，可以认定因战因公致残；个人对导致伤残的事件和行为负有过错责任的，以及其他不符合因战因公致残情形的，不得认定为因战因公致残。

第四条 伤残抚恤工作应当遵循公开、公平、公正的原则。县级人民政府退役军人事务部门应当公布有关评残程序和抚恤金标准。

第二章 残疾等级评定

第五条 评定残疾等级包括新办评定残疾等级、补办评定残疾等级、调整残疾等级。

新办评定残疾等级是指对本办法第二条第一款第（一）项以外的人员认定因战因公残疾性质，评定残疾等级。补办评定残疾等级是指对现役军人因战因公致残未能及时评定残疾等级，在退出现役后依据《军人抚恤优待条例》的规定，认定因战因公残疾性质、评定残疾等级。调整残疾等级是指对已经评定残疾等级，因原致残部位残疾情况变化与原评定的残疾等级明显不符的人员调整残疾等级级别，对达不到最低评残标准的可以取消其残疾等级。

属于新办评定残疾等级的，申请人应当在因战因公负伤或者被诊断、鉴定为职业病3年内提出申请；属于调整残疾等级的，应当在上一次评定残疾等级1年后提出申请。

第六条 申请人（精神病患者由其利害关系人帮助申请，下同）申请评定残疾等级，应当向所在单位提出书面申请。申请人所在单位应及时审查评定残疾等级申请，出具书面意见并加盖单位公章，连同相关材料一并报送户籍地县级人民政府退役军人事务部门审查。

没有工作单位的或者以原致残部位申请评定残疾等级的，可以直接向户籍地县级人民政府退役军人事务部门提出申请。

第七条 申请人申请评定残疾等级，应当提供以下真实确切材料：书面申请，身份证或者居民户口簿复印件，退役军人证（退役军人登记表）、人民警察证等证件复印件，本人近期二寸免冠彩色照片。

申请新办评定残疾等级，应当提交致残经过证明和医疗诊断证明。致残经过证明应包括相关职能部门提供的执行公务证明，交通事故责任认定书、调解协议书、民事判决书、医疗事故鉴定书等证明材料；抢救和保护国家财产、人民生命财产致残或者为维护社会治安同犯罪分子斗争致残证明；统一组织参战、参加军事演习、军事训练和执行军事勤务的证明材料。医疗诊断证明应包括加盖出具单位相关印章的门诊病历原件、住院病历复印件及相关检查报告。

申请补办评定残疾等级，应当提交因战因公致残档案记载或者原始医疗证明。档案记载是指本人档案中所在部队作出的涉及本人负伤原始情况、治疗情况及善后处理情况等确切书面记载。职业病致残需提供有直接从事该职业病相关工作经历的记载。医疗事故致残需提供军队后勤卫生机关出具的医疗事故鉴定结论。原始医疗证明是指原所在部队体系医院出具的能说明致残原因、残疾情况的病情诊断书、出院小结或者门诊病历原件、加盖出具单位相关印章的住院病历复印件。

申请调整残疾等级，应当提交近6个月内在二级甲等以上医院的就诊病历及医院检查报告、诊断结论等。

第八条 县级人民政府退役军人事务部门对报送的有关材料进行核对，对材料不全或者材料不符合法定形式的应当告知申请人补充材料。

县级人民政府退役军人事务部门经审查认为申请人符合因战因公负伤条件的，在报经设区的市级人民政府以上退役军人事务部门审核同意后，应当填写《残疾等级评定审批表》，并在受理之日起20个工作日内，签发《受理通知书》，通知本人到设区的市级人民政府以上退役军人事务部门指定的医疗卫生机构，对属于因战因公导致的残疾情况进行鉴定，由医疗卫生专家小组根据《军人残疾等级评定标准》，出具残疾等级医学鉴定意见。职业病的残疾情况鉴定由省级人民政府退役军人事务部门指定的承担职业病诊断的医疗卫生机构作出；精神病的残疾情况鉴定由省级人民政府退役军人事务部门指定的二级以上精神病专科医院作出。

县级人民政府退役军人事务部门依据医疗卫生专家小组出具的残疾等级医学鉴定意见对申请人拟定残疾等级，在《残疾等级评定审批表》上签署意见，加盖印章，连同其他申请材料，于收到医疗卫生专家小组签署意见之日起 20 个工作日内，一并报送设区的市级人民政府退役军人事务部门。

县级人民政府退役军人事务部门对本办法第二条第一款第（一）项人员，经审查认为不符合因战因公负伤条件的，或者经医疗卫生专家小组鉴定达不到补评或者调整残疾等级标准的，应当根据《军人抚恤优待条例》相关规定逐级上报省级人民政府退役军人事务部门。对本办法第二条第一款第（一）项以外的人员，经审查认为不符合因战因公负伤条件的，或者经医疗卫生专家小组鉴定达不到新评或者调整残疾等级标准的，应当填写《残疾等级评定结果告知书》，连同申请人提供的材料，退还申请人或者所在单位。

第九条 设区的市级人民政府退役军人事务部门对报送的材料审查后，在《残疾等级评定审批表》上签署意见，并加盖印章。

对符合条件的，于收到材料之日起 20 个工作日内，将上述材料报送省级人民政府退役军人事务部门。对不符合条件的，属于本办法第二条第一款第（一）项人员，根据《军人抚恤优待条例》相关规定上报省级人民政府退役军人事务部门；属于本办法第二条第一款第（一）项以外的人员，填写《残疾等级评定结果告知书》，连同申请人提供的材料，逐级退还申请人或者其所在单位。

第十条 省级人民政府退役军人事务部门对报送的材料初审后，认为符合条件的，逐级通知县级人民政府退役军人事务部门对申请人的评残情况进行公示。公示内容应当包括致残的时间、地点、原因、残疾情况（涉及隐私或者不宜公开的不公示）、拟定的残疾等级以及县级退役军人事务部门联系方式。公示应当在申请人工作单位所在地或者居住地进行，时间不少于 7 个工作日。县级人民政府退役军人事务部门应当对公示中反馈的意见进行核实并签署意见，逐级上报省级人民政府退役军人事务部门，对调整等级的应当将本人持有的伤残人员证一并上报。

省级人民政府退役军人事务部门应当对公示的意见进行审核，在《残疾等级评定审批表》上签署审批意见，加盖印章。对符合条件的，办理伤残人员证（调整等级的，在证件变更栏处填写新等级），于公示结束之日起 60 个工作日内逐级发给申请人或者其所在单位。对不符合条件的，填写《残疾等级评定结果告知书》，连同申请人提供的材料，于收到材料之日或者公示结束之日起 60 个工作日内逐级退还申请人或者其所在单位。

第十一条 申请人或者退役军人事务部门对医疗卫生专家小组作出的残疾等级医学鉴定意见有异议的，可以到省级人民政府退役军人事务部门指定的医疗卫生机构重新进行鉴定。

省级人民政府退役军人事务部门可以成立医疗卫生专家小组，对残疾情况与应当评定的残疾等级提出评定意见。

第十二条 伤残人员以军人、人民警察或者其他人员不同身份多次致残的，退役军人事务部门按上述顺序只发给一种证件，并在伤残证件变更栏上注明再次致残的时间和性质，以及合并评残后的等级和性质。

致残部位不能合并评残的，可以先对各部位分别评残。等级不同的，以重者定级；两项（含）以上等级相同的，只能晋升一级。

多次致残的伤残性质不同的，以等级重者定性。等级相同的，按因战、因公、因病的顺序定性。

第三章 伤残证件和档案管理

第十三条 伤残证件的发放种类：

（一）退役军人在服役期间因战因公因病致残的，发给《中华人民共和国残疾军人证》；

（二）人民警察因战因公致残的，发给《中华人民共和国伤残人民警察证》；

（三）退出国家综合性消防救援队伍的人员在职期间因战

因公因病致残的，发给《中华人民共和国残疾消防救援人员证》；

（四）因参战、参加军事演习、军事训练和执行军事勤务致残的预备役人员、民兵、民工以及其他人员，发给《中华人民共和国伤残预备役人员、伤残民兵民工证》；

（五）其他人员因公致残的，发给《中华人民共和国因公伤残人员证》。

第十四条 伤残证件由国务院退役军人事务部门统一制作。证件的有效期：15周岁以下为5年，16-25周岁为10年，26-45周岁为20年，46周岁以上为长期。

第十五条 伤残证件有效期满或者损毁、遗失的，证件持有人应当到县级人民政府退役军人事务部门申请换发证件或者补发证件。伤残证件遗失的须本人登报声明作废。

县级人民政府退役军人事务部门经审查认为符合条件的，填写《伤残人员换证补证审批表》，连同照片逐级上报省级人民政府退役军人事务部门。省级人民政府退役军人事务部门将新办理的伤残证件逐级通过县级人民政府退役军人事务部门发给申请人。各级退役军人事务部门应当在20个工作日内完成本级需要办理的事项。

第十六条 伤残人员前往我国香港特别行政区、澳门特别行政区、台湾地区定居或者其他国家和地区定居前，应当向户籍地（或者原户籍地）县级人民政府退役军人事务部门提出申请，由户籍地（或者原户籍地）县级人民政府退役军人事务部门在变更栏内注明变更内容。对需要换发新证的，“身份证号”处填写定居地的居住证件号码。“户籍地”为国内抚恤关系所在地。

第十七条 伤残人员死亡的，其家属或者利害关系人应及时告知伤残人员户籍地县级人民政府退役军人事务部门，县级人民政府退役军人事务部门应当注销其伤残证件，并逐级上报省级人民政府退役军人事务部门备案。

第十八条 退役军人事务部门对申报和审批的各种材料、伤残证件应当有登记手续。送达的材料或者证件，均须挂号邮寄或者由申请人签收。

第十九条 县级人民政府退役军人事务部门应当建立伤残人员资料档案，一人一档，长期保存。

第四章 伤残抚恤关系转移

第二十条 残疾军人退役或者向政府移交，必须自军队办理了退役手续或者移交手续后60日内，向户籍迁入地的县级人民政府退役军人事务部门申请转入抚恤关系。退役军人事务部门必须进行审查、登记、备案。审查的材料有：《户口登记簿》、《残疾军人证》、军队相关部门监制的《军人残疾等级评定表》、《换领〈中华人民共和国残疾军人证〉申报审批表》、退役证件或者移交政府安置的相关证明。

县级人民政府退役军人事务部门应当对残疾军人残疾情况及有关材料进行审查，必要时可以复查鉴定残疾情况。认为符合条件的，将《残疾军人证》及有关材料逐级报送省级人民政府退役军人事务部门。省级人民政府退役军人事务部门审查无误的，在《残疾军人证》变更栏内填写新的户籍地、重新编号，并加盖印章，将《残疾军人证》逐级通过县级人民政府退役军人事务部门发还申请人。各级退役军人事务部门应当在20个工作日内完成本级需要办理的事项。如复查、鉴定残疾情况的可以适当延长工作日。

《军人残疾等级评定表》或者《换领〈中华人民共和国残疾军人证〉申报审批表》记载的残疾情况与残疾等级明显不符的，县级退役军人事务部门应当暂缓登记，逐级上报省级人民政府退役军人事务部门通知原审批机关更正，或者按复查鉴定的残疾情况重新评定残疾等级。伪造、变造《残疾军人证》和评残材料的，县级人民政府退役军人事务部门收回《残疾军人证》不予登记，并移交当地公安机关处理。

第二十一条 伤残人员跨省迁移户籍时，应同步转移伤残抚恤关系，迁出地的县级人民政府退役军人事务部门根据伤残人员申请及其伤残证件和迁入地户口簿，将伤残档案、迁入地户口簿复印件以及《伤残人员关系转移证明》，发送迁入地县级人民政府退役军人事务部门，并同时将此信息逐级上报本省级人民政府退役军人事务部门。

迁入地县级人民政府退役军人事务部门在收到上述材料和申请人提供的伤残证件后，逐级上报省级人民政府退役军人事务部门。省级人民政府退役军人事务部门在向迁出地省级人民政府退役军人事务部门核实无误后，在伤残证件变更栏内填写新的户籍地、重新编号，并加盖印章，逐级通过县级人民政府退役军人事务部门发还申请人。各级退役军人事务部门应当在20个工作日内完成本级需要办理的事项。

迁出地退役军人事务部门邮寄伤残档案时，应当将伤残证件及其军队或者地方相关的评残审批表或者换证表复印备查。

第二十二条 伤残人员本省、自治区、直辖市范围内迁移的有关手续，由省、自治区、直辖市人民政府退役军人事务部门规定。

第五章 抚恤金发放

第二十三条 伤残人员从被批准残疾等级评定后的下一个月起，由户籍地县级人民政府退役军人事务部门按照规定予以抚恤。伤残人员抚恤关系转移的，其当年的抚恤金由部队或者迁出地的退役军人事务部门负责发给，从下一年起由迁入地退役军人事务部门按当地标准发给。由于申请人原因造成抚恤金断发的，不再补发。

第二十四条 在境内异地（指非户籍地）居住的伤残人员或者前往我国香港特别行政区、澳门特别行政区、台湾地区定居或者其他国家和地区定居的伤残人员，经向其户籍地（或者原户籍地）县级人民政府退役军人事务部门申请并办理相关手续后，其伤残抚恤金可以委托他人代领，也可以委托其户籍地（或者原户籍地）县级人民政府退役军人事务部门存入其指定的金融机构账户，所需费用由本人负担。

第二十五条 伤残人员本人（或者其家属）每年应当与其户籍地（或者原户籍地）的县级人民政府退役军人事务部门联系一次，通过见面、人脸识别等方式确认伤残人员领取待遇资格。当年未联系和确认的，县级人民政府退役军人事务部门应当经过公告或者通知本人或者其家属及时联系、确认；经过公告或者通知本人或者其家属后60日内仍未联系、确认的，从下一个月起停发伤残抚恤金和相关待遇。

伤残人员（或者其家属）与其户籍地（或者原户籍地）退役军人事务部门重新确认伤残人员领取待遇资格后，从下一个月起恢复发放伤残抚恤金和享受相关待遇，停发的抚恤金不予补发。

第二十六条 伤残人员变更国籍、被取消残疾等级或者死亡的，从变更国籍、被取消残疾等级或者死亡后的下一个月起停发伤残抚恤金和相关待遇，其伤残人员证件自然失效。

第二十七条 有下列行为之一的，由县级人民政府退役军人事务部门给予警告，停止其享受的抚恤、优待，追回非法所得；构成犯罪的，依法追究刑事责任：

（一）伪造残情的；

（二）冒领抚恤金的；

（三）骗取医药费等费用的；

（四）出具假证明，伪造证件、印章骗取抚恤金和相关待遇的。

第二十八条 县级人民政府退役军人事务部门依据人民法院生效的法律文书、公安机关发布的通缉令或者国家有关规定，对具有中止抚恤、优待情形的伤残人员，决定中止抚恤、优待，并通知本人或者其家属、利害关系人。

第二十九条 中止抚恤的伤残人员在刑满释放并恢复政治权利、取消通缉或者符合国家有关规定后，经本人（精神病患者由其利害关系人）申请，并经县级退役军人事务部门审查符合条件的，从审核确认的下一个月起恢复抚恤和相关待遇，原停发的抚恤金不予补发。办理恢复抚恤手续应当提供下列材料：本人申请、户口登记簿、司法机关的相关证明。需要重新办证的，按照证件丢失规定办理。

第六章 附　　则

第三十条 本办法适用于中国人民武装警察部队。

第三十一条 因战因公致残的深化国防和军队改革期间部队现役干部转改的文职人员，因参加军事训练、非战争军事行动和作战支援保障任务致残的其他文职人员，因战因公致残消防救援人员、因病致残评定了残疾等级的消防救援人员，退出军队或国家综合性消防救援队伍后的伤残抚恤管理参照退出现役的残疾军人有关规定执行。

第三十二条 未列入行政编制的人民警察，参照本办法评定伤残等级，其伤残抚恤金由所在单位按规定发放。

第三十三条 省级人民政府退役军人事务部门可以根据本地实际情况，制定具体工作细则。

第三十四条 本办法自2007年8月1日起施行。

附件：

1. 受理通知书（略）
2. 残疾等级评定审批表（略）
3. 残疾等级评定结果告知书（略）
4. 伤残人员换证补证审批表（略）
5. 伤残人员关系转移证明（略）
6. 评定残疾情况公示书（略）

光荣院管理办法

（2010年12月25日民政部令第40号公布 根据2020年4月10日退役军人事务部令第3号修订）

第一章 总 则

第一条 为了加强光荣院管理，做好抚恤优待对象集中供养等工作，更好服务国防和军队建设，让退役军人成为全社会尊重的人，让军人成为全社会尊崇的职业，根据《军人抚恤优待条例》和国家有关规定，制定本办法。

第二条 光荣院是国家集中供养孤老和生活不能自理的抚恤优待对象，并对其实行特殊保障的优抚事业单位。

第三条 国务院退役军人事务部门负责指导全国光荣院的管理工作。县级以上地方人民政府退役军人事务部门是光荣院的主管部门（以下简称光荣院主管部门），对光荣院集中供养等工作进行管理、监督和检查。

第四条 国家兴办光荣院，所需经费列入同级地方政府预算。光荣院的建设服务水平应当与当地经济和社会发展相适应，满足集中供养和服务需求。

国家鼓励公民、法人和其他组织对光荣院提供社会捐助和服务。

光荣院各项经费应当按照批复的预算执行，接受财政、审计部门和社会的监督。

第五条 光荣院在建设、用地、水电、燃气、供暖、电信、农副业生产等方面享受国家有关社会福利机构的优惠政策。

第六条 对在光荣院建设和管理工作中成绩显著的单位和个人，按照国家有关规定给予表彰和奖励。

第二章 服务对象

第七条 老年、残疾或者未满16周岁的烈士遗属、因公牺牲军人遗属、病故军人遗属和进入老年的残疾军人、复员军人、退伍军人，无法定赡养人、扶养人、抚养人或者法定赡养人、扶养人、抚养人无赡养、扶养、抚养能力且享受国家定期抚恤补助待遇的为集中供养对象，可以申请享受光荣院集中供养待遇。

光荣院在保障好集中供养对象的前提下，可利用空余床位为其他老年且无法定赡养人、扶养人或者法定赡养人、扶养人无赡养、扶养能力的抚恤优待对象提供优惠服务。

有条件的光荣院在满足上述对象集中供养、优惠服务的需求外，可面向其他抚恤优待对象开展优待服务。

第八条 申请享受光荣院集中供养、优惠服务，应当由本人向户籍地村（社区）退役军人服务站提出申请，或者由其居民委员会（村民委员会）向乡镇（街道）退役军人服务站代为提出申请。

退役军人服务站应当在10个工作日内将申请材料报光荣院，光荣院初审后及时报其主管部门审核批准。

光荣院根据其主管部门下达的计划和任务安排集中供养、优惠服务对象入院，并根据实际情况接收优待服务对象。

第九条 服务对象个人随身携带的款物和贵重物品委托光荣院保管的，应当签订财物保管协议。

第十条 光荣院应当坚持入院自愿、出院自由的原则，规范入院、出院手续，建立服务对象的个人档案。

集中供养、优惠服务对象不再符合本办法第七条规定条件的，光荣院应当向其主管部门报告，由其主管部门核准后不再享受集中供养、优惠服务待遇。

集中供养、优惠服务对象死亡的，光荣院应当为其办理丧葬事宜，并向光荣院主管部门报告，其遗产按照《中华人民共和国继承法》的有关规定处理。

光荣院主管部门应当定期核准集中供养、优惠服务对象人数，通报同级人民政府财政部门，并报上一级人民政府退役军人事务部门，由省级人民政府退役军人事务部门汇总后报国务院退役军人事务部门。

第三章 服务要求

第十一条 光荣院应当为服务对象提供下列供养服务：

（一）提供饮食；

（二）提供生活必需品；

（三）提供住房；

（四）提供医疗、康复、护理、保健服务；

（五）提供学习娱乐、精神关怀服务；

（六）提供清洁卫生、安全保卫服务；

（七）提供心理抚慰等社会工作服务；

（八）其他服务。

集中供养对象未满16周岁或者已满16周岁仍在接受义务教育的，光荣院应当保障其接受义务教育所需费用。

第十二条 光荣院提供的饮食应当符合食品安全要求，并根据服务对象的需要适当调整。

光荣院应当为服务对象提供必备的服装、被褥、生活用具和适合老年人、残疾人居住需求的生活设施，并为其提供适当的出行条件。

光荣院应当保持服务对象住房整洁，帮助其搞好个人卫生，并提供必要的照料，保证其在院期间的人身安全。

第十三条 集中供养对象按照《优抚对象医疗保障办法》的规定享受医疗待遇。

光荣院应当与当地医疗机构建立协作关系，保证患病的服务对象得到及时治疗，并积极推进医养结合的服务模式。

光荣院应当建立服务对象个人医疗和健康档案，为服务对象提供定期体检服务和健康教育服务，帮助服务对象制定医疗康复计划。

第十四条 光荣院实行24小时值班制度，对生活不能自理的服务对象实行全日制护理，并配置配备拐杖、轮椅或者其它辅助器具。

第十五条 光荣院应当为服务对象创造良好的生活环境，安排好物质文化生活，组织学习教育，开展有益于身心健康的文体休闲活动。

对有能力并自愿参加劳动和公益活动的服务对象，光荣院可以安排其从事力所能及的劳动和公益活动，丰富日常生活。

第十六条 光荣院应当关爱服务对象，为其组织必要的心理咨询和社会交往活动，使服务对象得到精神慰藉。

第十七条 光荣院应当重点服务保障好集中供养对象，并结合实际视情免除相关费用。

光荣院应当为优惠服务对象提供优惠服务，适当减免相关费用。

光荣院面向其他抚恤优待对象开展优待服务，按规定收取护理费、床位费、伙食费、医疗费等相关费用。

优惠及优待服务对象的具体范围，收费及减免的具体项目、标准等，由省级人民政府退役军人事务部门商财政、民政等有关部门统筹考虑本地财力状况规定，并加大对荣获个人二等功以上奖励的退役军人和荣获个人二等功以上奖励现役军人父母的优惠力度。

第十八条 光荣院集中供养和优惠、优待服务标准由省级人民政府退役军人事务部门商财政等有关部门制定，经省级人民政府批准后公布执行，并根据当地经济社会发展水平适时调整。

第四章 院务管理

第十九条 光荣院实行院长负责制，院长由光荣院主管部门任命，也可以向社会公开招聘。

光荣院工作人员应当经过光荣院主管部门培训考核，专业岗位工作人员应当具备相应的水平和能力。

光荣院应当按集中供养对象人数的25%配备工作人员，其中管理人员占工作人员总数的比例不超过20%。

第二十条 光荣院应当设立院务管理委员会。院务管理委员会的成员由光荣院全体人员推选产生，院务管理委员会可以下设专门委员会。

院务管理委员会应当定期召开会议，参与光荣院工作的管理和监督。

第二十一条 光荣院应当定期公布国家对抚恤优待对象的抚恤补助政策和标准，公开院内工作流程、经费开支等情况，明示服务宗旨和项目，并接受服务对象的监督。

第二十二条 光荣院应当按照国家有关规定，建立健全安全、消防、卫生、财务、档案管理等制度。

第二十三条 有条件的光荣院可以开展以改善服务对象生活条件为目的的农副业生产。服务对象自愿参加光荣院组织开展的农副业生产活动，光荣院应当给予报酬。

第二十四条 光荣院应当建立荣誉室或者陈列室，收集、编撰、陈列、展示有关烈士、因战因公牺牲军人和服务对象的光荣事迹，与驻地国家机关、人民团体、社会组织、企业事业单位、学校、部队、社区等开展精神文明共建活动，充分发挥其爱国主义教育和革命传统教育作用。

第五章 建设规范

第二十五条 各地应当优先利用现有光荣院及各类养老机构中设立的光荣楼（层、间）等资源，为符合条件的抚恤优待对象提供集中供养等服务。集中供养需求大的地方，可以根据本地实际情况兴建、改扩建光荣院，每所光荣院床位数应当不低于50张，床位利用率应当达到80%以上。

第二十六条 光荣院的各类建筑应当根据老年人、残疾人和未成年人生活、安全需要进行设计，符合无障碍标准建筑设计规范的要求。

第二十七条 服务对象居住用房每间应当不小于 15 平方米，配置卫生间和洗澡间。

光荣院应当具备开展日常工作和服务所必需的办公室、值班室、厨房、餐厅、储藏室、活动室等辅助用房。有条件的地区还可以建设用于康复保健、文体娱乐等方面的功能室和室外活动场所。

第二十八条 光荣院应当配置应急呼叫设备，并根据当地气候条件和服务对象的实际需要配置取暖、降温设备。

光荣院应当维护好照明、通讯、消防、报警、取暖、降温、排污和水电供应等设施和生活设备，保证其正常运转。

第二十九条 光荣院应当设立医疗室，并视条件配备常用和急救所需的医疗器械、设备及药品。

第三十条 光荣院应做好室外绿化、环境美化工作，为服务对象提供安静、整洁、优美的生活环境。

第六章 责任追究

第三十一条 光荣院的土地、房屋、设施、设备和其他财产依法归光荣院管理和使用，任何单位和个人不得侵占。

侵占、破坏光荣院财物的，由当地人民政府退役军人事务部门责令限期改正，并恢复原状；造成损失的，依法承担赔偿责任。

第三十二条 服务对象应当珍惜荣誉，遵守光荣院的各项规定，自觉配合工作人员的管理。对违反相关规定的，由光荣院和光荣院主管部门进行批评教育，情节严重的，依法追究相应责任。

服务对象因违法犯罪被判处有期徒刑、剥夺政治权利的，中止其集中供养和优惠、优待服务资格；被判处死刑、无期徒刑的，取消其集中供养和优惠、优待服务资格。

第三十三条 光荣院违反本办法的规定，提供的集中供养和优惠、优待服务不符合要求，由光荣院主管部门责令改正；逾期不改正的，对直接负责的责任人和其他主管人员依法给予处分，造成损失的，依法承担赔偿责任。

光荣院造成服务对象人身伤害事故的，应当依法承担赔偿责任。

第三十四条 光荣院主管部门及其工作人员有下列行为之一的，由上级人民政府退役军人事务部门对其直接负责的责任人和其他主管人员进行批评教育，限期改正；情节严重的，依法给予处分；构成犯罪的，依法追究刑事责任：

（一）违反规定审批光荣院集中供养、优惠服务待遇的；

（二）贪污、挪用、截留、私分光荣院款物的；

（三）光荣院建设和管理中有滥用职权、玩忽职守、徇私舞弊行为的；

（四）其他违反相关法律法规行为的。

第七章　附　　则

第三十五条 各级民政部门主管的各类福利机构中设立

的光荣间、光荣楼可以参照本办法的规定执行。

第三十六条 符合儿童福利机构收留抚养条件的，按相关规定执行。

第三十七条 本办法自2020年6月1日起施行。

优抚对象补助经费管理办法

（2012年12月25日财社〔2012〕221号发布
根据2019年11月18日《财政部、退役军人部、医保局关于修改退役安置等补助资金管理办法的通知》修正）

第一条 为规范优抚对象补助经费管理，提高资金使用效益，确保优抚对象补助经费及时足额发放，根据《军人抚恤优待条例》等相关规定，制定本办法。

第二条 本办法所称优抚对象补助经费，是指按照《军人抚恤优待条例》和有关文件规定，各级财政安排用于退役军人事务部门服务管理的优抚对象等人员相关支出。包括：伤残人员（含残疾军人、伤残人民警察、伤残国家机关工作人员、伤残民兵民工等人员）的残疾抚恤资金，烈士褒扬金，“三属”（烈士遗属、因公牺牲军人遗属和病故军人遗属）的定期抚恤资金，“三红”（在乡退伍红军老战士、在乡西路红军老战士、红军失散人员）、在乡复员军人、带病回乡退伍军人、在农村的和城镇无工作单位且家庭生活困难的参战退役人员、部分原8023部队及其他参加核试验军队退役人员、直接参与铀矿开采军队退役人员、部分烈士子女（含建国前错杀后被平反人员的子女）的定期生活补助资金，部分农村籍退役士兵的老年生活补助资金，新中国成立前入党的农村老党员和未享受离退休待遇的城镇老党员生活补贴资金，国家按规定向优抚对象发放的一次性生活补贴资金等。

中央财政补助资金实施期限暂至2023年12月31日。期满后财政部会同退役军人部根据法律、行政法规和国务院有关规定及工作需要评估确定后续期限。

第三条 优抚对象补助经费由中央和地方财政共同负担，纳入各级政府预算。中央财政按照规定标准对各地予以补助，并根据经济社会发展情况，适时适当提高补助标准。

第四条 优抚对象补助经费应当坚持专款专用、科学管理、加强监督的原则，严格按照规定的范围、标准和程序使用，确保资金使用安全、规范、高效。

第五条 中央财政根据各省（自治区、直辖市）优抚对象人数和规定标准，测算下达优抚对象补助经费，并向经济欠发达地区和优抚对象人数较多的地区适当倾斜。

各地应当结合当地经济社会发展实际情况，研究确定本地区优抚对象补助标准；应当及时拨付中央财政补助经费并测算下达地方财政应安排的补助经费，确保优抚对象补助经费及时足额发放；应当加大投入力度，保障优抚对象的生活与国家经济社会发展相适应。

第六条 地方各级退役军人事务部门应当建立优抚对象数据动态管理机制，将本地区优抚对象的各项数据信息全面、准确、及时地录入全国优抚信息管理系统，新增人员、自然减员以及优抚对象本身情况发生变化的，应当及时在优抚对象数据库中进行更新。

地方各级退役军人事务部门每年应当会同同级财政部门对优抚对象人员情况进行审核，并逐级汇总上报。省级退役军人事务部门应当会同同级财政部门于每年全国优抚对象数据集中审定前，将本地区当年应享受补助待遇的优抚对象人员情况，经省（自治区、直辖市）人民政府批准后上报退役军人部。退役军人部根据各省（自治区、直辖市）优抚对象人数和规定标准，提出资金分配方案及分区域绩效目标，函报财政部。财政部接收资金分配方案后，在30日内审定并下达补助经费预算，同步下达区域绩效目标，抄送退役军人部和财政部各地监管局。优抚对象补助经费分配结果应当按照预算公开有关规定向社会公布。财政部在优抚对象补助经费下达后20日内将资金分配结果向社会公开。地方各级财政部门应当按照预算公开有关规定将优抚对象补助经费安排详细情况公开，接受社会监督。年度执行中，退役军人部会同财政部指导省级退役军人事务部门、财政部门对绩效目标实现情况进行监控，确保绩效目标如期实现。

省级退役军人事务部门应会同同级财政部门组织市县做

好补助经费绩效自评工作，将区域绩效自评结果报送退役军人部、财政部，并抄送财政部当地监管局。财政部和退役军人部适时开展优抚对象补助经费重点绩效评价。绩效评价结果作为预算安排、政策调整和改进管理的重要依据。

第七条 各地应当按照“退役军人事务部门核定对象、标准，财政部门核拨资金，金融机构代发到人”的规程，全面推行补助经费社会化发放，减少中间环节，确保资金发放安全、及时、方便、快捷。同时，充分利用信息管理系统，建立健全优抚对象补助经费社会化发放体系，形成退役军人事务、财政及金融机构之间的联通联动机制，对资金发放实现全程监管。

第八条 因优抚对象当年自然减员形成的结余资金，应当继续用于解决优抚对象生活、医疗、住房等困难和对优抚对象的临时性救助。

第九条 各地不得将补助经费用于工作经费支出。各级财政部门应当根据优抚工作实际，在部门预算中安排必要的工作经费，保障优抚工作的顺利开展。

第十条 各级财政、退役军人事务部门应当强化补助经费的使用管理，并积极配合有关部门做好审计、稽查等工作。财政部各地监管局在规定职权范围内，依法对补助经费的使用管理情况进行监督。

各级财政、退役军人事务部门及其工作人员在补助经费的分配、审核、使用、管理等工作中，存在违反本办法规定的行为，以及其他滥用职权、玩忽职守、徇私舞弊等违法违纪行为的，按照《中华人民共和国预算法》《中华人民共和国公务员法》《中华人民共和国监察法》《财政违法行为处罚处分条例》等国家有关规定追究相应责任；涉嫌犯罪的，依法移送司法机关处理。

第十一条 各省（自治区、直辖市）财政厅（局）、退役军人事务厅（局）可以依据本办法，结合当地实际，制定实施细则。

第十二条 本办法由财政部会同退役军人部负责解释。

第十三条 本办法自发布之日起施行。

优抚对象医疗保障经费管理办法

（2013年1月21日财社〔2013〕6号发布 根据2019年11月18日《财政部、退役军人部、医保局关于修改退役安置等补助资金管理办法的通知》修正）

第一条 为规范优抚对象医疗保障经费（以下简称医疗保障经费）使用管理，提高资金使用效益，切实保障优抚对象医疗待遇的落实，根据《军人抚恤优待条例》《一至六级残疾军人医疗保障办法》《优抚对象医疗保障办法》等相关规定，制定本办法。

第二条 本办法所称优抚对象是指按规定享受国家抚恤补助和医疗保障的残疾军人、烈士遗属、因公牺牲军人遗属、病故军人遗属、在乡复员军人、带病回乡退伍军人和部分参战退役人员等。

第三条 医疗保障经费来源包括：各级财政安排的医疗补助资金，各地通过福利彩票公益金、吸收社会捐赠等多种渠道筹集的医疗补助资金。

中央财政补助资金实施期限暂至2023年12月31日。期满后财政部会同退役军人部和医保局根据法律、行政法规和国务院有关规定及工作需要评估确定后续期限。

第四条 医疗保障经费纳入各级政府预算。各级财政部门应当根据经济社会发展情况，逐步加大医疗保障经费投入力度。

第五条 退役军人部每年根据各省（自治区、直辖市）相关优抚对象人数和中央财政定额补助标准，提出资金分配方案和分区域绩效目标，函报财政部。财政部接收资金分配方案后，在30日内审定并下达医疗保障经费预算，同步下达区域绩效目标，抄送退役军人部和财政部各地监管局。医疗保障经费分配结果应当按照预算公开有关规定向社会公布。财政部在医疗保障经费下达后20日内将资金分配结果向社会公开。地方各级财政部门应当按照预算公开有关规定将医疗保障经费安排详细情况公开，接受社会监督。年度执行中，退役军人部会同财政部指导省级退役军人事务部门、财政部门对绩效目标实现情况进行监控，确保区域绩效目标如期实现。

省级退役军人事务部门应会同同级财政部门组织市县做好医疗保障经费绩效自评工作，将区域绩效自评结果报送退役军人部、财政部，并抄送财政部当地监管局。财政部和退役军人部适时开展医疗保障经费重点绩效评价。绩效评价结果作为预算安排、政策调整和改进管理的重要依据。

第六条 医疗保障经费主要用于：

（一）缴费补助。

对一至六级残疾军人参加城镇职工基本医疗保险的缴费给予补助。

（二）医疗费用补助。

1. 对一至六级残疾军人在规定范围内的、起付标准以下、最高支付限额以上，以及个人共付的医疗费用给予适当补助；

2. 对参加城镇职工基本医疗保险、城乡居民基本医疗保险等城乡基本医疗保障制度，按规定报销医疗费后个人自付医疗费较重的优抚对象给予适当补助；

3. 对未参加城镇职工基本医疗保险、城乡居民基本医疗保险等城乡基本医疗保障制度，个人医疗费用负担较重的优抚对象给予补助；

4. 对所在单位无力支付或者无工作单位的七至十级残疾军人旧伤复发的医疗费用给予补助；

5. 省、自治区、直辖市人民政府依据《军人抚恤优待条例》规定的其他医疗费用补助。

第七条 医疗保障经费用于补助一至六级残疾军人参加城镇职工基本医疗保险缴费部分，由统筹地区财政部门根据参保人数和补助标准，直接核拨至社会保障基金财政专户，并纳入该财政专户城镇职工基本医疗保险基金专账中核算；用于补助其他事项的医疗保障经费应按县级退役军人事务部门提供的用款计划审核拨付。

第八条 各地财政、退役军人事务、医疗保障部门应当制定措施，建立健全财务管理制度，有条件的地区推行医疗保障经费银行发放。各地应当本着方便优抚对象就医的原则，制定优抚对象医疗费用及时结算办法。

第九条 医疗保障经费实行专项管理，专款专用，不得与优抚对象补助、城乡医疗救助等资金混用，不得用于优抚对象生活困难补助、医疗机构补助、基本医疗保险经办机构和退役军人事务部门工作经费等支出。年末剩余资金，可以结转下年度继续使用。

第十条 各级财政、退役军人事务和医疗保障部门应当强化医疗保障经费的使用管理，并积极配合有关部门做好审计、稽查等工作。财政部各地监管局在规定的职权范围内，依法对医疗保障经费的使用管理情况进行监督。

各级财政、退役军人事务等部门及其工作人员在医疗保障经费的分配、审核、使用、管理等工作中，存在违反本办法规定的行为，以及其他滥用职权、玩忽职守、徇私舞弊等违法违纪行为的工作人员，按照《中华人民共和国预算法》《中华人民共和国公务员法》《中华人民共和国监察法》《财政违法行为处罚处分条例》等国家有关规定追究相应责任；涉嫌犯罪的，依法移送司法机关处理。

第十一条 各省、自治区、直辖市财政厅（局）、退役军人事务厅（局）、医疗保障局可以依据本办法，结合当地实际，会同有关部门制定实施细则。

第十二条 本办法由财政部会同退役军人部、医保局负责解释。

第十三条 本办法自发布之日起施行。

退役军人事务部等20部门关于加强军人军属、退役军人和其他优抚对象优待工作的意见

（2020年1月9日 退役军人部发〔2020〕1号）

各省、自治区、直辖市党委宣传部，人民政府发展改革委、教育厅（教委）、公安厅（局）、民政厅（局）、司法厅（局）、财政厅（局）、住房和城乡建设厅（委）、交通运输厅（局、委）、文化和旅游厅（局）、卫生健康委、退役军人事务厅（局）、各银保监局、信访局（办）、林业和草原主管部门，

民航各地区管理局、各运输航空公司、各机场公司，新疆生产建设兵团党委宣传部、发展改革委、教育局、公安局、民政局、司法局、财政局、住房和城乡建设局、交通局、文化体育广电和旅游局、卫生健康委、退役军人事务局、信访局、林业和草原局，各战区、各军兵种、军委机关各部门、军事科学院、国防大学、国防科技大学、武警部队政治工作部（局、处）、后勤保障部门，各铁路局集团公司：

军人军属、退役军人和其他优抚对象（以下简称优抚对象）为国防和军队建设作出了重要贡献，应当得到国家和社会的优待。为认真贯彻落实习近平总书记关于退役军人工作重要论述精神，扎实做好优待工作，努力让优抚对象受到全社会尊重，让军人成为全社会尊崇的职业，现提出如下意见。

一、把握总体要求

（一）指导思想。

以习近平新时代中国特色社会主义思想为指导，全面贯彻落实党的十九大精神，适应国家经济社会发展、国防和军队建设的新形势，顺应广大优抚对象对美好生活的新期待，坚持国家和社会相结合的工作方针，秉持体现尊崇、体现激励的政策导向，因地制宜，尽力而为、量力而行，逐步建立健全优待政策体系，营造爱国拥军、尊重优抚对象浓厚社会氛围，增强优抚对象的荣誉感、获得感。

（二）基本原则。

坚持现役与退役衔接。在加强军人军属优待的基础上，进一步建立完善退役军人和其他优抚对象优待政策制度，更好地体现国家和社会对国防贡献的褒扬。

坚持优待与贡献匹配。综合考虑优抚对象为国防和军队建设所作贡献，给予相应优待，树立贡献越大优待越多的鲜明导向，促进优待工作更加科学规范。

坚持关爱与管理结合。根据优抚对象的现实表现，给予必要的奖惩，引导优抚对象珍惜荣誉，自觉做爱国奉献、遵纪守法、诚信明理的公民。

坚持当前与长远统筹。立足当前国家经济社会发展实际，建立基本优待目录清单，逐步拓展优待领域，丰富优待内容；注重长远可持续发展，统筹规划优待政策制度，不断完善优待工作体系。

二、规范优待内容

（三）*在荣誉激励方面*，着眼建立健全优抚对象荣誉体系，进一步强化精神褒扬和荣誉激励。为烈属、军属和退役军人等家庭悬挂光荣牌，为优抚对象家庭发春节慰问信，为入伍、退役的军人举行迎送仪式。邀请优秀优抚对象代表参加国家和地方重要庆典和纪念活动。将服现役期间荣获个人二等功以上奖励的现役军人、退役军人名录载入地方志。对个人立功、获得荣誉称号或勋章的现役军人，由当地人民政府给其家庭送喜报。优先聘请优秀优抚对象担任编外辅导员、讲解员等，发挥其参与社会公益事业的优势作用。倡导利用大型集会、赛事播报，航班、车船及机场、车站、码头的广播视频等载体和形式，宣传优抚对象中优秀典型的先进事迹，不断扩大荣誉优待的范围和影响。

（四）*在生活方面*，不断完善优抚对象抚恤、补助、援助等政策制度，健全抚恤补助标准动态调整机制，保障享受国家定期抚恤补助优抚对象的抚恤优待与国家经济社会发展相适应。调整定期抚恤补助标准时，适当向贡献大的优抚对象倾斜。各地要及时建档立卡，对因生活发生重大变故遇到突发性、临时性特殊困难的优抚对象，在享受社会保障待遇后仍有困难的，按照规定给予必要的帮扶援助。逐步完善现役军人配偶随军就业创业政策，以及随军未就业期间基本生活补贴等制度，激励现役军人安心服役、奉献国防。

（五）*在养老方面*，国家兴办的光荣院、优抚医院，对鳏寡孤独的优抚对象实行集中供养，对常年患病卧床、生活不能自理的优抚对象以及荣获个人二等功以上奖励现役军人的父母，优先提供服务并按规定减免相关费用。对生活长期不能自理且纳入当地最低生活保障范围的老年优抚对象，各地应根据其失能程度等情况优先给予护理补贴。积极推动与老年人日常生活密切相关的服务行业为老年优抚对象提供优先、优惠服务。鼓励各级各类养老机构优先接收优抚对象，提供适度的优惠服务。

（六）*在医疗方面*，各地按照保证质量、方便就医的原则，明确本地区医疗优待定点服务机构，为残疾军人，烈属、因公牺牲军人遗属、病故军人遗属（以下简称“三属”），现役军人家属、老复员军人、参战参试退役军人、带病回乡退伍军人开通优先窗口，提供普通门诊优先挂号、取药、缴费、检查、住院服务。各级各类地方医疗机构优先为伤病残、老龄优抚对象提供家庭医生签约和健康教育、慢性病管理等基本公共卫生服务。组织优抚医院为残疾军人、“三属”、现役军人家属、老复员军人、参战参试退役军人、带病回乡退伍军人优惠体检，提供免收普通门诊挂号费和优先就诊、检查、住院等服务。

（七）在住房方面，适应国家住房保障制度改革发展要求，逐步完善优抚对象住房优待办法，改善优抚对象基本住房条件。在审查优抚对象是否符合购买当地保障性住房或租住公共租赁住房条件时，抚恤、补助和优待金、护理费不计入个人和家庭收入。符合当地住房保障条件的优抚对象，在公租房保障中优先予以解决。对符合条件并享受国家定期抚恤补助的优抚对象租住公租房，可给予适当租金补助或者减免。对居住农村的符合条件的优抚对象，同等条件下优先纳入国家或地方实施的农村危房改造相关项目范围。

（八）在教育方面，认真落实现有政策，不断丰富优待内容。符合条件的现役军人、烈士和因公牺牲军人子女就近就便入读公办义务教育阶段学校和幼儿园、托儿所；报考普通高等学校，在同等条件下优先录取。切实保障驻偏远海岛、高原高寒等艰苦地区现役军人的子女，在其父母或其他法定监护人户籍所在地易地优先就近就便入读公办义务教育阶段学校和幼儿园、托儿所，报考普通高中、中等职业学校时降分录取，按规定享受学生资助政策。现役军人子女未随迁留在原驻地或原户籍地的，在就读地享受当地军人子女教育优待政策。优先安排残疾军人参加学习培训，按规定享受国家资助政策。退役军人按规定免费参加教育培训。实施对符合条件的退役大学生士兵复学、调整专业、攻读研究生等优待政策。加大教育支持力度，通过单列计划、单独招生以及学费和助学金资助等措施，为退役军人接受高等教育提供更多机会，帮助退役军人改善知识结构，提升就业竞争力。

（九）*在文化交通方面*，博物馆、纪念馆、美术馆等公共文化设施和实行政府定价或指导价管理的公园、展览馆、名胜古迹、景区，对现役军人、残疾军人、“三属”、现役军人家属按规定提供减免门票等优待。现役军人、残疾军人、“三属”乘坐境内运行的火车（高铁）、轮船、客运班车以及民航班机时，享受优先购买车（船）票或值机、安检、乘车（船、机），可使用优先通道（窗口），随同出行的家属可一同享受优先服务。现役军人、残疾军人免费乘坐市内公共汽车、电车和轨道交通工具；残疾军人乘坐境内运行的火车、轮船、长途公共汽车和民航班机享受减收正常票价50%的优惠。

（十）*在其他社会优待方面*，广泛动员社会力量参与优待工作，不断创新社会优待方式和内容。倡导鼓励志愿者参与面向优抚对象的志愿服务。法律服务机构优先提供法律服务，法律援助机构依法提供免费的法律服务。鼓励银行为优抚对象提供优先办理业务，免收卡工本费、卡年费、小额账户管理费、跨行转账费，以及其他个性化专属金融优惠服务。各地影（剧）院在放映（演出）前义务播放爱国拥军公益广告或宣传短视频，鼓励为优抚对象提供减免入场票价等优惠服务。

三、健全管理机制

（十一）建立优待证制度。国家坚持统筹兼顾、稳步推进的原则，充分运用信息技术手段，逐步为退役军人和“三属”统一制作颁发优待证，作为享受相应优待的有效证件。残疾军人凭残疾军人证，军队离退休干部、退休士官凭离休干部荣誉证、军官退休证、文职干部退休证、退休士官证，现役军人凭军（警）官证、士官证、义务兵证、学员证等有效证件享受相应优待，现役军人家属凭部队制发的相关证件享受相应优待。退役军人事务部制定优待证管理办法，规范优待项目、优待期限，建立发放、变更、信息查验、收回、废止等制度。

（十二）明确优待目录。立足当前、着眼长远，在建立完善优待政策制度、逐步健全优待工作体系的同时，依据国家有关法规政策规定，明确当前一个时期需要落地见效的基本优待目录清单。随着国家经济社会发展、国防和军队建设需要以及优待工作不断创新，退役军人事务部负责会同军地有关部门，适时调整更新优待目录，充实完善优待项目，及时向社会发布，组织抓好落实。

（十三）完善奖惩措施。建立健全奖惩结合、公平规范、能进能出的优待动态管理机制，激励优抚对象发扬传统、珍惜荣誉、保持良好形象。对积极投身地方经济社会发展、国防和军队建设，作出新的突出贡献受到表彰的优抚对象，应给予表彰和奖励。对依法被刑事处罚或受到治安管理处罚、影响恶劣的，违反《信访条例》有关规定，挑头集访、闹访被劝阻、批评、教育仍不改正的，现役军人被除名、开除军籍的，取消其享受优待资格，已颁发优待证的由当地县级人民政府退役军人事务主管部门负责收回。受到治安管理处罚，挑头集访、闹访被取消优待资格后能够主动改正错误、积极消除负面影响的，经当地县级人民政府退役军人事务主管部门审核同意，可以恢复优待资格。

四、加强组织领导

（十四）压实工作责任。做好优待工作是党、国家、军队和全社会的共同责任。军地有关部门要切实提高政治站位，加强组织领导，建立联动机制，明确责任分工，充分调动社会力量参与，形成统筹推进、分工负责、齐抓共建的良好工作格局。各地要列支相关经费，对优惠项目予以补贴。各级地方人民政府退役军人事务主管部门要发挥组织和督导作用，及时制定实施方案和任务清单，健全监督检查、跟踪问效和通报具体办法，推动优待工作落地见效。军地各相关部门和单位要认真履行服务优抚对象、服务国防和军队建设的职责，主动担当、积极作为，全力抓好本系统优待工作任务的有效落实。

（十五）严密组织实施。军地各相关部门和单位要把优待政策落实情况纳入年度工作绩效考评范畴，作为参加双拥模范城（县）、模范单位和个人评选的重要条件，作为文明城市、文明单位评选和社会信用评价的重要依据。建立工作目标责任制，明确标准、细化举措，制定路线图、时间表，做到各项工作任务有部署、有督促、有总结。强化监督检查和惩戒激励措施，严格跟踪问效和通报制度，及时总结推广经验，宣传表彰先进单位和个人，对消极推诿、落实不力的要及时通报批评，情节严重的严肃问责。

（十六）强化教育引导。深入宣传新时代国家优待政策和相关法律法规，引导优抚对象充分认识党和政府的关心关爱，准确领会优待工作的原则、内容和要求，合理确立政策预期，依法按政策享受国家和社会优待。大力宣扬优秀优抚对象先进事迹，引导退役军人保持发扬人民军队的优良传统和作风，积极为改革发展和社会稳定作贡献。加强爱国拥军和国防教育，动员社会各界自觉拥军优属，营造爱国拥军、心系国防浓厚氛围，推动让军人成为全社会尊崇的职业。

军人军属同时享受国家和军队规定的其他优待。

院士和专业技术三级以上，以及相当职级现役干部转改的文职人员，按照本意见有关现役军人的优待规定执行；其他文职人员参照现役军人享受本意见有关优待，具体办法另行制定。

退役军人事务部负责本意见的解释工作。

省级人民政府退役军人事务主管部门要会同军地有关部

门根据本意见，结合实际适时研究制定具体实施办法和优待目录清单。

附件：军人军属、退役军人和其他优抚对象基本优待目录清单（略）

退役军人事务部等5部门关于加强困难退役军人帮扶援助工作的意见

（2019年10月9日　退役军人部发〔2019〕62号）

各省、自治区、直辖市退役军人事务厅（局）、民政厅（局）、财政厅（局）、住房和城乡建设厅（局）、医疗保障局，新疆生产建设兵团退役军人事务局、民政局、财政局、住房和城乡建设局、医疗保障局：

加强困难退役军人帮扶援助工作，是新形势下做好退役军人和其他优抚对象服务保障的重要内容，对服务军地改革发展、促进社会和谐稳定、体现社会尊崇优待具有重要意义。根据党中央、国务院、中央军委有关改革部署要求，现就加强困难退役军人帮扶援助工作，提出以下意见。

一、指导思想

以习近平新时代中国特色社会主义思想为指导，深入贯彻落实党的十九大和十九届二中、三中全会精神，践行以人民为中心的发展思想，围绕决胜全面建成小康社会，支持国防和军队现代化建设，立足帮助退役军人摆脱困境，加快建立突出协同性、体现优待性、注重时效性、调动积极性的工作新机制，推动形成对象明确、保障适度、规范高效的工作新格局，不断提高救急济难水平，增强困难退役军人安全感、获得感和荣誉感，为保障他们共享经济社会改革发展成果奠定坚实基础。

二、基本原则

（一）立足济难解困。对因军事职业特殊性造成重残重病、长期失业或遭遇突发性、临时性事件等导致生活陷入困境的退役军人，按照保基本、救急难、求实效的要求，给予及时帮扶援助。

（二）体现尊崇优待。充分体现退役军人为国防和军队建设作出的牺牲贡献，对其面临的工作生活等方面的实际困难，在保障其享有公民普惠待遇的基础上，由地方人民政府退役军人事务部门给予临时性、过渡性的帮扶援助，把党和国家对困难退役军人的关心关爱落到实处。

（三）创新方式方法。借鉴国内外有益做法，立足退役军人特点诉求，结合管理服务需要，坚持政府主导、社会参与，统筹利用现有资金渠道，充分调动社会力量，为困难退役军人提供多主体供给、多渠道保障的帮扶援助。

三、帮扶援助对象

（一）退役军人。是指依法退出现役的军官和士兵。

（二）领取定期抚恤补助的"三属"。有条件的地区可将现役军人父母、配偶、未成年子女纳入帮扶援助范围。

四、帮扶援助情形

按照"普惠加优待"的原则，符合条件的困难退役军人、"三属"在充分享受社会救助政策的同时，对因以下五种情形导致生活陷入困境的，根据困难程度和现实表现，可以按规定申请帮扶援助。

（一）退役军人因服役期间致残或因患有严重疾病等原因造成退役后本人就业困难，医疗和康复等必需支出突然增加超出家庭承受能力，导致生活出现严重困难的；

（二）退役军人因服役时间长、市场就业能力弱等原因造成长期失业或突然下岗，导致生活出现严重困难的；

（三）退役军人因旧伤复发、残情病情加重等原因，导致生活出现严重困难的；

（四）退役军人、"三属"等因火灾水灾、交通事故、重大疾病、人身伤害、见义勇为等突发事件，导致生活出现严重困难的；

（五）遭遇其他特殊情况导致生活出现严重困难的。

五、帮扶援助方式

对符合条件的帮扶援助对象，各地应当根据帮扶援助标准和对象基本需要，采取以下一种或多种方式予以帮扶援助。

（一）提供资金援助。按照专款专用、科学公正、加强监管的原则，全面推行社会化发放，确保资金发放安全、及时、便捷、足额。必要时，可直接发放现金。

（二）提供实物援助。包括发放衣被、食品、饮用水、医药等生活必需品，部分生产资料，以及提供临时住所等。

（三）提供社会化服务援助。鼓励和引导公益慈善组织、社会工作服务机构、企业等社会力量，通过纳入慈善项目、发动社会募捐、提供专业服务、开展志愿服务等形式，给予多元化、个性化帮扶援助。

六、帮扶援助标准

各地要着力提高帮扶援助力度，做到既尽力而为，又量力而行；根据帮扶援助对象的困难情形和程度、当地经济社会发展和救助保障水平等因素，合理确定困难退役军人帮扶援助标准，并适时调整。省级相关部门要加强对工作的统筹指导，推动逐步形成相对统一的区域帮扶援助标准体系。

七、办理程序

帮扶援助工作实行一事一批，按照个人申请、乡镇审核、县级审批的程序办理，做到公正公开，接受社会监督。

（一）个人申请。一般由符合条件的对象本人书面向所在乡镇人民政府（街道办事处）退役军人服务站提出申请。没有单独建立服务站的，可向负责退役军人工作的工作人员提出申请。本人因行动不便、精神障碍等原因不能自行申请的，其监护人、家属、所在村（居）可代为提出申请。申请时应当按规定如实提交相关资料。无正当理由，申请人不得因同一事由重复提出申请。

（二）乡镇（街道）审核。乡镇人民政府（街道办事处）退役军人服务站应当在村（居）民委员会协助下，对申请人身份、家庭经济状况、困难情形程度、各类救助情况等逐一调查，提出审核意见，并视情在申请人所居住的村（居）公示后，报县级人民政府退役军人事务部门审批。

（三）县级审批。县级人民政府退役军人事务部门受理后，可委托县级退役军人服务中心开展信息核实等工作，并应当及时作出审批决定，不予批准的应当书面说明理由。申请人无正当理由以同一事由重复申请的，不予批准。申请人对审批结果有异议的，可向县级人民政府或上一级人民政府退役军人事务部门申请复核。

遇有紧急情况，各相关单位应当先行帮扶援助再按规定补齐审核审批手续。

困难退役军人生活、医疗和住房等救助工作按现行相关规定办理，退役军人服务中心（站）应当给予积极协助。

八、组织保障

（一）健全工作机制。地方各级各有关部门要把困难退役军人帮扶援助工作摆上重要位置，切实强化政治责任和使命担当。要建立健全在政府统一领导下，退役军人事务部门统筹协调，民政、财政、住房城乡建设、医疗保障等部门各司其职、密切配合的工作机制。

（二）加强经费保障。安置地要将帮扶援助资金列入财政预算予以保障。鼓励通过社会捐赠等多种方式筹集资金用于帮扶援助工作。有条件的地方可设立困难退役军人关爱帮扶基金，拓宽资金保障渠道。

（三）强化服务意识。各相关部门要不断创新服务形式，优化服务流程，提升服务效能。各级退役军人事务部门要进一步树立主管主责意识，主动作为，因人施策，切实做到应帮尽帮、应援尽援、帮援及时。

（四）坚持依法援助。审核审批机关工作人员要严守纪律规矩，依法依规做好帮扶援助工作。退役军人应当做到诚实守信，确保提供的材料真实准确。对骗取帮扶援助的，应当追回已享受的相应待遇；情节严重的，依法依规追究相关责任。对违法犯罪被追究刑事责任的，因不当行为被纳入失信联合惩戒对象名单的，组织煽动、串联聚集、缠访闹访、滞留滋事、网上恶意炒作或造谣、多次参加聚集上访的，不支持不配合管理服务工作造成恶劣影响的，以及有其他违法违纪情形的人员，不予帮扶援助。

本意见自 2019 年 10 月 9 日起施行。各地要根据本意见，结合实际制定具体实施办法，切实做好本地区困难退役军人帮扶援助工作。

退役军人事务部办公厅关于残疾军人证等证件和有关印章使用管理问题的通知

（2018 年 11 月 12 日　退役军人办函〔2018〕189 号）

各省、自治区、直辖市退役军人事务厅（局），新疆生产建设兵团退役军人事务局：

为解决各地退役军人事务部门成立后评残审批和证件使用方面存在的问题，保证评残工作有效衔接、规范运行，现就有关问题通知如下：

一、在退役军人事务部制发新的证件之前，仍延用现有伤残人员证（含《中华人民共和国残疾军人证》、《中华人民共和国伤残人民警察证》、《中华人民共和国伤残公务员证》、《中华人民共和国因战因公伤残人员证》，下同）。

二、各地退役军人事务部门成立后，应及时制作并启用新的残疾人员审核、审批印章。已发放的残疾人员证暂不更换、继续有效；新增审核、审批或事项变更的加盖新的印章。

三、各地退役军人事务部门要加强有关证件和印章的管理，严格审批手续，依法履职尽责，做好工作衔接和相关解释说明，确保评残工作平稳过渡、规范有序。

退役军人、其他优抚对象优待证管理办法（试行）

（2021年11月15日　退役军人事务部）

第一章　总　　则

第一条　为规范退役军人和烈士遗属、因公牺牲军人遗属、病故军人遗属等其他优抚对象优待证（简称优待证）制发、使用和服务管理，维护持证人权益，提高优待服务管理水平，依据《中华人民共和国退役军人保障法》和国家有关规定，制定本办法。

第二条　优待证分为“中华人民共和国退役军人优待证”、“中华人民共和国烈士、因公牺牲军人、病故军人遗属优待证”两种，分别面向符合条件的退役军人和烈士遗属、因公牺牲军人遗属、病故军人遗属等其他优抚对象发放。

本办法适用于优待证的申请、审核、制作、发放、使用、服务、管理及其它相关工作。

第三条　优待证是持证人彰显荣誉的载体、享受优待的凭证。

第四条　优待证服务管理工作坚持彰显荣誉、规范有序、精准动态、便捷安全的原则。

第五条 退役军人事务部负责指导全国优待证制发和服务管理工作，确定并适时调整合作银行范围。省（区、市）退役军人事务厅（局）负责明确本地区优待证服务管理具体要求，在退役军人事务部确定的合作银行范围内，确定本地区合作银行，推进优待证在本地区的使用。市、县退役军人事务局负责本地区优待证发放和服务管理工作。

第六条 优待证全国统一制发，统一式样，印有优待证种类名称、持证人姓名、持证人性别、持证人相片、发放单位等信息。

优待证全国统一编号并以加密方式储存于优待证芯片内，提供数据服务使用。

第七条 持证人应模范遵守法律法规，保守国家和军事秘密，践行社会主义核心价值观，积极参加社会主义现代化建设，在社会生活中发挥先锋作用，引领良好道德风尚，珍惜维护荣誉，爱惜优待证。

第八条 退役军人事务部加强优待证服务管理工作信息化建设，建立完善全国优待证管理信息系统，为做好优待证服务管理工作提供支持。

第二章 功　　能

第九条 优待证由退役军人事务部联合相关合作银行共同制作，优待证以银行借记卡为载体，不具备透支功能。

优待证关联的个人银行账户按相关规定管理。

合作银行按照国家有关要求做好金融功能相关的服务管理，配合做好优待证服务管理及优待项目拓展等工作，为持证人提供优先优惠等优待服务。

第十条 持证人凭优待证按照《中华人民共和国退役军人保障法》和国家有关规定，享受公共交通、文化、旅游等方面的优待服务。

国家将不断调整基本优待目录清单项目，以优待证为识别认证载体，充分发挥优待证服务使用功能，更好地为持证人服务。

第十一条 持证人凭优待证享受发放省份提供的优待服务。

鼓励各地在有条件的基础上，将本地提供的优待服务面向全国持证人开放。

第十二条 鼓励企业、社会组织等社会各界为持证人提供多元化优待服务。

第十三条 地方各级退役军人事务部门应积极推广优待证在本地区、相关行业领域的应用，不断扩大优待证使用范围、提高优待证知晓度。

在保持式样标准不变、主要功能不变、管理主体不变、工作流程不变的前提下，可以通过优待证搭载其他公共服务功能。

第十四条 退役军人事务部适时推出电子优待证，实现持证人信息在线查验、优待项目线上服务与线下渠道有效衔接等功能。

第十五条 在基于优待证开展金融领域应用时，应当按照网络安全、个人信息保护等法律法规和国家有关规定要求，履行个人金融信息保护责任，切实保障持证人资金与信息安全。

第十六条 各级退役军人事务部门应逐步实现通过优待证关联的个人银行账户发放抚恤补助金、慰问金等。

第三章 申 请

第十七条 退役军人和烈士遗属、因公牺牲军人遗属、病故军人遗属等其他优抚对象原则上应向户籍地乡镇（街道）退役军人服务站提出申请。不在户籍地常住的，可向常住地乡镇（街道）退役军人服务站提出申请。

本办法施行后，安置地退役军人事务部门接收退役军人时，可依对象本人意愿完成申领。

无民事行为能力或限制民事行为能力人，需由监护人提出申请。

第十八条 两种优待证申领条件均符合的申请人，可根据意愿申领其中一种。

具有双重或多重身份的对象，其相关身份均写入优待证芯片，按规定享受相应的优待服务。

第十九条 申请人可申请由户籍地或常住地省份发放优待证。

若申请由常住地省份发放优待证，应符合常住地省（区、市）退役军人事务厅（局）有关规定。如不符合常住地省（区、市）退役军人事务厅（局）有关规定，可根据申请人意愿转为申请户籍地省份发放优待证。

第二十条 申请人提出申请前，应建档立卡。

申请人完成建档立卡后，可通过互联网提出线上申请，也可向户籍地或常住地乡镇（街道）退役军人服务站提出申请。

第二十一条 本人提出申请的，需提供居民身份证、近期1寸白底免冠电子相片等相关证件或材料。

委托他人申请的，受托人还需提供受托人居民身份证及委托书等相关证件或材料。

第四章 审 核

第二十二条 乡镇（街道）退役军人服务站对符合受理条件的，应检查申请材料内容是否完备、申请优待证种类是否明确等。

符合要求的，提交县退役军人服务中心核实。

第二十三条 县退役军人服务中心依据申请材料，核实对象身份是否真实、申请优待证种类是否准确等。符合要求的，报县退役军人事务局初审。

初审通过的，报市退役军人事务局审核。

审核通过的，报省（区、市）退役军人事务厅（局）备案。

初审通过后，应在30个工作日内完成审核及备案。

第二十四条 申请由常住地省份发放优待证的，由常住地所在省（区、市）退役军人事务厅（局）负责审核、备案。

第二十五条 申请人有下列情形之一的，审核不予通过。

（一）服役期间被部队除名、开除军籍的；

（二）处于被剥夺政治权利期限内的；

（三）处于服刑、羁押、通缉期间的。

第二十六条 申请人受过刑事处罚、被开除中国共产党党籍、被开除公职或存在严重影响身份荣誉的其他情形的，由省（区、市）退役军人事务厅（局）综合考虑相关因素进行审核，审核情况报退役军人事务部备案。

第二十七条 省（区、市）退役军人事务厅（局）备案后，将制证所需信息提供给合作银行。合作银行依照有关法律法规规定予以办理。

第二十八条 省（区、市）退役军人事务厅（局）应定期将优待证制发情况报退役军人事务部。

第二十九条 对未受理或未通过核实、初审、审核的，受理申请的退役军人服务站应及时向申请人反馈情况，并作出说明。

第五章　制　　发

第三十条 省（区、市）退役军人事务厅（局）监督有关单位按照《中国金融集成电路（IC）卡规范》等相关要求和标准制作优待证，确保数据存放、传输、使用安全。

第三十一条 受理申请的退役军人服务站在收到优待证时，应做好登记并清点数量、检查外包装是否破损等。

受理申请的退役军人服务站一般应在收到优待证后10个工作日内通过主动送达、集体颁发或双方约定的其他方式发放，并做好登记。

退役军人服务站收到优待证3个月后仍无法联系到申请人的，应将该优待证逐级上交至省（区、市）退役军人服务中心。

第三十二条 申请人收到优待证核对证面信息无误后，按照有关规定激活金融功能。

证面信息有误的，申请人应及时联系受理申请的退役军人服务站，交回已领优待证，并由省（区、市）退役军人事务厅（局）按相关程序重新制作。

第六章 补 换

第三十三条 优待证遗失后，持证人应及时告知受理申请的退役军人服务站，并按照银行有关规定挂失。

第三十四条 优待证遗失的，持证人可在办理正式挂失手续后，提出补领申请。

补领新证后找回原证的，持证人应当将原证交回受理申请的退役军人服务站。

第三十五条 出现下列情形之一的，持证人可以申请更换优待证。

（一）优待证损坏不能在读卡设备上正常读取的；

（二）优待证证面污损、残缺，信息无法辨认的；

（三）优待证证面信息需要变更的；

（四）持证人户籍地或常住地省份发生变化的；

（五）两种优待证申领条件均符合的持证人需要变更优待证种类的；

（六）其他需要更换的情形。

出现前款第一项、第二项情形的，持证人应持本人居民身份证到合作银行更换；出现前款第三项、第四项、第五项、第六项情形的，持证人应向受理申请的退役军人服务站提出更换申请，并按有关规定办理。

第三十六条 需要变更优待证发放省份的，持证人应先取消相应的银行金融账户，凭银行出具的金融账户取消证明申请更换。

第三十七条 持证人在申请更换优待证时，须交回原持有的优待证。

第三十八条 优待证首次申领免费。

因优待证卡片质量问题造成无法使用的，按相关金融规定认定后，可免费更换；符合第三十五条第三项、第四项、第五项情形的，可免费更换。

除上述情形外，需要更换或补领的，相关费用按照合作银行有关规定执行。

第七章 收 回

第三十九条 持证人存在下列情形之一的，经省（区、市）退役军人事务厅（局）批准，由受理申请的退役军人服务站收回其优待证，并报退役军人事务部备案。

（一）伪造、变造、买卖、出租、出借优待证的；

（二）使用虚假证明材料骗领优待证的；

（三）户籍注销的；

（四）被剥夺政治权利的；

（五）处于服刑、羁押、通缉期间的；

（六）被开除中国共产党党籍或者被开除公职的；

（七）存在严重影响身份荣誉的其他情形的。

第四十条 确认收回的，省（区、市）退役军人事务厅（局）及时通知合作银行暂停应收回优待证的非柜面业务办理功能；仍有相关金融功能需要使用的，由合作银行在完成金融功能转移后协助收回。

第四十一条 收回的优待证，由省（区、市）退役军人服务中心负责登记销毁。

第四十二条 持证人被收回优待证后，相关情形消失、能够主动改正错误并积极消除负面影响的，可以重新申请优待证，由省（区、市）退役军人事务厅（局）综合考虑相关因素进行审核，审核情况报退役军人事务部备案。

第八章 监督管理

第四十三条 对伪造、变造、买卖、出租、出借优待证，故意污损、划刻、破坏优待证或者恶搞、丑化、玷污优待证形象，将优待证用于商业、娱乐活动，以及其他不恰当使用优待证的行为，各级退役军人事务部门应当及时予以制止、督促纠正、批评教育。涉嫌违法犯罪的，依法协调相关部门处理。

第四十四条 省（区、市）退役军人事务厅（局）应定期会同同级公安、民政、人力资源社会保障等部门对生存、婚姻、社保等信息进行比对，及时更新对象信息，实现精准管理。

第四十五条 各级退役军人事务部门、退役军人服务中心（站）以及有关单位的工作人员，在优待证服务管理工作中应按照职能职责做好工作。对因履职不力造成严重社会影响的，依法依规问责追责。

第四十六条 地方各级退役军人事务部门可委托所属退役军人服务中心协助配合开展有关工作。

第四十七条 各级退役军人事务部门、退役军人服务中心（站）应采取技术手段和服务管理措施，保护持证人个人隐私，依法使用有关信息。

第四十八条 各级退役军人事务部门、退役军人服务中心（站）、合作银行应加强合作，共同建立服务体系，及时解答对象关于优待证申请使用、优待政策、优待项目等咨询，妥善处理投诉，建立办理反馈机制，主动接受社会监督。

第九章　附　　则

第四十九条 本办法所指的烈士、因公牺牲军人、病故军人的遗属，是指烈士、因公牺牲军人、病故军人的配偶、父母（抚养人）、子女，以及由其承担抚养义务的兄弟姐妹。

第五十条 军级以上退休干部在移交省军区系统后申领优待证的，具体由省军区（卫戍区、警备区）政治工作部门与省（区、市）退役军人事务厅（局）对接办理。

第五十一条 中国人民武装警察部队依法退出现役的警官、警士和义务兵等人员，适用本办法。

第五十二条 本办法自印发之日起施行。

关于加强退役军人法律援助工作的意见

（2021年12月7日　退役军人部发〔2021〕73号）

退役军人法律援助工作是加强退役军人服务保障的重要举措，是维护退役军人合法权益的一项重要民生工程。推进退役军人法律援助工作，对于建立健全退役军人权益保障机制，完善公共法律服务体系，具有重要意义。为全面落实中共中央办公厅、国务院办公厅《关于完善法律援助制度的意见》和《中华人民共和国退役军人保障法》、《中华人民共和国法律援助法》等政策法律制度，加强退役军人法律援助工作，现提出如下意见。

一、总体要求

（一）指导思想。以习近平新时代中国特色社会主义思想为指导，全面贯彻落实党的十九大和十九届二中、三中、四中、五中、六中全会精神，全面贯彻习近平法治思想，深入贯彻习近平总书记关于退役军人工作重要论述和法律援助工作重要指示精神，增强“四个意识”、坚定“四个自信”、做到“两个维护”，紧紧围绕广大退役军人实际需要，依法扩大法律援助范围，提高法律援助服务质量，确保退役军人在遇到法律问题或者合法权益需要维护时获得优质高效的法律帮助。

（二）基本原则。坚持党的领导，突出党总揽全局、协调各方的领导核心作用，把党的领导贯穿到退役军人法律援助工作的全过程和各方面。坚持以人为本，把维护退役军人合法权益作为出发点和落脚点，努力满足退役军人法律援助需求。坚持政府主导，落实退役军人事务部门、司法行政部门退役军人法律援助工作的部门责任，同时激发各类社会主体参与的积极性。坚持改革创新，立足退役军人工作实际，积极探索退役军人法律援助工作规律，创新工作理念、机制和方法，实现退役军人法律援助申请快捷化、审查简便化、办案标准化。

（三）工作目标。到2022年，基本形成覆盖城乡、便捷高效、均等普惠的退役军人法律援助服务网络，退役军人法律援助工作全面覆盖。到2035年，基本形成与法治国家、法治政府、法治社会基本建成目标相适应的退役军人法律援助供给模式，退役军人的满意度显著提升、共享公共法律服务成果基本实现。

二、加强法律援助体系保障

（四）设立服务窗口站点。退役军人事务部门可以根据实际工作情况在退役军人服务中心（站）设立法律咨询窗口，为退役军人提供法律咨询、转交法律援助申请等服务。法律援助机构可以根据工作需要在退役军人服务中心设立法律援助工作站，在乡镇、街道、农村和城市社区退役军人服务站设立法律援助联络点，就近受理法律援助申请。

（五）加强人员力量建设。退役军人事务部门可以通过政府购买法律服务等方式，择优选择律师事务所等法律服务机构为退役军人提供法律咨询服务。司法行政部门可以整合公共法律服务资源，积极引导律师等法律人才为退役军人提供法律援助服务。鼓励和支持法律援助志愿者在司法行政部门指导下，为退役军人提供法律咨询、代拟法律文书等法律援助。加强法律援助人才库建设，鼓励符合条件的退役军人积极参与法律援助志愿服务工作，加强法律知识培训，提高法律援助人员专业素质和服务能力。

（六）建立服务规范标准。推进退役军人法律援助工作规范化标准化建设。退役军人法律咨询窗口、法律援助工作站（联络点）应当建立来访人信息登记制度，完善解答咨询、受理转交申请等工作制度。推动援务公开，对法律援助申请条件、流程、渠道和所需材料等进行公示。省级退役军人法律咨询窗口、法律援助工作站每周至少安排半个工作日、市和县至少安排一个工作日专业人员值班服务，乡镇、街道、农村和城市社区退役军人法律咨询窗口、法律援助联络点做好日常服务。

三、拓宽法律援助覆盖范围

（七）扩大援助范围。在法律援助法规定事项范围基础上，根据当地经济社会发展水平和退役军人法律援助实际需求，依法扩大退役军人法律援助覆盖面。有条件的地区，要将涉及退役军人切身利益的事项纳入法律援助范围，降低法律援助门槛，尽力使更多退役军人依法获得法律援助。法律援助机构要认真组织办理退役军人涉及确认劳动关系、支付劳动报酬、工伤事故、交通事故、食品药品安全事故、医疗事故人身损害赔偿等方面的法律援助案件，依法为退役军人提供符合标准的法律援助服务。

（八）强化咨询服务。退役军人事务部门要在法律咨询窗口、法律援助工作站（联络点）安排专业人员免费为来访退役军人提供法律咨询，全面了解案件事实和来访人法律诉求。对咨询事项属于法律援助范围的，应当提示来访人享有依法申请法律援助的权利，并告知申请法律援助的条件和程序；对咨询事项不属于法律援助范围的，可以为来访人提出法律建议；对咨询事项不属于法律问题或者与法律援助无关的，可以告知来访人应咨询部门或渠道。司法行政部门要将退役军人作为公共法律服务的重点对象，为退役军人开辟法律援助绿色通道，在现有的公共法律服务实体平台普遍设立退役军人优先服务窗口。有条件的地区，在法律服务网设立退役军人专栏，或者在“12348”公共法律服务热线平台开通退役军人专线，优先为退役军人解答日常生产生活中遇到的法律问题。

四、完善法律援助工作机制

（九）建立协作机制。退役军人事务部门、司法行政部门要建立健全退役军人法律援助工作协作机制，强化退役军人工作政策制度、退役军人身份和经济困难状况等信息沟通，促进实现信息共享和工作协同。法律援助机构在办理退役军人法律援助事项时，需要核查申请人经济困难状况的，退役军人事务部门应当予以配合。建立健全法律援助服务资源依法跨区域流动制度机制，鼓励和支持律师、法律援助志愿者等在法律服务资源相对短缺地区为退役军人提供法律援助。

（十）优化办理程序。退役军人法律咨询窗口、法律援助工作站（联络点）可以接受退役军人的法律援助申请，经初步审查，符合法律援助条件的，应当及时转交法律援助机构办理，也可以引导申请人通过法律服务网在线申请。法律援助机构要把退役军人作为重点援助对象，对退役军人的法律援助申请，可以优先受理、优先审查、优先指派。

（十一）提高办案质量。根据退役军人法律援助案件性质、结合法律援助人员专业特长，法律援助机构应当合理指派案件承办人员，注意挑选对退役军人工作有深厚感情、熟悉涉军法律和政策、擅长办理同类案件的法律援助人员为退役军人提供法律援助服务，提高案件办理的专业化水平和质量。法律援助机构、法律援助人员对提供法律援助过程中知悉的国家秘密、商业秘密和个人隐私应当予以保密。

（十二）加强跟踪督办。健全退役军人法律援助案件服务质量监管机制，综合运用质量评估、受援人回访等措施强化案件质量管理，督促法律援助机构和人员依法履行职责。对疑难复杂案件，法律援助机构可以联合退役军人事务部门以及相关部门共同研究，加强跟踪检查，保证受援人获得优质高效的法律援助。

五、丰富法律援助服务方式

（十三）加大普法宣传教育。退役军人事务部门要加强法治宣传教育，普及法律知识，增强退役军人法治意识，引导退役军人依法表达合理诉求、依法维护权益。退役军人事务部门、司法行政部门可以组织人员通过入户走访、座谈沟通等多种方式，及时了解退役军人法律援助需求。

（十四）完善便民服务机制。加强退役军人法律援助信息化建设，推动互联网、大数据、人工智能等科技创新成果同退役军人法律援助工作深度融合。退役军人事务部门、司法行政部门应当通过服务窗口、电话、网络等多种方式为退役军人提供法律咨询服务。法律援助机构对老年、残疾等行动不便的退役军人，视情提供电话申请、上门服务。

六、切实加强组织领导

（十五）强化责任担当。各级退役军人事务部门、司法行政部门要认真履行组织、协调和指导退役军人法律援助工作的职责，充分发挥职能作用。退役军人事务部门、司法行政部门要加强沟通协调，密切工作配合，建立制度化、规范化的工作衔接机制。法律援助机构要丰富服务内容，创新服务方式，不断提高为退役军人提供法律援助服务的能力和水平。

（十六）加强检查指导。建立退役军人法律援助工作责任履行情况考评机制、报告制度和督导检查制度。将退役军人法律援助工作作为法治政府建设的重要任务，作为退役军人工作考核的重要内容。退役军人事务部门、司法行政部门要加强跟踪指导，积极协调解决法律援助工作中的难点问题，及时总结推广实践证明行之有效的典型做法和有益经验。

（十七）做好宣传推广。加强舆论引导，广泛宣传退役军人法律援助工作的重大意义，宣介退役军人法律援助工作成效。加强宣传表彰工作，对在退役军人法律援助工作中做出突出贡献的组织和个人，按照有关规定给予表彰、奖励。积极营造鼓励创新的良好氛围，促进退役军人法律援助工作健康持续创新发展。

七、褒扬激励

◎ **重点法规提要**

· 中华人民共和国英雄烈士保护法

· 烈士褒扬条例

中华人民共和国英雄烈士保护法

（2018 年 4 月 27 日第十三届全国人民代表大会常务委员会第二次会议通过　2018 年 4 月 27 日中华人民共和国主席令第 5 号公布　自 2018 年 5 月 1 日起施行）

第一条　为了加强对英雄烈士的保护，维护社会公共利益，传承和弘扬英雄烈士精神、爱国主义精神，培育和践行社会主义核心价值观，激发实现中华民族伟大复兴中国梦的强大精神力量，根据宪法，制定本法。

第二条　国家和人民永远尊崇、铭记英雄烈士为国家、人民和民族作出的牺牲和贡献。

近代以来，为了争取民族独立和人民解放，实现国家富强和人民幸福，促进世界和平和人类进步而毕生奋斗、英勇献身的英雄烈士，功勋彪炳史册，精神永垂不朽。

第三条　英雄烈士事迹和精神是中华民族的共同历史记忆和社会主义核心价值观的重要体现。

国家保护英雄烈士，对英雄烈士予以褒扬、纪念，加强对英雄烈士事迹和精神的宣传、教育，维护英雄烈士尊严和合法权益。

全社会都应当崇尚、学习、捍卫英雄烈士。

第四条 各级人民政府应当加强对英雄烈士的保护，将宣传、弘扬英雄烈士事迹和精神作为社会主义精神文明建设的重要内容。

县级以上人民政府负责英雄烈士保护工作的部门和其他有关部门应当依法履行职责，做好英雄烈士保护工作。

军队有关部门按照国务院、中央军事委员会的规定，做好英雄烈士保护工作。

县级以上人民政府应当将英雄烈士保护工作经费列入本级预算。

第五条 每年9月30日为烈士纪念日，国家在首都北京天安门广场人民英雄纪念碑前举行纪念仪式，缅怀英雄烈士。

县级以上地方人民政府、军队有关部门应当在烈士纪念日举行纪念活动。

举行英雄烈士纪念活动，邀请英雄烈士遗属代表参加。

第六条 在清明节和重要纪念日，机关、团体、乡村、社区、学校、企业事业单位和军队有关单位根据实际情况，组织开展英雄烈士纪念活动。

第七条 国家建立并保护英雄烈士纪念设施，纪念、缅怀英雄烈士。

矗立在首都北京天安门广场的人民英雄纪念碑，是近代以来中国人民和中华民族争取民族独立解放、人民自由幸福和国家繁荣富强精神的象征，是国家和人民纪念、缅怀英雄烈士的永久性纪念设施。

人民英雄纪念碑及其名称、碑题、碑文、浮雕、图形、标志等受法律保护。

第八条 县级以上人民政府应当将英雄烈士纪念设施建设和保护纳入国民经济和社会发展规划、城乡规划，加强对英雄烈士纪念设施的保护和管理；对具有重要纪念意义、教育意义的英雄烈士纪念设施依照《中华人民共和国文物保护法》的规定，核定公布为文物保护单位。

中央财政对革命老区、民族地区、边疆地区、贫困地区英雄烈士纪念设施的修缮保护，应当按照国家规定予以补助。

第九条 英雄烈士纪念设施应当免费向社会开放，供公众瞻仰、悼念英雄烈士，开展纪念教育活动，告慰先烈英灵。

前款规定的纪念设施由军队有关单位管理的，按照军队有关规定实行开放。

第十条 英雄烈士纪念设施保护单位应当健全服务和管理工作规范，方便瞻仰、悼念英雄烈士，保持英雄烈士纪念设施庄严、肃穆、清净的环境和氛围。

任何组织和个人不得在英雄烈士纪念设施保护范围内从事有损纪念英雄烈士环境和氛围的活动，不得侵占英雄烈士纪念设施保护范围内的土地和设施，不得破坏、污损英雄烈士纪念设施。

第十一条 安葬英雄烈士时，县级以上人民政府、军队有关部门应当举行庄严、肃穆、文明、节俭的送迎、安葬仪式。

第十二条 国家建立健全英雄烈士祭扫制度和礼仪规范，

引导公民庄严有序地开展祭扫活动。

县级以上人民政府有关部门应当为英雄烈士遗属祭扫提供便利。

第十三条 县级以上人民政府有关部门应当引导公民通过瞻仰英雄烈士纪念设施、集体宣誓、网上祭奠等形式，铭记英雄烈士的事迹，传承和弘扬英雄烈士的精神。

第十四条 英雄烈士在国外安葬的，中华人民共和国驻该国外交、领事代表机构应当结合驻在国实际情况组织开展祭扫活动。

国家通过与有关国家的合作，查找、收集英雄烈士遗骸、遗物和史料，加强对位于国外的英雄烈士纪念设施的修缮保护工作。

第十五条 国家鼓励和支持开展对英雄烈士事迹和精神的研究，以辩证唯物主义和历史唯物主义为指导认识和记述历史。

第十六条 各级人民政府、军队有关部门应当加强对英雄烈士遗物、史料的收集、保护和陈列展示工作，组织开展英雄烈士史料的研究、编纂和宣传工作。

国家鼓励和支持革命老区发挥当地资源优势，开展英雄烈士事迹和精神的研究、宣传和教育工作。

第十七条 教育行政部门应当以青少年学生为重点，将英雄烈士事迹和精神的宣传教育纳入国民教育体系。

教育行政部门、各级各类学校应当将英雄烈士事迹和精神纳入教育内容，组织开展纪念教育活动，加强对学生的爱国主义、集体主义、社会主义教育。

第十八条 文化、新闻出版、广播电视、电影、网信等部门应当鼓励和支持以英雄烈士事迹为题材、弘扬英雄烈士精神的优秀文学艺术作品、广播电视节目以及出版物的创作生产和宣传推广。

第十九条 广播电台、电视台、报刊出版单位、互联网信息服务提供者，应当通过播放或者刊登英雄烈士题材作品、发布公益广告、开设专栏等方式，广泛宣传英雄烈士事迹和精神。

第二十条 国家鼓励和支持自然人、法人和非法人组织以捐赠财产、义务宣讲英雄烈士事迹和精神、帮扶英雄烈士遗属等公益活动的方式，参与英雄烈士保护工作。

自然人、法人和非法人组织捐赠财产用于英雄烈士保护的，依法享受税收优惠。

第二十一条 国家实行英雄烈士抚恤优待制度。英雄烈士遗属按照国家规定享受教育、就业、养老、住房、医疗等方面的优待。抚恤优待水平应当与国民经济和社会发展相适应并逐步提高。

国务院有关部门、军队有关部门和地方人民政府应当关心英雄烈士遗属的生活情况，每年定期走访慰问英雄烈士遗属。

第二十二条 禁止歪曲、丑化、亵渎、否定英雄烈士事迹和精神。

英雄烈士的姓名、肖像、名誉、荣誉受法律保护。任何组织和个人不得在公共场所、互联网或者利用广播电视、电影、出版物等，以侮辱、诽谤或者其他方式侵害英雄烈士的姓名、肖像、名誉、荣誉。任何组织和个人不得将英雄烈士的姓名、肖像用于或者变相用于商标、商业广告，损害英雄烈士的名誉、荣誉。

公安、文化、新闻出版、广播电视、电影、网信、市场监督管理、负责英雄烈士保护工作的部门发现前款规定行为的，应当依法及时处理。

第二十三条 网信和电信、公安等有关部门在对网络信息进行依法监督管理工作中，发现发布或者传输以侮辱、诽谤或者其他方式侵害英雄烈士的姓名、肖像、名誉、荣誉的信息的，应当要求网络运营者停止传输，采取消除等处置措施和其他必要措施；对来源于中华人民共和国境外的上述信息，应当通知有关机构采取技术措施和其他必要措施阻断传播。

网络运营者发现其用户发布前款规定的信息的，应当立即停止传输该信息，采取消除等处置措施，防止信息扩散，保存有关记录，并向有关主管部门报告。网络运营者未采取停止传输、消除等处置措施的，依照《中华人民共和国网络安全法》的规定处罚。

第二十四条 任何组织和个人有权对侵害英雄烈士合法权益和其他违反本法规定的行为，向负责英雄烈士保护工作的部门、网信、公安等有关部门举报，接到举报的部门应当依法及时处理。

第二十五条 对侵害英雄烈士的姓名、肖像、名誉、荣誉的行为，英雄烈士的近亲属可以依法向人民法院提起诉讼。

英雄烈士没有近亲属或者近亲属不提起诉讼的，检察机关依法对侵害英雄烈士的姓名、肖像、名誉、荣誉，损害社会公共利益的行为向人民法院提起诉讼。

负责英雄烈士保护工作的部门和其他有关部门在履行职责过程中发现第一款规定的行为，需要检察机关提起诉讼的，应当向检察机关报告。

英雄烈士近亲属依照第一款规定提起诉讼的，法律援助机构应当依法提供法律援助服务。

第二十六条 以侮辱、诽谤或者其他方式侵害英雄烈士的姓名、肖像、名誉、荣誉，损害社会公共利益的，依法承担民事责任；构成违反治安管理行为的，由公安机关依法给予治安管理处罚；构成犯罪的，依法追究刑事责任。

第二十七条 在英雄烈士纪念设施保护范围内从事有损纪念英雄烈士环境和氛围的活动的，纪念设施保护单位应当及时劝阻；不听劝阻的，由县级以上地方人民政府负责英雄烈士保护工作的部门、文物主管部门按照职责规定给予批评教育，责令改正；构成违反治安管理行为的，由公安机关依法给予治安管理处罚。

亵渎、否定英雄烈士事迹和精神，宣扬、美化侵略战争和侵略行为，寻衅滋事，扰乱公共秩序，构成违反治安管理行为的，由公安机关依法给予治安管理处罚；构成犯罪的，依法追究刑事责任。

第二十八条 侵占、破坏、污损英雄烈士纪念设施的，由县级以上人民政府负责英雄烈士保护工作的部门责令改正；造成损失的，依法承担民事责任；被侵占、破坏、污损的纪念设施属于文物保护单位的，依照《中华人民共和国文物保护法》的规定处罚；构成违反治安管理行为的，由公安机关依法给予治安管理处罚；构成犯罪的，依法追究刑事责任。

第二十九条 县级以上人民政府有关部门及其工作人员在英雄烈士保护工作中滥用职权、玩忽职守、徇私舞弊的，对直接负责的主管人员和其他直接责任人员，依法给予处分；构成犯罪的，依法追究刑事责任。

第三十条 本法自2018年5月1日起施行。

中华人民共和国
国家勋章和国家荣誉称号法

（2015年12月27日第十二届全国人民代表大会常务委员会第十八次会议通过　2015年12月27日中华人民共和国主席令第38号公布　自2016年1月1日起施行）

第一条 为了褒奖在中国特色社会主义建设中作出突出贡献的杰出人士，弘扬民族精神和时代精神，激发全国各族人民建设富强、民主、文明、和谐的社会主义现代化国家的积极性，实现中华民族伟大复兴，根据宪法，制定本法。

第二条 国家勋章和国家荣誉称号为国家最高荣誉。

国家勋章和国家荣誉称号的设立和授予，适用本法。

第三条 国家设立“共和国勋章”，授予在中国特色社会主义建设和保卫国家中作出巨大贡献、建立卓越功勋的杰出人士。

国家设立“友谊勋章”，授予在我国社会主义现代化建设和促进中外交流合作、维护世界和平中作出杰出贡献的外国人。

第四条 国家设立国家荣誉称号，授予在经济、社会、国防、外交、教育、科技、文化、卫生、体育等各领域各行业作出重大贡献、享有崇高声誉的杰出人士。

国家荣誉称号的名称冠以“人民”，也可以使用其他名称。国家荣誉称号的具体名称由全国人民代表大会常务委员会在决定授予时确定。

第五条 全国人民代表大会常务委员会委员长会议根据各方面的建议，向全国人民代表大会常务委员会提出授予国家勋章、国家荣誉称号的议案。

国务院、中央军事委员会可以向全国人民代表大会常务委员会提出授予国家勋章、国家荣誉称号的议案。

第六条 全国人民代表大会常务委员会决定授予国家勋章和国家荣誉称号。

第七条 中华人民共和国主席根据全国人民代表大会常务委员会的决定，向国家勋章和国家荣誉称号获得者授予国家勋章、国家荣誉称号奖章，签发证书。

第八条 中华人民共和国主席进行国事活动，可以直接授予外国政要、国际友人等人士"友谊勋章"。

第九条 国家在国庆日或者其他重大节日、纪念日，举行颁授国家勋章、国家荣誉称号的仪式；必要时，也可以在其他时间举行颁授国家勋章、国家荣誉称号的仪式。

第十条 国家设立国家功勋簿，记载国家勋章和国家荣誉称号获得者及其功绩。

第十一条 国家勋章和国家荣誉称号获得者应当受到国家和社会的尊重，享有受邀参加国家庆典和其他重大活动等崇高礼遇和国家规定的待遇。

第十二条 国家和社会通过多种形式，宣传国家勋章和国家荣誉称号获得者的卓越功绩和杰出事迹。

第十三条 国家勋章和国家荣誉称号为其获得者终身享有，但依照本法规定被撤销的除外。

第十四条 国家勋章和国家荣誉称号获得者应当按照规定佩带国家勋章、国家荣誉称号奖章，妥善保管勋章、奖章及证书。

第十五条 国家勋章和国家荣誉称号获得者去世的，其获得的勋章、奖章及证书由其继承人或者指定的人保存；没有继承人或者被指定人的，可以由国家收存。

国家勋章、国家荣誉称号奖章及证书不得出售、出租或者用于从事其他营利性活动。

第十六条 生前作出突出贡献符合本法规定授予国家勋章、国家荣誉称号条件的人士，本法施行后去世的，可以向其追授国家勋章、国家荣誉称号。

第十七条 国家勋章和国家荣誉称号获得者，应当珍视并保持国家给予的荣誉，模范地遵守宪法和法律，努力为人民服务，自觉维护国家勋章和国家荣誉称号的声誉。

第十八条 国家勋章和国家荣誉称号获得者因犯罪被依法判处刑罚或者有其他严重违法、违纪等行为，继续享有国家勋章、国家荣誉称号将会严重损害国家最高荣誉的声誉的，由全国人民代表大会常务委员会决定撤销其国家勋章、国家荣誉称号并予以公告。

第十九条 国家勋章和国家荣誉称号的有关具体事项，由国家功勋荣誉表彰有关工作机构办理。

第二十条 国务院、中央军事委员会可以在各自的职权范围内开展功勋荣誉表彰奖励工作。

第二十一条 本法自 2016 年 1 月 1 日起施行。

全国人民代表大会常务委员会关于设立烈士纪念日的决定

（2014年8月31日第十二届全国人民代表大会常务委员会第十次会议通过）

近代以来，为了争取民族独立和人民自由幸福，为了国家繁荣富强，无数的英雄献出了生命，烈士的功勋彪炳史册，烈士的精神永垂不朽。为了弘扬烈士精神，缅怀烈士功绩，培养公民的爱国主义、集体主义精神和社会主义道德风尚，培育和践行社会主义核心价值观，增强中华民族的凝聚力，激发实现中华民族伟大复兴中国梦的强大精神力量，第十二届全国人民代表大会常务委员会第十次会议决定：

将9月30日设立为烈士纪念日。每年9月30日国家举行纪念烈士活动。

烈士褒扬条例

（2011年7月26日中华人民共和国国务院令第601号公布　根据2019年3月2日《国务院关于修改部分行政法规的决定》第一次修订　根据2019年8月1日《国务院关于修改〈烈士褒扬条例〉的决定》第二次修订）

第一章　总　　则

第一条　为了弘扬烈士精神，抚恤优待烈士遗属，制定本条例。

第二条　公民在保卫祖国和社会主义建设事业中牺牲被评定为烈士的，依照本条例的规定予以褒扬。烈士的遗属，依照本条例的规定享受抚恤优待。

第三条　国家对烈士遗属给予的抚恤优待应当随经济社会的发展逐步提高，保障烈士遗属的生活不低于当地居民的平均生活水平。

全社会应当支持烈士褒扬工作，优待帮扶烈士遗属。

国家鼓励公民、法人和其他组织为烈士褒扬和烈士遗属抚恤优待提供捐助。

第四条　烈士褒扬和烈士遗属抚恤优待经费列入财政预算。

烈士褒扬和烈士遗属抚恤优待经费应当专款专用，接受财政部门、审计机关的监督。

第五条 县级以上人民政府应当加强对烈士纪念设施的保护和管理，为纪念烈士提供良好的场所。

各级人民政府应当把宣传烈士事迹作为社会主义精神文明建设的重要内容，培养公民的爱国主义、集体主义精神和社会主义道德风尚。机关、团体、企业事业单位应当采取多种形式纪念烈士，学习、宣传烈士事迹。

第六条 国务院退役军人事务部门负责全国的烈士褒扬工作。县级以上地方人民政府退役军人事务部门负责本行政区域的烈士褒扬工作。

第七条 对在烈士褒扬工作中做出显著成绩的单位和个人，按照国家有关规定给予表彰、奖励。

第二章　烈士的评定

第八条 公民牺牲符合下列情形之一的，评定为烈士：

（一）在依法查处违法犯罪行为、执行国家安全工作任务、执行反恐怖任务和处置突发事件中牺牲的；

（二）抢险救灾或者其他为了抢救、保护国家财产、集体财产、公民生命财产牺牲的；

（三）在执行外交任务或者国家派遣的对外援助、维持国际和平任务中牺牲的；

（四）在执行武器装备科研试验任务中牺牲的；

（五）其他牺牲情节特别突出，堪为楷模的。

现役军人牺牲，预备役人员、民兵、民工以及其他人员因参战、参加军事演习和军事训练、执行军事勤务牺牲应当评定烈士的，依照《军人抚恤优待条例》的有关规定评定。

第九条 申报烈士的，由死者生前所在工作单位、死者遗属或者事件发生地的组织、公民向死者生前工作单位所在地、死者遗属户口所在地或者事件发生地的县级人民政府退役军人事务部门提供有关死者牺牲情节的材料，由收到材料的县级人民政府退役军人事务部门调查核实后提出评定烈士的报告，报本级人民政府审核。

属于本条例第八条第一款第一项、第二项规定情形的，由县级人民政府提出评定烈士的报告并逐级上报至省、自治区、直辖市人民政府审查评定。评定为烈士的，由省、自治区、直辖市人民政府送国务院退役军人事务部门备案。

属于本条例第八条第一款第三项、第四项规定情形的，由国务院有关部门提出评定烈士的报告，送国务院退役军人事务部门审查评定。

属于本条例第八条第一款第五项规定情形的，由县级人民政府提出评定烈士的报告并逐级上报至省、自治区、直辖市人民政府，由省、自治区、直辖市人民政府审查后送国务院退役军人事务部门审查评定。

第十条 军队评定的烈士，由中央军事委员会政治工作部送国务院退役军人事务部门备案。

第十一条 按照本条例规定评定为烈士的，由国务院退役军人事务部门负责将烈士名单呈报党和国家功勋荣誉表彰工作委员会。

第十二条 烈士证书以党和国家功勋荣誉表彰工作委员会办公室名义制发。

第十三条 县级以上人民政府每年在烈士纪念日举行颁授仪式，向烈士遗属颁授烈士证书。

第三章 烈士褒扬金和烈士遗属的抚恤优待

第十四条 国家建立烈士褒扬金制度。烈士褒扬金标准为烈士牺牲时上一年度全国城镇居民人均可支配收入的30倍。战时，参战牺牲的烈士褒扬金标准可以适当提高。

烈士褒扬金由领取烈士证书的烈士遗属户口所在地县级人民政府退役军人事务部门发给烈士的父母或者抚养人、配偶、子女；没有父母或者抚养人、配偶、子女的，发给烈士未满18周岁的兄弟姐妹和已满18周岁但无生活来源且由烈士生前供养的兄弟姐妹。

第十五条 烈士遗属除享受本条例第十四条规定的烈士褒扬金外，属于《军人抚恤优待条例》以及相关规定适用范围的，还享受因公牺牲一次性抚恤金；属于《工伤保险条例》以及相关规定适用范围的，还享受一次性工亡补助金以及相当于烈士本人40个月工资的烈士遗属特别补助金。

不属于前款规定范围的烈士遗属，由县级人民政府退役军人事务部门发给一次性抚恤金，标准为烈士牺牲时上一年度全国城镇居民人均可支配收入的 20 倍加 40 个月的中国人民解放军排职少尉军官工资。

第十六条 符合下列条件之一的烈士遗属，享受定期抚恤金：

（一）烈士的父母或者抚养人、配偶无劳动能力、无生活来源，或者收入水平低于当地居民的平均生活水平的；

（二）烈士的子女未满 18 周岁，或者已满 18 周岁但因残疾或者正在上学而无生活来源的；

（三）由烈士生前供养的兄弟姐妹未满 18 周岁，或者已满 18 周岁但因正在上学而无生活来源的。

符合前款规定条件享受定期抚恤金的烈士遗属，由其户口所在地的县级人民政府退役军人事务部门发给定期抚恤金领取证，凭证领取定期抚恤金。

第十七条 烈士生前的配偶再婚后继续赡养烈士父母，继续抚养烈士未满 18 周岁或者已满 18 周岁但无劳动能力、无生活来源且由烈士生前供养的兄弟姐妹的，由其户口所在地的县级人民政府退役军人事务部门参照烈士遗属定期抚恤金的标准给予补助。

第十八条 定期抚恤金标准参照全国城乡居民家庭人均收入水平确定。定期抚恤金的标准及其调整办法，由国务院退役军人事务部门会同国务院财政部门规定。

烈士遗属享受定期抚恤金后仍达不到当地居民的平均生

活水平的，由县级人民政府予以补助。

第十九条 享受定期抚恤金的烈士遗属户口迁移的，应当同时办理定期抚恤金转移手续。户口迁出地的县级人民政府退役军人事务部门发放当年的定期抚恤金；户口迁入地的县级人民政府退役军人事务部门凭定期抚恤金转移证明，从第二年1月起发放定期抚恤金。

第二十条 烈士遗属不再符合本条例规定的享受定期抚恤金条件的，应当注销其定期抚恤金领取证，停发定期抚恤金。

享受定期抚恤金的烈士遗属死亡的，增发6个月其原享受的定期抚恤金作为丧葬补助费，同时注销其定期抚恤金领取证，停发定期抚恤金。

第二十一条 烈士遗属享受相应的医疗优惠待遇，具体办法由省、自治区、直辖市人民政府规定。

第二十二条 烈士的子女、兄弟姐妹本人自愿，且符合征兵条件的，在同等条件下优先批准其服现役。烈士的子女符合公务员考录条件的，在同等条件下优先录用为公务员。

烈士子女接受学前教育和义务教育的，应当按照国家有关规定予以优待；在公办幼儿园接受学前教育的，免交保教费。烈士子女报考普通高中、中等职业学校、高等学校研究生的，在同等条件下优先录取；报考高等学校本、专科的，可以按照国家有关规定降低分数要求投档；在公办学校就读的，免交学费、杂费，并享受国家规定的各项助学政策。

烈士遗属符合就业条件的，由当地人民政府人力资源社会保障部门优先提供就业服务。烈士遗属已经就业，用人单位经济性裁员时，应当优先留用。烈士遗属从事个体经营的，市场监督管理、税务等部门应当优先办理证照，烈士遗属在经营期间享受国家和当地人民政府规定的优惠政策。

第二十三条 符合住房保障条件的烈士遗属承租廉租住房、购买经济适用住房的，县级以上地方人民政府有关部门应当给予优先、优惠照顾。家住农村的烈士遗属住房有困难的，由当地人民政府帮助解决。

第二十四条 男年满60周岁、女年满55周岁的孤老烈士遗属本人自愿的，可以在光荣院、敬老院集中供养。

各类社会福利机构应当优先接收烈士遗属。

第二十五条 烈士遗属因犯罪被判处有期徒刑、剥夺政治权利或者被司法机关通缉期间，中止其享受的抚恤和优待；被判处死刑、无期徒刑的，取消其烈士遗属抚恤和优待资格。

第四章 烈士纪念设施的保护和管理

第二十六条 按照国家有关规定修建的烈士陵园、纪念堂馆、纪念碑亭、纪念塔祠、纪念塑像、烈士骨灰堂、烈士墓等烈士纪念设施，受法律保护。

第二十七条 国家对烈士纪念设施实行分级保护。分级的具体标准由国务院退役军人事务部门规定。

国家级烈士纪念设施，由国务院退役军人事务部门报国务院批准后公布。地方各级烈士纪念设施，由县级以上地方人民政府退役军人事务部门报本级人民政府批准后公布，并报上一级人民政府退役军人事务部门备案。

各级人民政府应当确定烈士纪念设施保护单位，并划定烈士纪念设施保护范围。

第二十八条 烈士纪念设施应当免费向社会开放。

烈士纪念设施保护单位应当健全管理工作规范，维护纪念烈士活动的秩序，提高管理和服务水平。

第二十九条 各级人民政府应当组织收集、整理烈士史料，编纂烈士英名录。

烈士纪念设施保护单位应当搜集、整理、保管、陈列烈士遗物和事迹史料。属于文物的，依照有关法律、法规的规定予以保护。

第三十条 县级以上人民政府有关部门应当做好烈士纪念设施的保护和管理工作。未经批准，不得新建、改建、扩建或者迁移烈士纪念设施。

第三十一条 任何单位或者个人不得侵占烈士纪念设施保护范围内的土地和设施。禁止在烈士纪念设施保护范围内进行其他工程建设。

任何单位或者个人不得在烈士纪念设施保护范围内为烈士以外的其他人修建纪念设施或者安放骨灰、埋葬遗体。

第三十二条 在烈士纪念设施保护范围内不得从事与纪念烈士无关的活动。禁止以任何方式破坏、污损烈士纪念设施。

第三十三条 烈士在烈士陵园安葬。未在烈士陵园安葬的，县级以上人民政府征得烈士遗属同意，可以迁移到烈士陵园安葬，或者予以集中安葬。

第三十四条 烈士陵园所在地人民政府退役军人事务部门对前来烈士陵园祭扫的烈士遗属，应当做好接待服务工作；对自行前来祭扫经济上确有困难的，给予适当补助。

烈士遗属户口所在地人民政府退役军人事务部门组织烈士遗属前往烈士陵园祭扫的，应当妥善安排，确保安全。

第五章 法律责任

第三十五条 行政机关公务员在烈士褒扬和抚恤优待工作中有下列情形之一的，依法给予处分；构成犯罪的，依法追究刑事责任：

（一）违反本条例规定评定烈士或者审批抚恤优待的；

（二）未按照规定的标准、数额、对象审批或者发放烈士褒扬金或者抚恤金的；

（三）利用职务便利谋取私利的。

第三十六条 行政机关公务员、烈士纪念设施保护单位工作人员贪污、挪用烈士褒扬经费的，由上级人民政府退役军人事务部门责令退回、追回，依法给予处分；构成犯罪的，依法追究刑事责任。

第三十七条 未经批准迁移烈士纪念设施，非法侵占烈士纪念设施保护范围内的土地、设施，破坏、污损烈士纪念设施，或者在烈士纪念设施保护范围内为烈士以外的其他人修建纪念设施、安放骨灰、埋葬遗体的，由烈士纪念设施保护单位的上级主管部门责令改正，恢复原状、原貌；造成损失的，依法承担赔偿责任；构成犯罪的，依法追究刑事责任。

第三十八条 负有烈士遗属优待义务的单位不履行优待义务的，由县级人民政府退役军人事务部门责令限期改正；逾期不改正的，处2000元以上1万元以下的罚款；属于国有或者国有控股企业、财政拨款的事业单位的，对直接负责的主管人员和其他直接责任人员依法给予处分。

第三十九条 冒领烈士褒扬金、抚恤金，出具假证明或者伪造证件、印章骗取烈士褒扬金或者抚恤金的，由退役军人事务部门责令退回非法所得；构成犯罪的，依法追究刑事责任。

第六章 附 则

第四十条 本条例所称战时，是指国家宣布进入战争状态、部队受领作战任务或者遭敌突然袭击时。

第四十一条 烈士证书、烈士通知书由国务院退役军人事务部门印制。

第四十二条 位于境外的中国烈士纪念设施的保护，由国务院退役军人事务部门会同外交部等有关部门办理。

第四十三条 本条例自2011年8月1日起施行。1980年6月4日国务院发布的《革命烈士褒扬条例》同时废止。

烈士公祭办法

（2014年3月31日民政部令第52号公布　自公布之日起施行）

第一条　为了缅怀纪念烈士，弘扬烈士精神，做好烈士公祭工作，根据《烈士褒扬条例》，制定本办法。

第二条　烈士公祭是国家缅怀纪念为民族独立、人民解放和国家富强、人民幸福英勇牺牲烈士的活动。

第三条　在清明节、国庆节或者重要纪念日期间，应当举行烈士公祭活动。

烈士公祭活动应当庄严、肃穆、隆重、节俭。

第四条　举行烈士公祭活动，由县级以上人民政府民政部门提出建议和方案，报请同级人民政府组织实施。

第五条　烈士公祭活动应当在烈士纪念场所举行。

上级人民政府与下级人民政府在同一烈士纪念场所举行烈士公祭活动，应当合并进行。

第六条　烈士公祭活动方案应当包括以下内容：

（一）烈士公祭活动时间、地点；

（二）参加烈士公祭活动人员及其现场站位和着装要求；

（三）烈士公祭仪式仪程；

（四）烈士公祭活动的组织协调、宣传报道、交通和安全警卫、医疗保障、经费保障、礼兵仪仗、天气预报、现场布置和物品器材准备等事项的分工负责单位及负责人。

第七条 烈士公祭活动应当安排党、政、军和人民团体负责人参加，组织烈属代表、老战士代表、学校师生代表、各界干部群众代表、解放军和武警官兵代表等参加。

第八条 参加烈士公祭活动人员着装应当庄重得体，可以佩戴获得的荣誉勋章。

第九条 烈士公祭活动现场应当标明肃穆区域，设置肃穆提醒标志。

在肃穆区域内，应当言行庄重，不得喧哗。

第十条 烈士公祭仪式由县级以上人民政府或者其民政部门的负责人主持。

烈士公祭仪式不设主席台，参加烈士公祭仪式人员应当面向烈士纪念碑（塔等）肃立。

第十一条 烈士公祭仪式一般应当按照下列程序进行：

（一）主持人向烈士纪念碑（塔等）行鞠躬礼，宣布烈士公祭仪式开始；

（二）礼兵就位；

（三）奏唱《中华人民共和国国歌》；

（四）宣读祭文；

（五）少先队员献唱《我们是共产主义接班人》；

（六）向烈士敬献花篮或者花圈，奏《献花曲》；

（七）整理缎带或者挽联；

（八）向烈士行三鞠躬礼；

（九）参加烈士公祭仪式人员瞻仰烈士纪念碑（塔等）。

第十二条 在国庆节等重大庆典日进行烈士公祭的，可以采取向烈士纪念碑（塔等）敬献花篮的仪式进行。敬献花篮仪式按照下列程序进行：

（一）主持人向烈士纪念碑（塔等）行鞠躬礼，宣布敬献花篮仪式开始；

（二）礼兵就位；

（三）奏唱《中华人民共和国国歌》；

（四）全体人员脱帽，向烈士默哀；

（五）少先队员献唱《我们是共产主义接班人》；

（六）向烈士敬献花篮，奏《献花曲》；

（七）整理缎带；

（八）参加敬献花篮仪式人员瞻仰烈士纪念碑（塔等）。

第十三条 烈士公祭仪式中的礼兵仪仗、花篮花圈护送由解放军或者武警部队官兵担任，乐曲可以安排军乐队或者其他乐队演奏。

第十四条 花篮或者花圈由党、政、军、人民团体及各界群众等敬献。

花篮的缎带或者花圈的挽联为红底黄字，上联书写烈士永垂不朽，下联书写敬献人。

整理缎带或者挽联按照先整理上联、后整理下联的顺序进行。

第十五条 参加烈士公祭活动人员应当在烈士纪念设施保护单位工作人员组织引导下参观烈士纪念堂馆、瞻仰祭扫烈士墓。

第十六条 烈士纪念设施保护单位应当结合烈士公祭活动，采取多种形式宣讲烈士英雄事迹和相关重大历史事件，配合有关单位开展集体宣誓等主题教育活动。

第十七条 烈士纪念设施保护单位应当保持烈士纪念场所庄严、肃穆、优美的环境和气氛，做好服务接待工作。

第十八条 本办法自发布之日起施行。

烈士安葬办法

（2013年4月3日民政部令第46号公布　自公布之日起施行）

第一条 为了褒扬烈士，做好烈士安葬工作，根据《烈士褒扬条例》，制定本办法。

第二条 烈士在烈士陵园或者烈士集中安葬墓区安葬。

烈士陵园、烈士集中安葬墓区是国家建立的专门安葬、纪念、宣传烈士的重要场所。

第三条 确定烈士安葬地和安排烈士安葬活动，应当征求烈士遗属意见。

烈士可以在牺牲地、生前户口所在地、遗属户口所在地或者生前工作单位所在地安葬。烈士安葬地确定后，就近在烈士陵园或者烈士集中安葬墓区安葬烈士。

第四条 运送烈士骨灰或者遗体（骸），由烈士牺牲地、烈士安葬地人民政府负责安排，并举行必要的送迎仪式。

烈士骨灰盒或者灵柩应当覆盖中华人民共和国国旗。需要覆盖中国共产党党旗或者中国人民解放军军旗的，按照有关规定执行。国旗、党旗、军旗不同时覆盖，安葬后由烈士纪念设施保护单位保存。

第五条 烈士安葬地县级以上地方人民政府应当举行烈士安葬仪式。烈士安葬仪式应当庄严、肃穆、文明、节俭。

烈士安葬仪式中应当宣读烈士批准文件和烈士事迹。

第六条 安葬烈士的方式包括：

（一）将烈士骨灰安葬于烈士墓区或者烈士骨灰堂；

（二）将烈士遗体（骸）安葬于烈士墓区；

（三）其他安葬方式。

安葬烈士应当尊重少数民族的丧葬习俗，遵守国家殡葬管理有关规定。

第七条 烈士墓穴、骨灰安放格位，由烈士纪念设施保护单位按照规定确定。

第八条 安葬烈士骨灰的墓穴面积一般不超过1平方米。允许土葬的地区，安葬烈士遗体（骸）的墓穴面积一般不超过4平方米。

第九条 烈士墓碑碑文或者骨灰盒标示牌文字应当经烈

士安葬地人民政府审定，内容应当包括烈士姓名、性别、民族、籍贯、出生年月、牺牲时间、单位、职务、简要事迹等基本信息。

第十条 烈士墓区应当规划科学、布局合理。烈士墓和烈士骨灰存放设施应当形制统一、用材优良，确保施工建设质量。

第十一条 烈士陵园、烈士集中安葬墓区的保护单位应当向烈士遗属发放烈士安葬证明书，载明烈士姓名、安葬时间和安葬地点等。没有烈士遗属的，应当将烈士安葬情况向烈士生前户口所在地县级人民政府民政部门备案。

烈士生前有工作单位的，应当将安葬情况向烈士生前所在单位通报。

第十二条 烈士在烈士陵园或者烈士集中安葬墓区安葬后，原则上不迁葬。

对未在烈士陵园或者烈士集中安葬墓区安葬的，县级以上地方人民政府可以根据实际情况并征得烈士遗属同意，迁入烈士陵园或者烈士集中安葬墓区。

第十三条 烈士陵园、烈士集中安葬墓区的保护单位应当及时收集陈列有纪念意义的烈士遗物、事迹资料，烈士遗属、有关单位和个人应当予以配合。

第十四条 在清明节等重要节日和纪念日时，机关、团体、企业事业单位应当组织开展烈士纪念活动，祭奠烈士。

烈士陵园、烈士集中安葬墓区所在地人民政府民政部门对前来祭扫的烈士遗属，应当做好接待服务工作。

第十五条 鼓励和支持社会殡仪专业服务机构为烈士安葬提供专业化、规范化服务。

第十六条 本办法自2013年4月3日起施行。

烈士纪念设施保护管理办法

（2013年6月28日民政部令第47号公布 自公布之日起施行）

第一条 为褒扬烈士，加强烈士纪念设施保护管理，弘扬爱国主义、集体主义精神和社会主义道德风尚，促进社会主义精神文明建设，根据《烈士褒扬条例》，制定本办法。

第二条 本办法所称烈士纪念设施，是指在中华人民共和国境内为纪念烈士专门修建的烈士陵园、纪念堂馆、纪念碑亭、纪念塔祠、纪念塑像、烈士骨灰堂、烈士墓等设施。

第三条 根据烈士纪念设施的纪念意义和建设规模，对烈士纪念设施实行分级保护管理。

烈士纪念设施分为：

（一）国家级烈士纪念设施；

（二）省级烈士纪念设施；

（三）设区的市级烈士纪念设施；

（四）县级烈士纪念设施。

未列入等级的零散烈士纪念设施，由所在地县级人民政府民政部门保护管理或者委托有关单位、组织或者个人进行保护管理。

第四条 县级以上烈士纪念设施由所在地人民政府负责保护管理，纳入当地国民经济和社会发展规划或者有关专项规划，所需经费列入当地财政预算。

民政部会同财政部安排国家级烈士纪念设施维修改造补助经费，地方各级人民政府民政部门会同财政部门安排当地烈士纪念设施维修改造经费。维修改造经费的使用和管理接受审计等部门的监督。

第五条 县级以上烈士纪念设施应当确定保护单位，加强工作力量，明确管理责任。烈士纪念设施保护单位由所在地人民政府的民政部门负责管理。

第六条 符合下列基本条件之一的，可以申报国家级烈士纪念设施：

（一）为纪念在革命斗争、保卫祖国和建设祖国等各个历史时期的重大事件、重要战役和主要革命根据地斗争中牺牲的烈士而修建的烈士纪念设施；

（二）为纪念在全国有重要影响的著名烈士而修建的烈士纪念设施；

（三）为纪念为中国革命斗争牺牲的知名国际友人而修建的纪念设施；

（四）位于革命老区、少数民族地区的规模较大的烈士纪念设施。

省级以下各级烈士纪念设施，根据其纪念意义和建设规模，分别确定为省级、设区的市级、县级烈士纪念设施。

第七条 确定国家级烈士纪念设施，由民政部报国务院批准后公布。确定地方各级烈士纪念设施，由民政部门报本级人民政府批准后公布，并报上一级人民政府民政部门备案。

第八条 烈士纪念设施保护单位的上级主管部门应当提出划定保护范围的方案，报同级人民政府批准和公布。

对属于文物的烈士纪念设施，应当按照文物保护法律法规划定保护范围和建设控制地带。

县级以上烈士纪念设施应当设立保护标志。烈士纪念设施保护标志式样由民政部统一制定。

第九条 烈士纪念设施保护单位应当办理烈士纪念设施土地使用权属文件。

第十条 改建、扩建烈士纪念设施，应当经原批准等级的人民政府民政部门同意，并纳入建设项目管理。

第十一条 未经批准，不得迁移烈士纪念设施。

因重大建设工程确需迁移地方各级烈士纪念设施的，须经原批准等级的人民政府同意，并报上一级人民政府的民政部门备案。

迁移国家级烈士纪念设施的，应当由所在地省级人民政府报国务院批准。

第十二条 烈士纪念设施应当纳入城乡建设规划，绿化美化环境，实现园林化，使烈士纪念设施形成庄严、肃穆、优美的环境和气氛，为社会提供良好的瞻仰和教育场所。

第十三条 各级烈士纪念设施保护单位应当根据人民政府安排，开展烈士史料征集研究、事迹编纂和陈列展示工作，组织烈士纪念活动，宣传烈士的英雄事迹、献身精神和高尚品质。

烈士纪念设施保护单位应当充分发挥红色资源优势，具备条件的列入红色旅游发展规划，发挥爱国主义教育基地作用。

烈士纪念设施保护单位应当配备具备资质的讲解员。

第十四条 烈士纪念设施保护单位应当健全瞻仰凭吊服务、岗位责任、安全管理等内部制度和工作规范，对本单位工作人员定期进行职业教育和业务培训。

第十五条 任何单位或者个人不得侵占烈士纪念设施保护范围内的土地和设施。禁止在烈士纪念设施保护范围内进行其他工程建设。

任何单位或者个人不得在烈士纪念设施保护范围内为烈士以外的其他人修建纪念设施或者安放骨灰、埋葬遗体。

在烈士纪念设施保护范围内不得从事与纪念烈士无关的活动。

第十六条 未经批准迁移烈士纪念设施，非法侵占烈士纪念设施保护范围内的土地、设施，破坏、污损烈士纪念设施，或者在烈士纪念设施保护范围内为烈士以外其他人修建纪念设施、安放骨灰、遗体的，由烈士纪念设施保护单位的上级主管部门责令改正，恢复原状、原貌；造成损失的，依法承担赔偿责任；构成犯罪的，依法追究刑事责任。

第十七条 烈士纪念设施保护单位的工作人员玩忽职守、徇私舞弊，造成烈士纪念设施、烈士史料或者遗物遭受损失的，依法给予处分；构成犯罪的，依法追究刑事责任。

第十八条 本办法自2013年6月28日起施行。1995年7月20日民政部发布的《革命烈士纪念建筑物管理保护办法》同时废止。

境外烈士纪念设施保护管理办法

（2020年2月1日退役军人事务部、外交部、财政部、中央军委政治工作部令第2号公布　自2020年4月1日起施行）

第一条 为了传承和弘扬烈士精神，加强境外烈士纪念设施保护管理，彰显我国良好国家形象，根据《中华人民共和国英雄烈士保护法》、《烈士褒扬条例》和国家有关规定，制定本办法。

第二条 本办法所称境外烈士纪念设施，是指在中华人民共和国境外为纪念中国烈士修建的烈士陵园、纪念堂馆、纪念碑亭、纪念塔祠、纪念塑像、烈士骨灰堂、烈士墓等设施。

第三条 境外烈士纪念设施保护管理领导小组统筹协调

境外烈士纪念设施保护管理工作。

境外烈士纪念设施保护管理领导小组由退役军人事务部会同外交部、财政部、中央军委政治工作部等部门组成。退役军人事务部负责领导小组日常事务，驻外使领馆协助处理有关具体工作。

第四条 境外烈士纪念设施保护管理应当尊重历史、结合现实，根据纪念设施现状、所在国情况以及双边关系，经与所在国政府有关部门协商，通过签署双边合作协议等方式，明确保护管理具体事项。

第五条 境外烈士纪念设施保护管理工作包括下列事项：

（一）调查核实烈士纪念设施，查找、收集烈士遗骸、遗物；

（二）修缮保护、新建迁建烈士纪念设施；

（三）负责烈士纪念设施日常维护管理；

（四）搜集、整理、编纂、陈列、展示、保管烈士事迹和遗物史料；

（五）组织开展烈士祭扫和宣传纪念活动；

（六）其他相关事项。

第六条 境外烈士纪念设施保护管理工作所需经费，由中央财政安排，列入部门预算。

第七条 境外烈士纪念设施保护管理领导小组应当掌握境外烈士纪念设施基本情况并建立档案。

退役军人事务部、烈士生前所在工作单位或其主管部门应当根据历史线索和资料，调查核实境外烈士纪念设施，搜寻查找烈士遗骸，驻外使领馆提供协助。

第八条 境外烈士纪念设施一般就地修缮保护。对于散落在境外的烈士墓，可以依托当地现有境外烈士纪念设施集中保护管理。

第九条 具有重大历史意义、确需新建境外烈士纪念设施的，以及因修缮保护需要或者因所在国建设规划等原因确需迁建境外烈士纪念设施的，应当按照有关规定经批准后实施。

第十条 境外烈士纪念设施保护管理领导小组应当与所在国政府有关部门协商划定境外烈士纪念设施保护范围，明确不得侵占保护范围内的土地和设施，不得单方面拆除、变更、迁移纪念设施，在保护范围内不得从事与纪念烈士无关的活动。

第十一条 境外烈士纪念设施保护管理领导小组与所在国政府有关部门协商确定境外烈士纪念设施管理方式，驻外使领馆可以根据纪念设施现状、所在国情况提出建议。

确定由所在国政府负责管理的，境外烈士纪念设施保护管理领导小组应当协调所在国政府有关部门指定专门机构进行管理。

确定由我国政府负责管理的，由境外烈士纪念设施保护管理领导小组或授权驻外使领馆通过签署委托协议的方式，委托中资企业（机构）、所在国华侨华人友好社团等进行管理，也可以委托所在国华侨华人进行管理。

第十二条 各有关部门和单位应当开展烈士史料收集整理、事迹编纂和陈列展示工作，宣传烈士英雄事迹，褒扬英烈风范，加深我国同所在国的友谊。

烈士史料等属于文物的，依照有关法律法规的规定予以保护。

第十三条 在烈士纪念日、清明节或者其他重要纪念日期间，驻外使领馆应当结合所在国情况组织烈士公祭活动。

烈士公祭活动可以根据实际情况邀请所在国政府、中资企业（机构）、华侨华人和社会各界代表参加。

第十四条 驻外使领馆可以结合实际，为赴所在国祭扫的烈士家属提供协助，引导赴所在国参观访问的我国代表团、旅游者及旅居所在国我国侨民、留学生前往境外烈士纪念设施瞻仰祭扫。

烈士纪念活动应当庄严、肃穆，符合我国祭扫习惯和境外烈士纪念设施所在国习俗。

第十五条 驻外使领馆应当敦促境外烈士纪念设施管理机构或者人员对在境外烈士纪念设施举行的各项祭扫纪念活动进行登记。

第十六条 驻外使领馆应当敦促境外烈士纪念设施管理机构或者人员做好纪念设施保护范围内的设施维护、安全保卫、绿化美化、环境卫生等工作。

第十七条 侵占境外烈士纪念设施保护范围内土地、设施，破坏、污损境外烈士纪念设施，在保护范围内从事与纪念活动无关的活动的，驻外使领馆应当敦促境外烈士纪念设施管理机构或者人员及时制止。情节严重、造成损害后果的，驻外使领馆应当通过外交途径向所在国政府提出交涉，敦促其严肃处理；涉及已返回境内中国公民的，驻外使领馆应当敦促所在国相关部门将相关材料移交境外烈士纪念设施保护管理领导小组，由有关部门依法处理。

第十八条 我国在境外的其他因公牺牲人员纪念设施保护管理工作，参照本办法执行。

第十九条 香港特别行政区、澳门特别行政区和台湾地区烈士纪念设施的保护管理，参照国家有关规定执行。

第二十条 本办法自2020年4月1日起施行。

应邀以退役军人身份参加大型活动着装办法（试行）

（2019年9月24日 退役军人部发〔2019〕58号）

第一条 为了指导应邀以退役军人身份参加大型活动着装行为，褒扬彰显退役军人为国家和人民牺牲奉献的精神风范和价值导向，激励广大退役军人积极参加新时代中国特色社会主义建设，在全社会营造支持国防和军队建设的浓厚氛围，根据国家有关规定，制定本办法。

第二条 应邀以退役军人身份参加大型活动时，按照活动组织单位要求，可着按军队规定个人留存的服役期间装备的制式服装（以下简称服役期间的军装）、现工作岗位制式服装、正装（或少数民族盛装），在胸前适当位置佩戴服役期间和退出现役后荣获的勋章、奖章、纪念章等徽章。

第三条 应邀以退役军人身份参加下列活动时，可以按照活动组织单位的要求，着服役期间的军装：

（一）党中央、国务院、中央军委组织的建党、建军、国庆和纪念抗日战争胜利等重大纪念、庆典活动；

（二）党、国家和军队相关部门以及县级以上党委和政府及驻地军事机关开展的面向退役军人的表彰奖励、典型宣传活动；

（三）县级以上党委和政府及驻地军事机关为纪念重大历史事件、重要历史人物，国家法定节日、纪念日等举行的庆典、集会活动；

（四）县级以上党委和政府及驻地军事机关组织或批准开展的国防教育、英烈祭扫纪念活动；

（五）县级以上党委和政府及驻地军事机关批准允许着服役期间军装的其他活动和场合。

第四条 应邀以退役军人身份参加大型活动，允许着服役期间的军装时，通常着常服或礼服。

第五条 退役军人着服役期间的军装时，应按规定配套穿着，不同制式、不同季节款式不得混穿。2名以上退役军人同时参加活动时，军装的季节款式要保持一致。

第六条 军队离休退休干部应邀参加重大庆典和重大政治活动时的着装要求，按照有关规定执行。

第七条 应邀以退役军人身份参加党、国家和军队组织的外事活动时的着装要求，由主办单位商外事部门确定。

第八条 退役军人着服役期间的军装、现工作岗位制式服装、正装（或少数民族盛装）时，可以佩戴下列勋章、奖章、纪念章：

（一）共和国勋章、七一勋章和八一勋章，党、国家、军队按规定设立的其他勋章；

（二）国家荣誉称号奖章和党中央、国务院、中央军委单独或者联合授予荣誉称号的奖章；

（三）党中央、国务院、中央军委单独或者联合颁发的国家级表彰奖励奖章；

（四）党中央、国务院、中央军委单独或者联合颁发的纪念章；

（五）中央军委授权大单位、中央军委机关部门授予的荣誉称号奖章，各地区各部门颁发的省部级表彰奖励奖章以及纪念章；

（六）在军队服役期间获得的一等功、二等功、三等功奖章和其他表彰奖励奖章、纪念章。

第九条 勋章、奖章、纪念章颁授时，一般采用领绶形式挂颈佩戴，其他场合一般采用襟绶形式在胸前佩戴。在颁授现场，获得者如果佩戴原有的勋章、奖章、纪念章，应当按照规定顺序采用襟绶形式佩戴，原有勋章、奖章、纪念章不能采用襟绶形式佩戴的，一般不在颁授现场佩戴。

采用襟绶形式佩戴时，佩戴顺序应当符合下列规定：

（一）本办法规定的勋章、奖章、纪念章应当佩戴于左侧胸前，按照勋章和国家荣誉称号奖章、其他荣誉称号奖章、表彰奖励奖章、纪念章的顺序自上而下佩戴；

（二）同时佩戴多枚勋章时，共和国勋章一般单独位于左侧胸前最上部，七一勋章、八一勋章和党、国家、军队设立的其他勋章以及国家荣誉称号奖章佩戴于共和国勋章下的同一排内，并且按照上述顺序由佩戴者身体内侧向外侧佩戴（见图 1）；

图 1

图 2

图 3

（三）佩戴 2 枚勋章或者国家荣誉称号奖章，可以不分类别同时佩戴于同一排内，并且位于左侧胸前最上部（见图 2）；

（四）佩戴 1 枚勋章或者国家荣誉称号奖章，应当位于左侧胸前最上部（见图 3）；

（五）党中央、国务院、中央军委单独或者联合授予的荣誉称号奖章佩戴于勋章和国家荣誉称号奖章之下，按照联合授予、党中央单独授予、国务院单独授予、中央军委单独授予的顺序由佩戴者身体内侧向外侧佩戴；

（六）表彰奖励奖章和纪念章可以佩戴于同一排内，并位于荣誉称号奖章之下，按照国家级表彰奖励奖章，党中央、国务院、中央军委颁发的纪念章，中央军委授权大单位、中央军委机关部门授予的荣誉称号奖章，各地区各部门颁发的省部级表彰奖励奖章、纪念章，在军队服役期间获得的一等功、二等功、三等功奖章和其他表彰奖励奖章、纪念章的顺序由佩戴者身体内侧向外侧佩戴；

（七）同一排各枚章体最上部应当保持平齐，位于胸前上部恰当位置，不得低于腰部。

第十条 左侧胸前同时佩戴我国颁发的勋章、奖章、纪念章时，一般不超过 4 排，每排不超过 3 枚（见图 4）；只佩戴奖章（不含国家荣誉称号奖章）和纪念章时，一般不超过 3 排，每排不超过 3 枚（见图 5）；

图4

图5

图6

右侧胸前可以佩戴其他国家、地区或者国际组织以及民间组织等颁发的勋章、奖章、纪念章，佩戴位置应当低于左侧胸前佩戴的勋章和国家荣誉称号奖章，数量不得超过左侧胸前的佩戴数量（见图6）；

参加全国性授勋授奖、庆典纪念等活动，应当优先佩戴国家级表彰奖励以上等级的勋章、奖章或者党中央、国务院、中央军委颁发的纪念章。

第十一条 退役军人着服役期间的军装、现工作岗位制式服装、正装（或少数民族盛装）时，应当做到仪容端庄，举止得体。

第十二条 应邀以退役军人身份参加大型活动时，应当随身携带能够证明其身份的证件和活动邀请函。

第十三条 其他国家机关、人民团体、乡村、社区、学校、企业事业单位举办庆典、纪念、国防教育等活动，邀请退役军人参加时的着装行为参照此办法执行。

第十四条 本办法适用于依法退出现役的军人（不含服役期间被开除军籍的人员和被除名的义务兵）。

《烈士光荣证》管理工作暂行规定

（2021年11月10日 退役军人部发〔2021〕66号）

第一章 总 则

第一条 为规范《烈士光荣证》管理，维护烈士称号荣誉性、严肃性，在全社会广泛营造尊崇英烈、关爱烈属的浓厚氛围，根据《中华人民共和国英雄烈士保护法》、《烈士褒扬条例》等制定本规定。

第二条 本规定所称《烈士光荣证》，是党和国家向烈士遗属颁授的烈士光荣纪念证书，是纪念缅怀烈士、彰显烈士崇高荣誉、传承弘扬英烈精神的荣誉载体和象征。

《烈士光荣证》不作为享受相关待遇的凭证。

第三条 退役军人事务部建立《烈士光荣证》制作和发送等烈士证书管理档案；地方各级人民政府退役军人事务部门应当建立《烈士光荣证》发放、补发和持证烈士遗属信息登记、变更等烈士证书管理档案。

烈士证书管理档案是烈士档案的一部分，保管期限为永久。

第四条 《烈士光荣证》管理工作坚持统一领导、分级实施，依法管理、以人为本，体现尊崇、彰显荣誉的原则。

第二章 制 作

第五条 公民在保卫祖国和社会主义建设事业中牺牲，在2018年5月1日后评定为烈士并完成备案的，制作发放《烈士光荣证》。

第六条 退役军人事务部负责印制《烈士光荣证》，并发送给持证烈士遗属户籍所在地省级人民政府退役军人事务部门。

第七条 《烈士光荣证》为横版设计，证芯图案由红旗、国徽、金色花环边框、两侧华表组成，信息内容由文头、正文、落款、证书编号组成。

《烈士光荣证》有存放版和悬挂版两种版式，存放版配装镶嵌国徽的封面外夹，悬挂版配装红木色边框。

第八条 《烈士光荣证》登记内容包括烈士姓名、牺牲时间、牺牲原因和证书编号、制发日期。

烈士姓名以烈士生前身份证件登记姓名为准；没有身份证件的，以历史档案资料记载姓名为准。

烈士牺牲时间以死亡证明或人民法院宣告死亡确定的日期为准；没有上述时间的，以历史档案资料记载的牺牲时间为准。

烈士牺牲原因按照《烈士褒扬条例》、《军人抚恤优待条例》等规定的牺牲情形填写；2011 年 8 月 1 日前牺牲的，按当时相关政策规定的牺牲情形填写。

证书编号由汉字和 10 位数字组成。编制标准为前冠汉字“国烈”，第 1 至 4 位数字为烈士备案完成年份号，第 5 至 10 位为顺序码，以评定时间为序，评定时间相同的按姓氏笔画排序。

制发日期使用阿拉伯数字，填写烈士证书实际制作日期。

第三章 颁 授

第九条 《烈士光荣证》由持证烈士遗属户籍所在地县级以上人民政府在每年 9 月 30 日烈士纪念日举行仪式颁授。

《烈士光荣证》颁授仪式一般公开举行，组织颁授仪式的县级以上人民政府退役军人事务部门制定工作方案，报请同级人民政府批准后实施；对不宜公开的烈士，颁授仪式可以单独组织，具体方式由组织颁授仪式的县级以上人民政府退役军人事务部门会同烈士生前所在单位和烈士遗属协商确定。

第十条 《烈士光荣证》由烈士遗属协商确定一名遗属持有，并书面告知持证烈士遗属户籍所在地县级人民政府退役军人事务部门；持证烈士遗属为现役军人且无户籍的，书面告知其经常居住地县级人民政府退役军人事务部门。

协商确定持证烈士遗属按照下列顺序：第一顺序为烈士的父母（抚养人）、配偶、子女；第二顺序为烈士的兄弟姐妹。协商不通的，按照下列顺序确定一名持证烈士遗属：（一）父母（抚养人）；（二）配偶；（三）子女，有多个子女的发给长子女；（四）兄弟姐妹，有多个兄弟姐妹的发给其中的年长者。无上述亲属的，《烈士光荣证》由烈士评定机关存档管理。

第十一条 《烈士光荣证》一般由持证烈士遗属本人领取；持证烈士遗属本人领取有困难的，也可由组织颁授仪式的退役军人事务部门根据持证烈士遗属意愿另行确定参加颁授仪式的领取代表。

持证烈士遗属经常居住地与户籍所在地不一致的，可以在8月31日前向户籍所在地县级人民政府退役军人事务部门申请在经常居住地参加颁授仪式。收到申请的县级人民政府退役军人事务部门应当与其经常居住地县级人民政府退役军人事务部门协调，在收到申请后10日内通知本人办理意见。

第十二条 颁授仪式工作方案应明确具体时间、地点、参加人员、着装要求、颁授程序和仪式的主持人、宣读人、颁授人等内容。

第十三条 颁授仪式应当在具备条件的广场、会场或者烈士纪念设施举行，可以与烈士纪念日公祭活动统筹组织。

第十四条 颁授仪式应当庄严、肃穆、隆重、节俭，现场显著位置悬挂或摆放仪式标识，摆放鲜花或花篮。

参加颁授仪式的人员应当着装得体，言行庄重。

第十五条 颁授仪式一般由组织仪式的县级以上人民政府退役军人事务部门负责人主持，县级以上人民政府负责人颁授《烈士光荣证》。

第十六条 举行颁授仪式时应当邀请烈士遗属代表、烈士生前所在单位干部职工代表、学校师生代表、退役军人代表、公安民警代表、国家综合性消防救援队伍指战员代表和社会各界群众代表参加，有条件的可以邀请解放军或武警部队官兵代表参加。

第十七条 《烈士光荣证》颁授仪式一般按照以下程序进行：

（一）礼兵就位；

（二）礼迎烈士遗属；

（三）宣布仪式开始，奏唱《中华人民共和国国歌》；

（四）宣读烈士评定决定；

（五）向烈士默哀；

（六）颁授《烈士光荣证》；

（七）少先队员向烈士遗属代表献花；

（八）礼送烈士遗属；

（九）宣布颁授仪式结束。

第四章　持证烈士遗属变更

第十八条　持证烈士遗属确定后原则上不再变更。持证烈士遗属死亡的，符合本规定第十条规定条件的其他烈士遗属可以向本人户籍所在地县级人民政府退役军人事务部门申请变更；申请人为现役军人且无户籍的，可以向其经常居住地县级人民政府退役军人事务部门申请。

第十九条　申请变更持证烈士遗属，应当提交以下材料：书面申请（包括烈士信息、原持证烈士遗属信息、与烈士的关系和申请理由等），申请人身份证件复印件、原持证烈士遗属死亡证明等，有其他符合持证烈士遗属条件的，还需提供协商一致的变更协议。

第二十条　县级人民政府退役军人事务部门应当对申请材料进行审查，对于材料不齐备或者不符合法定形式的，应当告知申请人补正材料；烈士遗属中无符合持证条件的，应当告知申请人不予变更，《烈士光荣证》可以由烈士后人自行协商，妥善保管。

第二十一条　县级人民政府退役军人事务部门对报送的材料初审后，认为符合变更条件的，应当提出变更意见，通过全国褒扬纪念信息管理系统逐级上报省级人民政府退役军人事务部门审核；不符合变更条件的，告知申请人理由。

第二十二条 省级人民政府退役军人事务部门应当对报送的材料进行审核，对符合变更条件的，在全国褒扬纪念信息管理系统内审核通过；不符合变更条件的，予以驳回。

申请人与原持证烈士遗属户籍所在地不属同一省份的，应当征求原持证烈士遗属户籍所在地省级人民政府退役军人事务部门意见。原持证烈士遗属户籍所在地省级人民政府退役军人事务部门应当及时核查，认为可以变更的，予以确认；认为不能变更的，应当不同意并告知理由。

第五章 证件补发

第二十三条 持证烈士遗属应当珍惜爱护、妥善保管《烈士光荣证》。因不可抗力或非持证烈士遗属主要责任等原因导致《烈士光荣证》灭失或遗失的，持证烈士遗属可以向本人户籍所在地县级人民政府退役军人事务部门申请补发。

第二十四条 申请补发《烈士光荣证》，应当提交以下材料：书面申请（包括烈士信息、持证烈士遗属信息、与烈士的关系和申请理由等），申请人身份证件复印件，登报遗失声明等。

第二十五条 县级人民政府退役军人事务部门对报送的材料初审后，认为符合补发条件的，应当提出补发意见，通过全国褒扬纪念信息管理系统逐级上报退役军人事务部审核；

不符合补发条件的，驳回申请并告知申请人理由。

第二十六条　退役军人事务部对报送的材料进行审核。符合补发条件的，予以补发，证书登记内容保持不变，制发日期填写补发日期；不符合补发条件的，予以驳回。

补发的《烈士光荣证》由持证烈士遗属户籍所在地县级人民政府退役军人事务部门及时送达持证烈士遗属。

第六章　监督管理

第二十七条　任何组织和个人不得仿制、伪造、变造、买卖、出租《烈士光荣证》，不得将《烈士光荣证》用于商业广告、制作商标或者其他商业性用途，不得用于娱乐活动，不得进行丑化、玷污、破坏《烈士光荣证》的活动。

各级人民政府退役军人事务部门发现前款不当行为的，应当会同相关部门依法及时处置。

第二十八条　各级人民政府退役军人事务部门应当会同有关部门加强对《烈士光荣证》管理，接受社会监督。相关单位和工作人员有下列情形之一的，上级人民政府退役军人事务部门应当责令改正，并视情节轻重依法追究责任：

（一）为不符合条件的对象制作发放《烈士光荣证》的；

（二）违反规定办理《烈士光荣证》持证烈士遗属变更的；

（三）违反规定补发《烈士光荣证》的；

（四）不履行法定职责并造成社会不良影响的；

（五）利用职务便利谋取私利的。

第二十九条 违反规定发放或补发的《烈士光荣证》，由持证烈士遗属户籍所在地县级人民政府退役军人事务部门依法收回，逐级交回退役军人事务部。

违反规定变更持证烈士遗属的，由受理持证烈士遗属变更申请的县级人民政府退役军人事务部门进行纠正，按照本规定第四章持证烈士遗属变更程序，逐级上报省级人民政府退役军人事务部门审核批准。

第七章 附 则

第三十条 各级人民政府退役军人事务部门在办理变更持证烈士遗属或补发烈士证书事项时，一般应当在15日内完成本级需要办理的事项。情况复杂的，经本级退役军人事务部门负责人批准，可适当延长办理期限。

第三十一条 烈士遗属中无中国境内公民的，烈士证书由烈士生前户籍所在地县级人民政府退役军人事务部门管理。

第三十二条 《烈士证明书》与《烈士光荣证》具有同等法律效力，参照本规定管理。《烈士证明书》需要补发的，按照本规定程序补发《烈士证明书》。

第三十三条 本规定自发布之日起施行。过去有关烈士证书管理规定与本规定不一致的，以本规定为准。

为烈属、军属和退役军人等家庭悬挂光荣牌工作实施办法

（2018 年 7 月 29 日　国办发〔2018〕72 号）

第一条　为做好悬挂光荣牌工作，弘扬拥军优属优良传统，营造爱国拥军、尊崇军人的浓厚社会氛围，推进军人荣誉体系建设，依据《烈士褒扬条例》、《军人抚恤优待条例》等有关法规政策，制定本办法。

第二条　本办法的适用对象是烈士遗属、因公牺牲军人遗属、病故军人遗属（以下统称“三属”）家庭和中国人民解放军现役军人（以下简称现役军人）家庭、退役军人家庭。

主动为持《中华人民共和国烈士证明书》、《中华人民共和国军人因公牺牲证明书》、《中华人民共和国军人病故证明书》的“三属”家庭和现役军人家庭、退役军人家庭悬挂光荣牌。对于非持证的烈士、因公牺牲军人、病故军人的父母（抚养人）、配偶和子女家庭，依申请悬挂光荣牌。

同时具备两个以上悬挂光荣牌条件的家庭，只悬挂一个光荣牌。

第三条　光荣牌称号统一为“光荣之家”。

第四条 悬挂光荣牌工作坚持彰显荣誉、规范有序、分级负责、属地落实的原则。

第五条 退役军人事务部统一设计和规范光荣牌的样式、监督光荣牌制作，光荣牌落款为省（自治区、直辖市）人民政府、新疆生产建设兵团。

省级人民政府退役军人事务主管部门负责本省份光荣牌的统一制作。

县级人民政府退役军人事务主管部门会同当地人民武装部门组织落实本行政区域内光荣牌的具体悬挂工作。

第六条 光荣牌的悬挂位置应尊重悬挂家庭的意愿，一般悬挂在其大门适当位置，保证醒目、协调、庄严、得体。

因建筑结构、材质等因素不适合悬挂的，可在客厅醒目位置摆放。

第七条 悬挂光荣牌的对象居住地或户籍所在地改变，或发生光荣牌老化破损等情形，可申请更换光荣牌。

现役军人退出现役或去世后，其家庭继续悬挂光荣牌。

悬挂光荣牌家庭的“三属”或退役军人去世后，该家庭可继续悬挂光荣牌，但不再更换。

第八条 悬挂、更换光荣牌工作原则上于每年建军节或春节前进行。

集中悬挂或更换光荣牌时，村（居）民委员会或社区应举行悬挂仪式，安排专人负责安装悬挂。悬挂仪式应简朴、庄重、热烈。

第九条 悬挂光荣牌对象及其家庭成员依法被判处刑事处罚或被公安机关处以治安管理处罚且产生恶劣影响的，现役军人被除名、开除军籍的，取消其家庭悬挂光荣牌资格，已悬挂的由县级人民政府退役军人事务主管部门负责收回。

被公安机关处以治安管理处罚后能够主动改正错误、积极消除负面影响的，经县级人民政府退役军人事务主管部门审核同意，可以恢复悬挂光荣牌。

第十条 省级人民政府退役军人事务主管部门要加强对悬挂光荣牌工作的指导和检查督促，对工作不及时、不到位的，要责令限期整改。退役军人事务部会同军地有关部门定期组织抽查，并通报情况。

第十一条 悬挂光荣牌工作列入全国和省级双拥模范城（县）创建考评内容，作为创建双拥模范城（县）的重要条件。

第十二条 县级人民政府退役军人事务主管部门要建立健全悬挂光荣牌工作建档立卡制度，汇总相关信息和统计数据，及时录入全国优抚信息管理系统，加强信息数据管理。

第十三条 各地区应结合悬挂光荣牌工作和本地实际，视情开展送年画春联、走访慰问和为立功现役军人家庭送立功喜报等活动。

第十四条 本办法适用于中国人民武装警察部队官兵家庭。

第十五条 本办法由退役军人事务部负责解释。

第十六条 本办法自印发之日起施行。本办法实施前已悬挂的光荣牌，原则上继续保留，需要更换时按照本办法办理。

附件

光荣牌设计和技术标准

光荣牌（式样图附后）材质为钛金牌，底色为金黄色、沙底镀金；规格为280毫米×135毫米，厚度1毫米；“光荣之家”字样为红色套亮金边，方正魏碑简体132号字，四个字规格为202毫米×43毫米，距上边31毫米，左右居中；“×××人民政府”字样为方正宋体黑色32号简体字，规格为82毫米×11毫米，距下边29毫米，距右边32毫米；左下角配长城图案、亮金色，规格为155毫米×36毫米，距下边15毫米，距左边16毫米；红色花边宽4毫米，距边缘10毫米，花边内线粗0.7毫米，花边外线粗1毫米。右下花边内“退役军人事务部监制”字样为方正宋体黑色20号字，规格为73毫米×6.8毫米，距下边16.5毫米，与“×××人民政府”右端对齐。

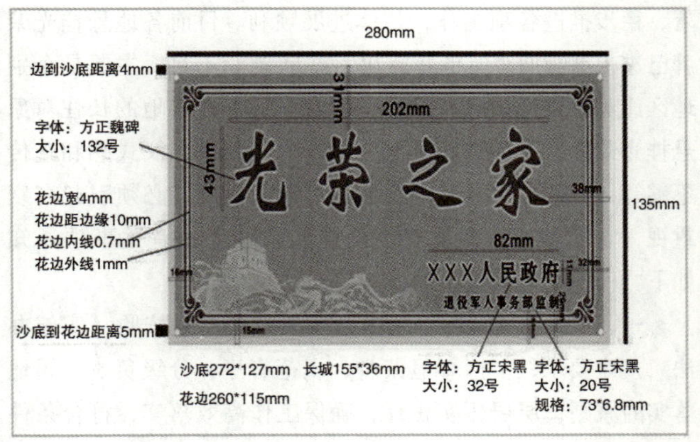

退役军人事务部关于规范为烈属、军属和退役军人等家庭悬挂光荣牌工作的通知

（2019 年 4 月 4 日）

各省、自治区、直辖市退役军人事务厅（局），新疆生产建设兵团退役军人事务局：

《为烈属、军属和退役军人等家庭悬挂光荣牌工作实施办法》（以下简称《实施办法》）印发以来，各地按照国务院部署，稳步推进各项工作，整体进展顺利。目前各地悬挂光荣牌已进入高峰期，但也暴露出一些问题和不足，主要是个别地区让对象自行领取光荣牌、不为户籍不在本地的长住对象悬挂光荣牌、不悬挂全国统一样式的光荣牌、仪式感和宣传不够等，严重影响了工作效果和对象满意度，必须引起高度重视，立即整改。现就规范悬挂光荣牌工作有关事项通知如下。

一、严肃落实政策，切实压实责任。严格按照《实施办法》规定要求，坚持彰显荣誉、规范有序、分级负责、属地落实的原则，层层压实责任，确保工作高效落实，符合条件的对象应挂尽挂。自《实施办法》印发之日起，现役军人退出现役或去世后，给其家庭继续悬挂，烈士、因公牺牲军人、病故军人遗属或退役军人去世后，不再为其家庭重新悬挂或更换光荣牌。要以对象户籍所在地为悬挂主要依据，对象户籍所在地或居住地改变，按照其申请悬挂或更换光荣牌，不能简单地以户籍不在当地为理由拒绝、推诿。各省份退役军人事务厅（局）要加强督促检查，发现问题严格问责、严肃处理，绝不迁就姑息。

二、注重悬挂仪式，充分体现尊崇。认真落实《实施办法》和《关于做好为烈属、军属和退役军人等家庭悬挂光荣牌工作的通知》（退役军人部函〔2019〕5号）相关要求，切实注重和突出悬挂光荣牌的仪式感。要结合本地实际，精心组织举行集中悬挂仪式，做到既简朴、庄重，又热情、热烈。

要尊重对象意愿选择悬挂或摆放方式，需要悬挂的必须安排专人负责悬挂到位，坚决杜绝出现让悬挂对象自行领取光荣牌的现象，真正把好事办好、实事做实，把党和政府的关心关爱送达每位对象的心坎上。

三、及时建档立卡，实施动态管理。要建立健全悬挂光荣牌工作建档立卡制度，结合退役军人和其他优抚对象信息采集工作，依托全国优抚信息管理系统及时建立完善的电子台账。电子台账应包括悬挂光荣牌家庭户主的基本信息、人员类别、户籍所在地、现长住地、悬挂时间、悬挂方式和变动情况等信息项目。要实施动态管理和定期更新，在今年 5 月 1 日前完成悬挂光荣牌任务的同时，高标准落实建档立卡工作，切实做到悬挂情况清楚明晰，悬挂对象信息档案齐全规范。同时，加强和当地人民武装部等部门的联系沟通，结合新兵入伍、老兵退役等情况，及时更新信息数据，切实实现定期更新、动态管理，形成长效工作机制。

四、加强集中宣传，营造浓厚氛围。借助各种媒介、采取多种方式，加强对悬挂光荣牌工作的宣传报道，既要报道工作进展，让对象知道何时能够挂上光荣牌，也要报道工作成效、宣传国家优抚政策，在全社会营造尊重退役军人、尊崇现役军人的浓厚氛围。要注意收集各级在开展悬挂光荣牌、退役军人和其他优抚对象信息采集工作中的先进经验做法和事迹等信息，包括图片、视频、典型故事等，以便后期宣传和资料存档。相关信息请于 4 月 30 日前以光盘形式报送我部。

光荣牌悬挂服务管理工作规定（试行）

（2019年8月23日　退役军人事务部）

第一章　总　　则

第一条　为规范光荣牌的悬挂和服务管理，维护光荣牌的荣誉性、庄重性，更好发挥光荣牌的荣誉激励作用，依据国务院办公厅印发的《为烈属、军属和退役军人等家庭悬挂光荣牌工作实施办法》有关要求，制订本规定。

第二条　本规定所称光荣牌是指由省级人民政府退役军人事务部门按照国家规定的样式统一制作的“光荣之家”标识牌。

第三条　光荣牌是褒扬为国家、国防和人民牺牲奉献的荣誉载体和象征，应当得到尊重和爱护。

第四条　本规定所称的悬挂服务管理工作，包括光荣牌的制作、新发、补发、更换、收回、取消和恢复悬挂。

第五条　光荣牌悬挂和服务管理工作坚持彰显荣誉、规范有序、庄重严肃、分级负责、属地落实的原则。

第六条　退役军人事务部统一设计和规范光荣牌的样式、监督光荣牌制作，指导督促全国光荣牌悬挂和服务管理工作。

省级人民政府退役军人事务部门负责本省份光荣牌的统一制作，指导督促悬挂和服务管理工作。地（市）级人民政府退役军人事务部门负责本行政区域内光荣牌悬挂和服务管理工作的指导、监督。县级人民政府退役军人事务部门会同当地人民武装部门组织落实本行政区域内光荣牌的具体悬挂和服务管理工作。

退役军人服务中心（站）承担光荣牌悬挂和服务管理具体事务性工作。

第二章 悬挂范围

第七条 烈士遗属、因公牺牲军人遗属、病故军人遗属（以下简称“三属”）家庭和中国人民解放军现役军人（以下简称现役军人）家庭、退役军人家庭可以依照规定悬挂光荣牌。

同时具备两个以上（含两个）悬挂光荣牌条件的家庭，只悬挂一块光荣牌。

第八条 “三属”家庭是指《中华人民共和国烈士证明书》、《中华人民共和国军人因公牺牲证明书》、《中华人民共和国军人病故证明书》等证明书的持证人家庭（原则上以居民户口簿为准，下同），以及非持证的烈士、因公牺牲军人、病故军人的父母（抚养人）、配偶和子女家庭。

第九条 现役军人家庭是指现役军人本人的家庭。现役军人与父母（抚养人）分户居住的，也可为其父母（抚养人）家庭悬挂一块光荣牌；父母离异的，由现役军人决定在父方或者母方家庭悬挂。

第十条 退役军人家庭是指退役军人本人的家庭。

第十一条 光荣牌在对象家庭户籍所在地悬挂。悬挂对象户籍地与常住地不一致的，可尊重对象意愿悬挂。需跨省异地悬挂的，由悬挂对象凭常住证明（居住证或房产证）向户籍所在地县级人民政府退役军人事务部门提出申请，户籍所在地县级人民政府退役军人事务部门核实后开具协办信函。常住地县级人民政府退役军人事务部门核准后，由其常住地退役军人服务中心（站）为其悬挂常住地的光荣牌。

户籍所在地和常住地只能选择一处悬挂。常住地跨省变迁需要在新常住地悬挂光荣牌的，应当将已悬挂光荣牌上交原发放地县级人民政府退役军人事务部门，凭上交凭证重新向户籍所在地县级人民政府退役军人事务部门提出申请。

第三章 组织实施

第十二条 符合悬挂条件的新增对象，应当及时主动进行信息采集。县级人民政府退役军人事务部门按照相关规定和程序为其家庭悬挂光荣牌。

第十三条 集中悬挂、更换光荣牌工作原则上于每年建军节、春节前或者新兵入伍时进行。

集中悬挂或者更换光荣牌时，村（居）民委员会、社区、退役军人服务中心（站）应当举行悬挂仪式，安排专人负责安装悬挂。悬挂仪式应当简朴、庄重、热烈。

第十四条 光荣牌的悬挂位置应当尊重悬挂家庭的意愿，一般悬挂在其正门适当位置，保证醒目、协调、庄严、得体。

因建筑结构、材质等因素不适合悬挂的，可在室内醒目位置摆放。

第十五条 拟固定悬挂光荣牌家庭所居住的房屋所有权非本家庭成员所有的，对象家庭应当事先征得房屋所有权人的同意。

第十六条 光荣牌悬挂后，应当及时填写光荣牌悬挂登记表，由对象本人或者家庭成员签字确认。

光荣牌悬挂登记表由省级人民政府退役军人事务部门统一格式，内容包括家庭户主姓名、对象类别（军属所对应现役军人可公开的基本信息）、身份证号码、家庭地址、联系电话、挂牌时间、展示方式（悬挂或者摆放）、签收人（签字）、经办工作人员（签字）、备注等。

第十七条 各级退役军人事务部门应当指导督促退役军人服务中心（站），加强信息采集和数据比对核实，及时完善工作台账，落实建档立卡制度，加强信息数据管理。

第十八条 省级人民政府退役军人事务部门应当采用信息技术加强光荣牌的管理，逐步实现编码管理、一牌一码。

第十九条 悬挂对象应当珍视荣誉，做好光荣牌的保管、维护。

第二十条 光荣牌发生老化、破损等情形，悬挂对象可以提出更换申请，经县级人民政府退役军人事务部门核准后可以更换。更换新光荣牌前，应当上交旧光荣牌。县级人民政府退役军人事务部门负责集中销毁上交的旧光荣牌。

因非本人责任、无法抗拒或者无法预料等情形造成光荣牌遗失，可以申请补发，补发原则上不超过两次。

第二十一条 悬挂光荣牌家庭的“三属”或者现役军人、

退役军人去世后，该家庭可继续悬挂光荣牌，但不再更换。

第四章 生产制作及分发

第二十二条 光荣牌生产应当按照政府采购有关要求组织实施，光荣牌样式和质量应当符合国家统一规定的《光荣牌设计和技术标准》，退役军人事务部门应当采取随机抽检、委托专业检测机构进行质量检验等方法，确保产品质量。

第二十三条 光荣牌完成生产经检验合格后，应当加强运输和储存过程管理，储存场所应当满足防尘、防潮、防盗等条件，确保悬挂前无弯折、污损、丢失等。

第二十四条 光荣牌由县级人民政府退役军人事务部门发放，并建立领取、分发登记制度，确保收发准确清楚。

第二十五条 退役军人事务部门应当监督光荣牌生产厂家对不合格产品及时销毁，加强光荣牌运输和储存过程管理，严禁成品、半成品、不合格产品流入社会。

第五章 监督管理

第二十六条 光荣牌悬挂对象本人及其家庭成员有下列情形之一的，县级人民政府退役军人事务部门应当及时给予说服教育、督促纠正：

（一）利用光荣牌反映个人不合理诉求、谋取不当利益的；

（二）悬挂仿制的光荣牌的；

（三）故意污损、划刻、破坏光荣牌或者恶搞、玷污光荣牌形象的；

（四）将光荣牌出售、出租、转借或者用于从事营利性活动的；

（五）将光荣牌带出境的；

（六）有其他不当使用情形的。

第二十七条 悬挂对象及其家庭成员存在以下情形之一的，县级人民政府退役军人事务部门应当取消其家庭悬挂光荣牌资格，已经悬挂的，经县级人民政府退役军人事务部门批准，由乡镇（街道）、村（社区）退役军人服务站及时收回：

（一）现役军人被除名或者开除军籍的；

（二）应征入伍后被退兵处理的；

（三）悬挂对象及其家庭成员因犯罪被追究刑事责任的；

（四）悬挂对象本人被开除党籍或者被开除公职的；

（五）被公安机关处以治安管理处罚且产生恶劣影响的；

（六）被列入失信人员名单的；

（七）违反《信访条例》有关规定，挑头集访、闹访被劝阻、批评、教育仍不改正的；

（八）不珍惜光荣牌荣誉、违反社会公序良俗，以及第二十六条所列情形，进行教育纠正仍拒不改正的。

第二十八条 悬挂对象及其家庭成员出现第二十七条第五项、第六项、第七项、第八项行为被取消悬挂光荣牌资格后，能够主动改正错误并积极消除负面影响的，经县级人民政府退役军人事务部门核准，并报地（市）级人民政府退役军人事务部门备案，可以恢复光荣牌悬挂资格。由乡镇（街道）、村（社区）退役军人服务站上门恢复悬挂，不再举行悬挂仪式。

第二十九条 任何组织和个人不得买卖、出租光荣牌，不得仿制光荣牌，不得将光荣牌用于商业广告、制作商标或者其他商业性用途，不得将光荣牌用于娱乐活动，不得进行丑化、玷污、破坏光荣牌等有损光荣牌形象的活动。

退役军人事务部门发现不恰当使用光荣牌的行为，应当依法协同相关部门及时处置。

第三十条 退役军人事务部门以及相关单位的工作人员，在光荣牌悬挂和服务管理工作中应当积极主动、热情周到，对不履行职责并造成严重社会不良影响的，严格问责追责。

第三十一条 省级人民政府退役军人事务部门应当设立光荣牌悬挂服务管理监督电话，接受咨询和投诉，建立反馈办理台帐，方便社会和服务对象监督。

第六章 附 则

第三十二条 各级退役军人事务部门和相关单位为悬挂对象悬挂光荣牌，不得收取任何费用。

第三十三条 本规定所称家庭成员是指户籍家庭成员或者长期共同生活的家庭成员。

第三十四条 中国人民武装警察部队官兵家庭悬挂光荣牌适用于本规定。

第三十五条 本规定自印发之日起施行。

八、社会保险

◎ **重点法规提要**

· 中华人民共和国军人保险法

中华人民共和国军人保险法

（2012年4月27日第十一届全国人民代表大会常务委员会第二十六次会议通过 2012年4月27日中华人民共和国主席令第56号公布 自2012年7月1日起施行）

第一章 总 则

第一条 为了规范军人保险关系，维护军人合法权益，促进国防和军队建设，制定本法。

第二条 国家建立军人保险制度。

军人伤亡保险、退役养老保险、退役医疗保险和随军未就业的军人配偶保险的建立、缴费和转移接续等适用本法。

第三条 军人保险制度应当体现军人职业特点，与社会保险制度相衔接，与经济社会发展水平相适应。

国家根据社会保险制度的发展，适时补充完善军人保险制度。

第四条 国家促进军人保险事业的发展，为军人保险提供财政拨款和政策支持。

第五条 中国人民解放军军人保险主管部门负责全军的军人保险工作。国务院社会保险行政部门、财政部门和军队其他有关部门在各自职责范围内负责有关的军人保险工作。

军队后勤（联勤）机关财务部门负责承办军人保险登记、个人权益记录、军人保险待遇支付等工作。

军队后勤（联勤）机关财务部门和地方社会保险经办机构，按照各自职责办理军人保险与社会保险关系转移接续手续。

第六条 军人依法参加军人保险并享受相应的保险待遇。

军人有权查询、核对个人缴费记录和个人权益记录，要求军队后勤（联勤）机关财务部门和地方社会保险经办机构依法办理养老、医疗等保险关系转移接续手续，提供军人保险和社会保险咨询等相关服务。

第二章　军人伤亡保险

第七条 军人因战、因公死亡的，按照认定的死亡性质和相应的保险金标准，给付军人死亡保险金。

第八条 军人因战、因公、因病致残的，按照评定的残疾等级和相应的保险金标准，给付军人残疾保险金。

第九条 军人死亡和残疾的性质认定、残疾等级评定和相应的保险金标准，按照国家和军队有关规定执行。

第十条 军人因下列情形之一死亡或者致残的，不享受军人伤亡保险待遇：

（一）故意犯罪的；

（二）醉酒或者吸毒的；

（三）自残或者自杀的；

（四）法律、行政法规和军事法规规定的其他情形。

第十一条 已经评定残疾等级的因战、因公致残的军人退出现役参加工作后旧伤复发的，依法享受相应的工伤待遇。

第十二条 军人伤亡保险所需资金由国家承担，个人不缴纳保险费。

第三章 退役养老保险

第十三条 军人退出现役参加基本养老保险的，国家给予退役养老保险补助。

第十四条 军人退役养老保险补助标准，由中国人民解放军总后勤部会同国务院有关部门，按照国家规定的基本养老保险缴费标准、军人工资水平等因素拟订，报国务院、中央军事委员会批准。

第十五条 军人入伍前已经参加基本养老保险的，由地方社会保险经办机构和军队后勤（联勤）机关财务部门办理基本养老保险关系转移接续手续。

第十六条 军人退出现役后参加职工基本养老保险的，由军队后勤（联勤）机关财务部门将军人退役养老保险关系和相应资金转入地方社会保险经办机构，地方社会保险经办机构办理相应的转移接续手续。

军人服现役年限与入伍前和退出现役后参加职工基本养老保险的缴费年限合并计算。

第十七条 军人退出现役后参加新型农村社会养老保险

或者城镇居民社会养老保险的，按照国家有关规定办理转移接续手续。

第十八条 军人退出现役到公务员岗位或者参照公务员法管理的工作人员岗位的，以及现役军官、文职干部退出现役自主择业的，其养老保险办法按照国家有关规定执行。

第十九条 军人退出现役采取退休方式安置的，其养老办法按照国务院和中央军事委员会的有关规定执行。

第四章 退役医疗保险

第二十条 参加军人退役医疗保险的军官、文职干部和士官应当缴纳军人退役医疗保险费，国家按照个人缴纳的军人退役医疗保险费的同等数额给予补助。

义务兵和供给制学员不缴纳军人退役医疗保险费，国家按照规定的标准给予军人退役医疗保险补助。

第二十一条 军人退役医疗保险个人缴费标准和国家补助标准，由中国人民解放军总后勤部会同国务院有关部门，按照国家规定的缴费比例、军人工资水平等因素确定。

第二十二条 军人入伍前已经参加基本医疗保险的，由地方社会保险经办机构和军队后勤（联勤）机关财务部门办理基本医疗保险关系转移接续手续。

第二十三条 军人退出现役后参加职工基本医疗保险的，由军队后勤（联勤）机关财务部门将军人退役医疗保险关系和相应资金转入地方社会保险经办机构，地方社会保险经办机构办理相应的转移接续手续。

军人服现役年限视同职工基本医疗保险缴费年限，与入伍前和退出现役后参加职工基本医疗保险的缴费年限合并计算。

第二十四条 军人退出现役后参加新型农村合作医疗或者城镇居民基本医疗保险的，按照国家有关规定办理。

第五章 随军未就业的军人配偶保险

第二十五条 国家为随军未就业的军人配偶建立养老保险、医疗保险等。随军未就业的军人配偶参加保险，应当缴纳养老保险费和医疗保险费，国家给予相应的补助。

随军未就业的军人配偶保险个人缴费标准和国家补助标准，按照国家有关规定执行。

第二十六条 随军未就业的军人配偶随军前已经参加社会保险的，由地方社会保险经办机构和军队后勤（联勤）机关财务部门办理保险关系转移接续手续。

第二十七条 随军未就业的军人配偶实现就业或者军人退出现役时，由军队后勤（联勤）机关财务部门将其养老保险、医疗保险关系和相应资金转入地方社会保险经办机构，地方社会保险经办机构办理相应的转移接续手续。

军人配偶在随军未就业期间的养老保险、医疗保险缴费年限与其在地方参加职工基本养老保险、职工基本医疗保险的缴费年限合并计算。

第二十八条 随军未就业的军人配偶达到国家规定的退休年龄时，按照国家有关规定确定退休地，由军队后勤（联勤）机关财务部门将其养老保险关系和相应资金转入退休地社会保险经办机构，享受相应的基本养老保险待遇。

第二十九条 地方人民政府和有关部门应当为随军未就业的军人配偶提供就业指导、培训等方面的服务。

随军未就业的军人配偶无正当理由拒不接受当地人民政府就业安置，或者无正当理由拒不接受当地人民政府指定部门、机构介绍的适当工作、提供的就业培训的，停止给予保险缴费补助。

第六章 军人保险基金

第三十条 军人保险基金包括军人伤亡保险基金、军人退役养老保险基金、军人退役医疗保险基金和随军未就业的军人配偶保险基金。各项军人保险基金按照军人保险险种分别建账，分账核算，执行军队的会计制度。

第三十一条 军人保险基金由个人缴费、中央财政负担的军人保险资金以及利息收入等资金构成。

第三十二条 军人应当缴纳的保险费，由其所在单位代扣代缴。

随军未就业的军人配偶应当缴纳的保险费，由军人所在单位代扣代缴。

第三十三条 中央财政负担的军人保险资金，由国务院财政部门纳入年度国防费预算。

第三十四条 军人保险基金按照国家和军队的预算管理制度，实行预算、决算管理。

第三十五条 军人保险基金实行专户存储，具体管理办法按照国家和军队有关规定执行。

第三十六条 军人保险基金由中国人民解放军总后勤部军人保险基金管理机构集中管理。

军人保险基金管理机构应当严格管理军人保险基金，保证基金安全。

第三十七条 军人保险基金应当专款专用，按照规定的项目、范围和标准支出，任何单位和个人不得贪污、侵占、挪用，不得变更支出项目、扩大支出范围或者改变支出标准。

第七章　保险经办与监督

第三十八条 军队后勤（联勤）机关财务部门和地方社会保险经办机构应当建立健全军人保险经办管理制度。

军队后勤（联勤）机关财务部门应当按时足额支付军人保险金。

军队后勤（联勤）机关财务部门和地方社会保险经办机构应当及时办理军人保险和社会保险关系转移接续手续。

第三十九条 军队后勤（联勤）机关财务部门应当为军人及随军未就业的军人配偶建立保险档案，及时、完整、准确地记录其个人缴费和国家补助，以及享受军人保险待遇等个人权益记录，并定期将个人权益记录单送达本人。

军队后勤（联勤）机关财务部门和地方社会保险经办机构应当为军人及随军未就业的军人配偶提供军人保险和社会保险咨询等相关服务。

第四十条 军人保险信息系统由中国人民解放军总后勤部负责统一建设。

第四十一条 中国人民解放军总后勤部财务部门和中国人民解放军审计机关按照各自职责，对军人保险基金的收支和管理情况实施监督。

第四十二条 军队后勤（联勤）机关、地方社会保险行政部门，应当对单位和个人遵守本法的情况进行监督检查。

军队后勤（联勤）机关、地方社会保险行政部门实施监督检查时，被检查单位和个人应当如实提供与军人保险有关的资料，不得拒绝检查或者谎报、瞒报。

第四十三条 军队后勤（联勤）机关财务部门和地方社会保险经办机构及其工作人员，应当依法为军队单位和军人的信息保密，不得以任何形式泄露。

第四十四条 任何单位或者个人有权对违反本法规定的行为进行举报、投诉。

军队和地方有关部门、机构对属于职责范围内的举报、投诉，应当依法处理；对不属于本部门、本机构职责范围的，应当书面通知并移交有权处理的部门、机构处理。有权处理的部门、机构应当及时处理，不得推诿。

第八章 法律责任

第四十五条 军队后勤（联勤）机关财务部门、社会保险经办机构，有下列情形之一的，由军队后勤（联勤）机关或者社会保险行政部门责令改正；对直接负责的主管人员和其他直接责任人员依法给予处分；造成损失的，依法承担赔偿责任：

（一）不按照规定建立、转移接续军人保险关系的；

（二）不按照规定收缴、上缴个人缴纳的保险费的；

（三）不按照规定给付军人保险金的；

（四）篡改或者丢失个人缴费记录等军人保险档案资料的；

（五）泄露军队单位和军人的信息的；

（六）违反规定划拨、存储军人保险基金的；

（七）有违反法律、法规损害军人保险权益的其他行为的。

第四十六条 贪污、侵占、挪用军人保险基金的，由军队后勤（联勤）机关责令限期退回，对直接负责的主管人员和其他直接责任人员依法给予处分。

第四十七条 以欺诈、伪造证明材料等手段骗取军人保险待遇的，由军队后勤（联勤）机关和社会保险行政部门责令限期退回，并依法给予处分。

第四十八条 违反本法规定，构成犯罪的，依法追究刑事责任。

第九章 附 则

第四十九条 军人退出现役后参加失业保险的，其服现役年限视同失业保险缴费年限，与入伍前和退出现役后参加失业保险的缴费年限合并计算。

第五十条 本法关于军人保险权益和义务的规定，适用于人民武装警察；中国人民武装警察部队保险基金管理，按照中国人民武装警察部队资金管理体制执行。

第五十一条 本法自2012年7月1日起施行。

工伤保险条例

（2003年4月27日中华人民共和国国务院令第375号公布 根据2010年12月20日《国务院关于修改〈工伤保险条例〉的决定》修订）

第一章 总 则

第一条 为了保障因工作遭受事故伤害或者患职业病的职工获得医疗救治和经济补偿，促进工伤预防和职业康复，分散用人单位的工伤风险，制定本条例。

第二条 中华人民共和国境内的企业、事业单位、社会团体、民办非企业单位、基金会、律师事务所、会计师事务所等组织和有雇工的个体工商户（以下称用人单位）应当依照本条例规定参加工伤保险，为本单位全部职工或者雇工（以下称职工）缴纳工伤保险费。

中华人民共和国境内的企业、事业单位、社会团体、民办非企业单位、基金会、律师事务所、会计师事务所等组织的职工和个体工商户的雇工，均有依照本条例的规定享受工伤保险待遇的权利。

第三条 工伤保险费的征缴按照《社会保险费征缴暂行条例》关于基本养老保险费、基本医疗保险费、失业保险费的征缴规定执行。

第四条 用人单位应当将参加工伤保险的有关情况在本单位内公示。

用人单位和职工应当遵守有关安全生产和职业病防治的法律法规，执行安全卫生规程和标准，预防工伤事故发生，避免和减少职业病危害。

职工发生工伤时，用人单位应当采取措施使工伤职工得到及时救治。

第五条 国务院社会保险行政部门负责全国的工伤保险工作。

县级以上地方各级人民政府社会保险行政部门负责本行政区域内的工伤保险工作。

社会保险行政部门按照国务院有关规定设立的社会保险经办机构（以下称经办机构）具体承办工伤保险事务。

第六条 社会保险行政部门等部门制定工伤保险的政策、标准，应当征求工会组织、用人单位代表的意见。

第二章 工伤保险基金

第七条 工伤保险基金由用人单位缴纳的工伤保险费、工伤保险基金的利息和依法纳入工伤保险基金的其他资金构成。

第八条 工伤保险费根据以支定收、收支平衡的原则，确定费率。

国家根据不同行业的工伤风险程度确定行业的差别费率，并根据工伤保险费使用、工伤发生率等情况在每个行业内确定若干费率档次。行业差别费率及行业内费率档次由国务院社会保险行政部门制定，报国务院批准后公布施行。

统筹地区经办机构根据用人单位工伤保险费使用、工伤发生率等情况，适用所属行业内相应的费率档次确定单位缴费费率。

第九条 国务院社会保险行政部门应当定期了解全国各统筹地区工伤保险基金收支情况，及时提出调整行业差别费率及行业内费率档次的方案，报国务院批准后公布施行。

第十条 用人单位应当按时缴纳工伤保险费。职工个人不缴纳工伤保险费。

用人单位缴纳工伤保险费的数额为本单位职工工资总额乘以单位缴费费率之积。

对难以按照工资总额缴纳工伤保险费的行业，其缴纳工伤保险费的具体方式，由国务院社会保险行政部门规定。

第十一条 工伤保险基金逐步实行省级统筹。

跨地区、生产流动性较大的行业，可以采取相对集中的方式异地参加统筹地区的工伤保险。具体办法由国务院社会保险行政部门会同有关行业的主管部门制定。

第十二条 工伤保险基金存入社会保障基金财政专户，用于本条例规定的工伤保险待遇，劳动能力鉴定，工伤预防的宣传、培训等费用，以及法律、法规规定的用于工伤保险的其他费用的支付。

工伤预防费用的提取比例、使用和管理的具体办法，由国务院社会保险行政部门会同国务院财政、卫生行政、安全生产监督管理等部门规定。

任何单位或者个人不得将工伤保险基金用于投资运营、兴建或者改建办公场所、发放奖金，或者挪作其他用途。

第十三条 工伤保险基金应当留有一定比例的储备金，用于统筹地区重大事故的工伤保险待遇支付；储备金不足支付的，由统筹地区的人民政府垫付。储备金占基金总额的具体比例和储备金的使用办法，由省、自治区、直辖市人民政府规定。

第三章 工伤认定

第十四条 职工有下列情形之一的，应当认定为工伤：

（一）在工作时间和工作场所内，因工作原因受到事故伤害的；

（二）工作时间前后在工作场所内，从事与工作有关的预备性或者收尾性工作受到事故伤害的；

（三）在工作时间和工作场所内，因履行工作职责受到暴力等意外伤害的；

（四）患职业病的；

（五）因工外出期间，由于工作原因受到伤害或者发生事故下落不明的；

（六）在上下班途中，受到非本人主要责任的交通事故或者城市轨道交通、客运轮渡、火车事故伤害的；

（七）法律、行政法规规定应当认定为工伤的其他情形。

第十五条 职工有下列情形之一的，视同工伤：

（一）在工作时间和工作岗位，突发疾病死亡或者在48小时之内经抢救无效死亡的；

（二）在抢险救灾等维护国家利益、公共利益活动中受到伤害的；

（三）职工原在军队服役，因战、因公负伤致残，已取得革命伤残军人证，到用人单位后旧伤复发的。

职工有前款第（一）项、第（二）项情形的，按照本条例的有关规定享受工伤保险待遇；职工有前款第（三）项情形的，按照本条例的有关规定享受除一次性伤残补助金以外的工伤保险待遇。

第十六条 职工符合本条例第十四条、第十五条的规定，但是有下列情形之一的，不得认定为工伤或者视同工伤：

（一）故意犯罪的；

（二）醉酒或者吸毒的；

（三）自残或者自杀的。

第十七条 职工发生事故伤害或者按照职业病防治法规定被诊断、鉴定为职业病，所在单位应当自事故伤害发生之日或者被诊断、鉴定为职业病之日起30日内，向统筹地区社会保险行政部门提出工伤认定申请。遇有特殊情况，经报社会保险行政部门同意，申请时限可以适当延长。

用人单位未按前款规定提出工伤认定申请的，工伤职工或者其近亲属、工会组织在事故伤害发生之日或者被诊断、鉴定为职业病之日起1年内，可以直接向用人单位所在地统筹地区社会保险行政部门提出工伤认定申请。

按照本条第一款规定应当由省级社会保险行政部门进行工伤认定的事项，根据属地原则由用人单位所在地的设区的市级社会保险行政部门办理。

用人单位未在本条第一款规定的时限内提交工伤认定申请，在此期间发生符合本条例规定的工伤待遇等有关费用由该用人单位负担。

第十八条 提出工伤认定申请应当提交下列材料：

（一）工伤认定申请表；

（二）与用人单位存在劳动关系（包括事实劳动关系）的证明材料；

（三）医疗诊断证明或者职业病诊断证明书（或者职业病

诊断鉴定书)。

工伤认定申请表应当包括事故发生的时间、地点、原因以及职工伤害程度等基本情况。

工伤认定申请人提供材料不完整的，社会保险行政部门应当一次性书面告知工伤认定申请人需要补正的全部材料。申请人按照书面告知要求补正材料后，社会保险行政部门应当受理。

第十九条 社会保险行政部门受理工伤认定申请后，根据审核需要可以对事故伤害进行调查核实，用人单位、职工、工会组织、医疗机构以及有关部门应当予以协助。职业病诊断和诊断争议的鉴定，依照职业病防治法的有关规定执行。对依法取得职业病诊断证明书或者职业病诊断鉴定书的，社会保险行政部门不再进行调查核实。

职工或者其近亲属认为是工伤，用人单位不认为是工伤的，由用人单位承担举证责任。

第二十条 社会保险行政部门应当自受理工伤认定申请之日起60日内作出工伤认定的决定，并书面通知申请工伤认定的职工或者其近亲属和该职工所在单位。

社会保险行政部门对受理的事实清楚、权利义务明确的工伤认定申请，应当在15日内作出工伤认定的决定。

作出工伤认定决定需要以司法机关或者有关行政主管部门的结论为依据的，在司法机关或者有关行政主管部门尚未作出结论期间，作出工伤认定决定的时限中止。

社会保险行政部门工作人员与工伤认定申请人有利害关系的，应当回避。

第四章 劳动能力鉴定

第二十一条 职工发生工伤，经治疗伤情相对稳定后存在残疾、影响劳动能力的，应当进行劳动能力鉴定。

第二十二条 劳动能力鉴定是指劳动功能障碍程度和生活自理障碍程度的等级鉴定。

劳动功能障碍分为十个伤残等级，最重的为一级，最轻的为十级。

生活自理障碍分为三个等级：生活完全不能自理、生活大部分不能自理和生活部分不能自理。

劳动能力鉴定标准由国务院社会保险行政部门会同国务院卫生行政部门等部门制定。

第二十三条 劳动能力鉴定由用人单位、工伤职工或者其近亲属向设区的市级劳动能力鉴定委员会提出申请，并提供工伤认定决定和职工工伤医疗的有关资料。

第二十四条 省、自治区、直辖市劳动能力鉴定委员会和设区的市级劳动能力鉴定委员会分别由省、自治区、直辖市和设区的市级社会保险行政部门、卫生行政部门、工会组织、经办机构代表以及用人单位代表组成。

劳动能力鉴定委员会建立医疗卫生专家库。列入专家库的医疗卫生专业技术人员应当具备下列条件：

（一）具有医疗卫生高级专业技术职务任职资格；

（二）掌握劳动能力鉴定的相关知识；

（三）具有良好的职业品德。

第二十五条 设区的市级劳动能力鉴定委员会收到劳动能力鉴定申请后，应当从其建立的医疗卫生专家库中随机抽取3名或者5名相关专家组成专家组，由专家组提出鉴定意见。设区的市级劳动能力鉴定委员会根据专家组的鉴定意见作出工伤职工劳动能力鉴定结论；必要时，可以委托具备资格的医疗机构协助进行有关的诊断。

设区的市级劳动能力鉴定委员会应当自收到劳动能力鉴定申请之日起60日内作出劳动能力鉴定结论，必要时，作出劳动能力鉴定结论的期限可以延长30日。劳动能力鉴定结论应当及时送达申请鉴定的单位和个人。

第二十六条 申请鉴定的单位或者个人对设区的市级劳动能力鉴定委员会作出的鉴定结论不服的，可以在收到该鉴定结论之日起15日内向省、自治区、直辖市劳动能力鉴定委员会提出再次鉴定申请。省、自治区、直辖市劳动能力鉴定委员会作出的劳动能力鉴定结论为最终结论。

第二十七条 劳动能力鉴定工作应当客观、公正。劳动能力鉴定委员会组成人员或者参加鉴定的专家与当事人有利害关系的，应当回避。

第二十八条 自劳动能力鉴定结论作出之日起1年后，工伤职工或者其近亲属、所在单位或者经办机构认为伤残情况发生变化的，可以申请劳动能力复查鉴定。

第二十九条 劳动能力鉴定委员会依照本条例第二十六条和第二十八条的规定进行再次鉴定和复查鉴定的期限，依照本条例第二十五条第二款的规定执行。

第五章 工伤保险待遇

第三十条 职工因工作遭受事故伤害或者患职业病进行治疗，享受工伤医疗待遇。

职工治疗工伤应当在签订服务协议的医疗机构就医，情况紧急时可以先到就近的医疗机构急救。

治疗工伤所需费用符合工伤保险诊疗项目目录、工伤保险药品目录、工伤保险住院服务标准的，从工伤保险基金支付。工伤保险诊疗项目目录、工伤保险药品目录、工伤保险住院服务标准，由国务院社会保险行政部门会同国务院卫生行政部门、食品药品监督管理部门等部门规定。

职工住院治疗工伤的伙食补助费，以及经医疗机构出具证明，报经办机构同意，工伤职工到统筹地区以外就医所需的交通、食宿费用从工伤保险基金支付，基金支付的具体标准由统筹地区人民政府规定。

工伤职工治疗非工伤引发的疾病，不享受工伤医疗待遇，按照基本医疗保险办法处理。

工伤职工到签订服务协议的医疗机构进行工伤康复的费用，符合规定的，从工伤保险基金支付。

第三十一条 社会保险行政部门作出认定为工伤的决定后发生行政复议、行政诉讼的，行政复议和行政诉讼期间不停止支付工伤职工治疗工伤的医疗费用。

第三十二条 工伤职工因日常生活或者就业需要，经劳动能力鉴定委员会确认，可以安装假肢、矫形器、假眼、假牙和配置轮椅等辅助器具，所需费用按照国家规定的标准从工伤保险基金支付。

第三十三条 职工因工作遭受事故伤害或者患职业病需要暂停工作接受工伤医疗的，在停工留薪期内，原工资福利待遇不变，由所在单位按月支付。

停工留薪期一般不超过12个月。伤情严重或者情况特殊，经设区的市级劳动能力鉴定委员会确认，可以适当延长，但延长不得超过12个月。工伤职工评定伤残等级后，停发原待遇，按照本章的有关规定享受伤残待遇。工伤职工在停工留薪期满后仍需治疗的，继续享受工伤医疗待遇。

生活不能自理的工伤职工在停工留薪期需要护理的，由所在单位负责。

第三十四条 工伤职工已经评定伤残等级并经劳动能力鉴定委员会确认需要生活护理的，从工伤保险基金按月支付生活护理费。

生活护理费按照生活完全不能自理、生活大部分不能自理或者生活部分不能自理3个不同等级支付，其标准分别为统筹地区上年度职工月平均工资的50%、40%或者30%。

第三十五条 职工因工致残被鉴定为一级至四级伤残的，保留劳动关系，退出工作岗位，享受以下待遇：

（一）从工伤保险基金按伤残等级支付一次性伤残补助金，标准为：一级伤残为27个月的本人工资，二级伤残为25个月的本人工资，三级伤残为23个月的本人工资，四级伤残为21个月的本人工资；

（二）从工伤保险基金按月支付伤残津贴，标准为：一级伤残为本人工资的90%，二级伤残为本人工资的85%，三级伤残为本人工资的80%，四级伤残为本人工资的75%。伤残津贴实际金额低于当地最低工资标准的，由工伤保险基金补足差额；

（三）工伤职工达到退休年龄并办理退休手续后，停发伤残津贴，按照国家有关规定享受基本养老保险待遇。基本养老保险待遇低于伤残津贴的，由工伤保险基金补足差额。

职工因工致残被鉴定为一级至四级伤残的，由用人单位和职工个人以伤残津贴为基数，缴纳基本医疗保险费。

第三十六条 职工因工致残被鉴定为五级、六级伤残的，享受以下待遇：

（一）从工伤保险基金按伤残等级支付一次性伤残补助金，标准为：五级伤残为18个月的本人工资，六级伤残为16个月的本人工资；

（二）保留与用人单位的劳动关系，由用人单位安排适当工作。难以安排工作的，由用人单位按月发给伤残津贴，标准为：五级伤残为本人工资的70%，六级伤残为本人工资的60%，并由用人单位按照规定为其缴纳应缴纳的各项社会保险费。伤残津贴实际金额低于当地最低工资标准的，由用人单位补足差额。

经工伤职工本人提出，该职工可以与用人单位解除或者终止劳动关系，由工伤保险基金支付一次性工伤医疗补助金，由用人单位支付一次性伤残就业补助金。一次性工伤医疗补助金和一次性伤残就业补助金的具体标准由省、自治区、直辖市人民政府规定。

第三十七条 职工因工致残被鉴定为七级至十级伤残的，享受以下待遇：

（一）从工伤保险基金按伤残等级支付一次性伤残补助金，标准为：七级伤残为13个月的本人工资，八级伤残为11个月的本人工资，九级伤残为9个月的本人工资，十级伤残为7个月的本人工资；

（二）劳动、聘用合同期满终止，或者职工本人提出解除劳动、聘用合同的，由工伤保险基金支付一次性工伤医疗补助金，由用人单位支付一次性伤残就业补助金。一次性工伤医疗补助金和一次性伤残就业补助金的具体标准由省、自治区、直辖市人民政府规定。

第三十八条 工伤职工工伤复发，确认需要治疗的，享受本条例第三十条、第三十二条和第三十三条规定的工伤待遇。

第三十九条 职工因工死亡，其近亲属按照下列规定从工伤保险基金领取丧葬补助金、供养亲属抚恤金和一次性工亡补助金：

（一）丧葬补助金为 6 个月的统筹地区上年度职工月平均工资；

（二）供养亲属抚恤金按照职工本人工资的一定比例发给由因工死亡职工生前提供主要生活来源、无劳动能力的亲属。标准为：配偶每月 40%，其他亲属每人每月 30%，孤寡老人或者孤儿每人每月在上述标准的基础上增加 10%。核定的各供养亲属的抚恤金之和不应高于因工死亡职工生前的工资。供养亲属的具体范围由国务院社会保险行政部门规定；

（三）一次性工亡补助金标准为上一年度全国城镇居民人均可支配收入的 20 倍。

伤残职工在停工留薪期内因工伤导致死亡的，其近亲属享受本条第一款规定的待遇。

一级至四级伤残职工在停工留薪期满后死亡的，其近亲属可以享受本条第一款第（一）项、第（二）项规定的待遇。

第四十条 伤残津贴、供养亲属抚恤金、生活护理费由统筹地区社会保险行政部门根据职工平均工资和生活费用变化等情况适时调整。调整办法由省、自治区、直辖市人民政府规定。

第四十一条 职工因工外出期间发生事故或者在抢险救灾中下落不明的，从事故发生当月起 3 个月内照发工资，从第

4个月起停发工资，由工伤保险基金向其供养亲属按月支付供养亲属抚恤金。生活有困难的，可以预支一次性工亡补助金的50%。职工被人民法院宣告死亡的，按照本条例第三十九条职工因工死亡的规定处理。

第四十二条 工伤职工有下列情形之一的，停止享受工伤保险待遇：

（一）丧失享受待遇条件的；

（二）拒不接受劳动能力鉴定的；

（三）拒绝治疗的。

第四十三条 用人单位分立、合并、转让的，承继单位应当承担原用人单位的工伤保险责任；原用人单位已经参加工伤保险的，承继单位应当到当地经办机构办理工伤保险变更登记。

用人单位实行承包经营的，工伤保险责任由职工劳动关系所在单位承担。

职工被借调期间受到工伤事故伤害的，由原用人单位承担工伤保险责任，但原用人单位与借调单位可以约定补偿办法。

企业破产的，在破产清算时依法拨付应当由单位支付的工伤保险待遇费用。

第四十四条 职工被派遣出境工作，依据前往国家或者地区的法律应当参加当地工伤保险的，参加当地工伤保险，其国内工伤保险关系中止；不能参加当地工伤保险的，其国内工伤保险关系不中止。

第四十五条 职工再次发生工伤，根据规定应当享受伤残津贴的，按照新认定的伤残等级享受伤残津贴待遇。

第六章 监督管理

第四十六条 经办机构具体承办工伤保险事务，履行下列职责：

（一）根据省、自治区、直辖市人民政府规定，征收工伤保险费；

（二）核查用人单位的工资总额和职工人数，办理工伤保险登记，并负责保存用人单位缴费和职工享受工伤保险待遇情况的记录；

（三）进行工伤保险的调查、统计；

（四）按照规定管理工伤保险基金的支出；

（五）按照规定核定工伤保险待遇；

（六）为工伤职工或者其近亲属免费提供咨询服务。

第四十七条 经办机构与医疗机构、辅助器具配置机构在平等协商的基础上签订服务协议，并公布签订服务协议的医疗机构、辅助器具配置机构的名单。具体办法由国务院社会保险行政部门分别会同国务院卫生行政部门、民政部门等部门制定。

第四十八条 经办机构按照协议和国家有关目录、标准对工伤职工医疗费用、康复费用、辅助器具费用的使用情况进行核查，并按时足额结算费用。

第四十九条 经办机构应当定期公布工伤保险基金的收支情况，及时向社会保险行政部门提出调整费率的建议。

第五十条 社会保险行政部门、经办机构应当定期听取工伤职工、医疗机构、辅助器具配置机构以及社会各界对改进工伤保险工作的意见。

第五十一条 社会保险行政部门依法对工伤保险费的征缴和工伤保险基金的支付情况进行监督检查。

财政部门和审计机关依法对工伤保险基金的收支、管理情况进行监督。

第五十二条 任何组织和个人对有关工伤保险的违法行为，有权举报。社会保险行政部门对举报应当及时调查，按照规定处理，并为举报人保密。

第五十三条 工会组织依法维护工伤职工的合法权益，对用人单位的工伤保险工作实行监督。

第五十四条 职工与用人单位发生工伤待遇方面的争议，按照处理劳动争议的有关规定处理。

第五十五条 有下列情形之一的，有关单位或者个人可以依法申请行政复议，也可以依法向人民法院提起行政诉讼：

（一）申请工伤认定的职工或者其近亲属、该职工所在单位对工伤认定申请不予受理的决定不服的；

（二）申请工伤认定的职工或者其近亲属、该职工所在单位对工伤认定结论不服的；

（三）用人单位对经办机构确定的单位缴费费率不服的；

（四）签订服务协议的医疗机构、辅助器具配置机构认为经办机构未履行有关协议或者规定的；

（五）工伤职工或者其近亲属对经办机构核定的工伤保险待遇有异议的。

第七章　法律责任

第五十六条　单位或者个人违反本条例第十二条规定挪用工伤保险基金，构成犯罪的，依法追究刑事责任；尚不构成犯罪的，依法给予处分或者纪律处分。被挪用的基金由社会保险行政部门追回，并入工伤保险基金；没收的违法所得依法上缴国库。

第五十七条　社会保险行政部门工作人员有下列情形之一的，依法给予处分；情节严重，构成犯罪的，依法追究刑事责任：

（一）无正当理由不受理工伤认定申请，或者弄虚作假将不符合工伤条件的人员认定为工伤职工的；

（二）未妥善保管申请工伤认定的证据材料，致使有关证据灭失的；

（三）收受当事人财物的。

第五十八条　经办机构有下列行为之一的，由社会保险行政部门责令改正，对直接负责的主管人员和其他责任人员依法给予纪律处分；情节严重，构成犯罪的，依法追究刑事责任；造成当事人经济损失的，由经办机构依法承担赔偿责任：

（一）未按规定保存用人单位缴费和职工享受工伤保险待遇情况记录的；

（二）不按规定核定工伤保险待遇的；

（三）收受当事人财物的。

第五十九条 医疗机构、辅助器具配置机构不按服务协议提供服务的，经办机构可以解除服务协议。

经办机构不按时足额结算费用的，由社会保险行政部门责令改正；医疗机构、辅助器具配置机构可以解除服务协议。

第六十条 用人单位、工伤职工或者其近亲属骗取工伤保险待遇，医疗机构、辅助器具配置机构骗取工伤保险基金支出的，由社会保险行政部门责令退还，处骗取金额2倍以上5倍以下的罚款；情节严重，构成犯罪的，依法追究刑事责任。

第六十一条 从事劳动能力鉴定的组织或者个人有下列情形之一的，由社会保险行政部门责令改正，处2000元以上1万元以下的罚款；情节严重，构成犯罪的，依法追究刑事责任：

（一）提供虚假鉴定意见的；

（二）提供虚假诊断证明的；

（三）收受当事人财物的。

第六十二条 用人单位依照本条例规定应当参加工伤保险而未参加的，由社会保险行政部门责令限期参加，补缴应当缴纳的工伤保险费，并自欠缴之日起，按日加收万分之五的滞纳金；逾期仍不缴纳的，处欠缴数额1倍以上3倍以下的罚款。

依照本条例规定应当参加工伤保险而未参加工伤保险的

用人单位职工发生工伤的，由该用人单位按照本条例规定的工伤保险待遇项目和标准支付费用。

用人单位参加工伤保险并补缴应当缴纳的工伤保险费、滞纳金后，由工伤保险基金和用人单位依照本条例的规定支付新发生的费用。

第六十三条 用人单位违反本条例第十九条的规定，拒不协助社会保险行政部门对事故进行调查核实的，由社会保险行政部门责令改正，处2000元以上2万元以下的罚款。

第八章 附 则

第六十四条 本条例所称工资总额，是指用人单位直接支付给本单位全部职工的劳动报酬总额。

本条例所称本人工资，是指工伤职工因工作遭受事故伤害或者患职业病前12个月平均月缴费工资。本人工资高于统筹地区职工平均工资300%的，按照统筹地区职工平均工资的300%计算；本人工资低于统筹地区职工平均工资60%的，按照统筹地区职工平均工资的60%计算。

第六十五条 公务员和参照公务员法管理的事业单位、社会团体的工作人员因工作遭受事故伤害或者患职业病的，由所在单位支付费用。具体办法由国务院社会保险行政部门会同国务院财政部门规定。

第六十六条 无营业执照或者未经依法登记、备案的单位以及被依法吊销营业执照或者撤销登记、备案的单位的职工受到事故伤害或者患职业病的，由该单位向伤残职工或者死亡职工的近亲属给予一次性赔偿，赔偿标准不得低于本条例规定的工伤保险待遇；用人单位不得使用童工，用人单位使用童工造成童工伤残、死亡的，由该单位向童工或者童工的近亲属给予一次性赔偿，赔偿标准不得低于本条例规定的工伤保险待遇。具体办法由国务院社会保险行政部门规定。

前款规定的伤残职工或者死亡职工的近亲属就赔偿数额与单位发生争议的，以及前款规定的童工或者童工的近亲属就赔偿数额与单位发生争议的，按照处理劳动争议的有关规定处理。

第六十七条 本条例自 2004 年 1 月 1 日起施行。本条例施行前已受到事故伤害或者患职业病的职工尚未完成工伤认定的，按照本条例的规定执行。

关于解决部分退役士兵社会保险问题的意见

（2019 年 4 月 28 日 中共中央办公厅、国务院办公厅）

广大退役士兵曾经为国防和军队建设作出贡献，在党和政府的重视关怀下，总体上得到了妥善安置，受到社会的尊崇和优待。但是，一些退役士兵未能及时参加基本养老、基本医疗保险或参保后因企业经营困难、下岗失业等原因缴费中断，享受养老、医疗保障待遇面临困难。为保证退役士兵享有的保障待遇与服役贡献相匹配、与经济社会发展水平相适应，切实维护他们的切身利益，现提出如下意见。

一、总体要求

以习近平新时代中国特色社会主义思想为指导，紧紧围绕统筹推进“五位一体”总体布局和协调推进“四个全面”战略布局，贯彻新发展理念，践行以人民为中心的发展思想，在既有制度框架内，抓住主要矛盾，坚持问题导向，深挖制度潜力，创新政策措施，依法合理解决广大退役士兵最关心最直接最现实的利益问题，完善基本养老、基本医疗保险参保和接续政策，使他们退休后能够享受相关待遇，共享经济社会改革发展成果，切实感受到党和政府的关怀与优待，体会到社会尊崇。

二、政策措施

以政府安排工作方式退出现役的退役士兵，适用以下政策。

（一）允许参保和补缴

未参加社会保险的允许参保。退役士兵入伍时未参加城镇职工基本养老、基本医疗保险的，入伍时间视为首次参保时间；2012 年 7 月 1 日《中华人民共和国军人保险法》实施前退役的，军龄视同为基本养老保险、基本医疗保险缴费年限；在《中华人民共和国军人保险法》实施后退役、国家给予军人退役基本养老保险补助的，军龄与参加基本养老保险、基本医疗保险的缴费年限合并计算。

参保后缴费中断的允许补缴。退役士兵参加基本养老保险出现欠缴、断缴的，允许按不超过本人军龄的年限补缴，补缴免收滞纳金。达到法定退休年龄、基本养老保险累计缴费年限（含军龄）未达到国家规定最低缴费年限的，允许延长缴费至最低缴费年限；2011 年 7 月 1 日《中华人民共和国社会保险法》实施前首次参保、延长缴费 5 年后仍不足最低缴费年限的，允许一次性缴费至最低缴费年限。达到法定退休年龄、城镇职工基本医疗保险累计缴费年限（含军龄）未达到国家规定年限的，可以缴费至国家规定年限。

退役士兵参加工伤保险、失业保险、生育保险存在的问题，各地按规定予以解决。

（二）补缴责任和要求

退役士兵参加社会保险缴纳费用，原则上单位缴费部分由所在单位负担，个人缴费部分由个人负担。

原单位已不存在或缴纳确有困难的，由原单位上级主管部门负责补缴；上级主管部门不存在或无力缴纳的，由安置地退役军人事务主管部门申请财政资金解决。政府补缴年限不超过本人军龄。上述单位缴费财政补助部分由中央、省、市、县四级承担，安置地省级政府承担主体责任，中央财政对地方给予适当补助。

对于个人缴费部分，个人属于最低生活保障对象、特困人员的，地方政府对其个人缴费予以适当补助。

（三）缴费工资基数和费率

城镇职工基本养老保险。缴费工资基数由安置地按照补缴时上年度职工平均工资的60%予以确定，单位和个人缴费费率按补缴时安置地规定执行，相应记录个人权益。

城镇职工基本医疗保险。缴费工资基数由参保地按照补缴时上年度职工平均工资的60%予以确定，单位和个人缴费费率按参保地规定执行。

（四）参保和补缴手续

建立“一门受理、协同办理”的经办机制。需要参加社会保险或补缴社会保险费的退役士兵持本人有效身份证件和相关退役证明，到安置地退役军人事务主管部门登记军龄、提出申请。安置地退役军人事务主管部门将相关认定信息及证明材料分别提供给安置地（或参保地）社会保险、医疗保险及相关征收机构办理参保和补缴手续。

三、加强组织领导

（一）健全工作机制。地方各级政府各有关部门要强化政治责任和使命担当，建立党委和政府统一领导，退役军人事务部门统筹协调，财政、人力资源社会保障、医疗保障、税务、审计等相关部门各司其职、密切配合的工作机制。国家层面建立由退役军人事务部牵头、有关部门参加的部际联席会议制度。

（二）加强督导落实。各地要对照本意见要求，对符合条件的退役士兵登记造册，制定方案，核算资金，确保政策落实到位。其中，涉及基本养老保险的补缴工作，要结合实际加快工作进度，争取尽快完成工作任务。各地要实行工作进展情况通报制度，对因工作不到位、责任不落实未能完成任务的，要倒查责任、严肃追责。

（三）强化帮扶援助。对于达到法定退休年龄，按照本意见缴费后仍未达到最低缴费年限的，各地要采取多种有效措施予以帮助。要积极通过教育培训、推荐就业、扶持创业等方式，帮助退役士兵就业创业。对于年龄偏大、扶持后仍就业困难的退役士兵，符合条件的，优先通过政府购买的公共服务岗位帮扶就业。有就业能力的退役士兵应主动就业创业，用工单位和退役士兵应依法缴纳社会保险费。

本意见适用于施行前出现的未参保和断缴问题。各省区市各有关部门要根据本地区本系统实际制定具体落实措施，实施过程中的重大问题、重要情况要及时向党中央、国务院报告。

财政部、退役军人部、人力资源社会保障部等关于解决部分退役士兵社会保险问题中央财政补助资金有关事项的通知

（2019 年 7 月 5 日　财社〔2019〕81 号）

各省、自治区、直辖市财政厅（局）、退役军人事务厅（局）、人力资源社会保障厅（局）、医疗保障局、民政厅（局），税务总局各省、自治区、直辖市和计划单列市税务局，新疆生产建设兵团财政局、退役军人事务局、人力资源社会保障局、

医疗保障局、民政局：

为贯彻落实《中共中央办公厅 国务院办公厅印发〈关于解决部分退役士兵社会保险问题的意见〉的通知》（以下称《通知》），妥善解决部分退役士兵基本养老保险和基本医疗保险未参保和中断缴费问题，规范中央财政补助资金使用管理，现将有关事项通知如下：

一、政府补助范围

以政府安排工作方式退出现役的退役士兵，在《通知》实施前，未参加基本养老保险和基本医疗保险或参保后缴费中断的，可以按不超过本人军龄的年限补缴。

退役士兵参加基本养老保险和基本医疗保险所需缴费，原则上单位缴费部分由所在单位负担，个人缴费部分由个人负担。原单位已不存在或缴纳确有困难的，由原单位上级主管部门负责补缴；上级主管部门不存在或无力缴纳的，由安置地退役军人事务主管部门申请财政资金解决。

二、中央财政补助范围及标准

退役士兵补缴基本养老保险单位缴费部分所需政府补助资金，中央财政对中西部兵员大省、中西部非兵员大省、东部兵员大省、东部非兵员大省分别按照50%、40%、30%、20%的比例给予补助。1978年以来，累计接收符合政府安排工作条件的退役士兵达40万人以上的，认定为兵员大省。

退役士兵补缴基本医疗保险单位缴费部分所需政府补助资金，由地方财政承担。退役士兵个人属于最低生活保障对象、特困人员的，地方政府对其补缴基本养老保险和基本医疗保险个人缴费予以适当补助，所需资金由地方财政承担。

三、中央财政补助资金预拨和结算

中央财政补助资金实行先预拨后结算的补助方式。2019年起，中央财政根据各地工作进展情况预拨补助资金，2022年结算剩余补助资金。鼓励各地加快工作进度，对提前完成工作任务的，中央财政将及时结算补助资金。

部分退役士兵基本养老保险补缴工作完成后，地方各级退役军人事务部门应会同人力资源社会保障、财政部门按要求逐级汇总上报《部分退役士兵补缴基本养老保险中央财政补助资金结算申请表》（附件1）和《部分退役士兵补缴基本养老保险情况统计表》（附件2）。2022年4月1日前，各省（区、市）退役军人事务部门应会同人力资源社会保障、财政部门向退役军人部上报中央财政补助资金结算申请报告及附件1。结算申请报告应包括：本地基本养老保险补缴工作开展情况；基本养老保险补缴人数、补缴年限、补缴金额；地方财政补助资金安排及中央财政补助资金分配使用情况；申请结算的补助资金；工作中存在的问题及建议等。退役军人部对各省（区、市）的结算申请报告及其附件进行审核后向财政部提出结算建议，财政部根据退役军人部审核情况结算中央财政补助资金。

四、补助资金使用管理

各省（区、市）财政部门在收到中央财政预拨资金预算后，应及时将资金预算分解下达到市（区）、县（市）财政部门或安排用于省级退役军人事务部门办理的退役士兵基本养老保险补缴工作。地方各级财政部门应统筹使用中央和地方安排的财政补助资金，做好退役士兵基本养老保险补缴工作，对补缴所需资金不得挂账处理，切实保障退役士兵养老保险权益。

对《通知》出台前，已经开展部分退役士兵基本养老保险补缴工作的地区，中央财政按照本通知规定安排和结算补助资金。退役士兵基本养老保险补缴工作完成后，各地可根据本地实际将中央财政补助资金统筹用于其他支出。

五、监督检查

退役军人部、人力资源社会保障部、财政部将对各省（区、市）中央财政补助资金安排使用情况进行专项检查。各级财政、退役军人事务、人力资源社会保障等部门及其工作人员在退役士兵补缴基本养老保险中央财政补助资金使用管理工作中，存在虚报退役士兵补缴人数和补助金额、挤占挪用补助资金、贪污浪费以及其他滥用职权、玩忽职守、徇私舞弊等违法违纪行为的，按照《中华人民共和国预算法》《中华人民共和国公务员法》《中华人民共和国监察法》《财政违法行为处罚处分条例》等有关规定追究相关部门和个人责任；涉嫌犯罪的，移送司法机关处理。

六、有关工作要求

各地各有关部门要各司其职、密切配合，最迟于 2021 年底前完成部分退役士兵基本养老保险补缴工作。退役军人事务部门要做好人员摸排、身份审核确认、补助资金审核申请等工作，并切实承担起统筹协调责任。人力资源社会保障、医保、税务部门要根据部门职责，做好历史参保记录核查、费用补缴和征收、参保权益确认等工作。民政部门要积极协助做好最低生活保障对象、特困人员等身份确认工作。财政部门要及时安排拨付基本养老保险和基本医疗保险补缴所需补助资金，切实做好资金保障，会同相关部门加强资金管理，确保资金使用安全、规范、高效。

附件：

1. 部分退役士兵补缴基本养老保险中央财政补助资金结算申请表（略）

2. 部分退役士兵补缴基本养老保险情况统计表（略）

九、军休安置

军队离休退休干部服务管理办法

（2014 年 9 月 23 日民政部令第 53 号公布　2021 年 12 月 1 日退役军人事务部令第 5 号修订）

第一章　总　　则

第一条　为了做好军队离休退休干部服务管理工作，根据《中华人民共和国退役军人保障法》和国家有关规定，制定本办法。

本办法所称军队离休退休干部，是指移交政府安置的由退役军人事务部门服务管理的中国人民解放军和中国人民武装警察部队离休退休干部（以下简称军休干部）。

第二条　军休干部服务管理应当从维护军休干部的合法权益出发，贯彻执行国家关于军休干部的法律法规和政策，完善军休干部服务保障和教育管理机制，落实军休干部政治待遇和生活待遇。

军休干部服务管理坚持政治关心、生活照顾、服务优先、依法管理的原则。

第三条　军休干部服务管理工作坚持党的领导，由退役军人事务部门主管，军休服务管理机构（以下简称军休机构）具体组织实施。

退役军人事务部门应当依法负责军休干部服务管理工作，

及时研究解决存在的问题，监督检查军休服务管理相关法律法规和政策措施落实情况。

军休机构是服务和管理军休干部的专设机构，包括军休服务管理中心、军休所、军休服务站等，承担军休干部服务管理具体工作。

第四条 军休干部服务管理应当与经济发展相协调，与社会进步相适应，实行国家保障与社会化服务相结合。

第五条 对在军休干部服务管理中做出突出贡献的单位和个人，按照国家有关规定给予表彰、奖励。

第二章 服务管理内容

第六条 退役军人事务部门、军休机构应当加强军休干部思想政治工作，引导军休干部继续发扬人民军队优良传统，模范遵守宪法和法律法规，永葆政治本色。

第七条 退役军人事务部门、军休机构应当按照规定落实军休干部政治待遇，组织军休干部阅读有关文件、听取党和政府重要会议精神传达等。

退役军人事务部门应当主动协调当地离退休干部管理部门，将军休干部纳入本级老干部工作体系。

第八条 退役军人事务部门在国家、地方和军队举行重大庆典和重大政治活动时，应当按照要求组织军休干部参加。

第九条 退役军人事务部门应当协调当地人民政府和军队有关负责人，在八一建军节、春节等重大节日走访慰问军休干部。

第十条 退役军人事务部门应当按规定落实军休干部荣誉疗养制度，对服役期间或移交安置后作出突出贡献的军休干部，分层级、分批次组织疗养。

第十一条 军休机构应当做好以下服务保障工作：

（一）举行新接收军休干部迎接仪式。

（二）按时发放军休干部离退休费和津贴补贴，帮助符合条件的军休干部落实优抚待遇。

（三）协调做好军休干部的医疗保障工作，落实体检制度，建立健康档案，开展医疗保健知识普及活动，引导军休干部科学保健、健康养生。

（四）培育军休干部文化队伍，开展军休文化体育活动，引导和鼓励军休干部参与社会文化活动。

（五）开展经常性走访探望，定期了解军休干部情况和需求，提供必要的关心照顾。

（六）协助办理军休干部去世后的丧葬事宜，按照政策规定落实遗属待遇。

第十二条 退役军人事务部门、军休机构应当依法依规加强对军休干部参加社会组织、出国（境）、著作出书、发表言论等事项的管理，督促军休干部遵纪守法和遵守军休机构各项规章制度。

第十三条 退役军人事务部门、军休机构应当鼓励支持军休干部保持和发扬优良传统，发挥自身优势，继续贡献力量。

第三章　服务管理方式

第十四条　军休机构应当建立健全工作制度，为军休干部老有所养、老有所医、老有所教、老有所学、老有所为、老有所乐创造条件。

第十五条　军休机构应当建立值班制度，并采取定期联系、定人包户等方式，为军休干部提供及时、方便的日常服务保障。

第十六条　军休机构应当坚持共性服务和个性化服务相结合，为军休干部提供细致周到的服务。对失能、失智、重病、高龄、独居、空巢等军休干部，应当重点照顾并提供必要帮助。

第十七条　军休机构应当按照退役军人事务部门制定的规范标准，推进服务管理工作标准化建设，确保规范运行。

第十八条　军休机构应当推进社会化服务，根据需要引进医疗、养老、志愿服务等方面力量，为军休干部提供多元服务。

第十九条　退役军人事务部门、军休机构应当加强信息化建设，充分运用信息化技术，发挥军休安置服务管理信息系统、网络“军休所”等信息化平台作用，提高工作效率，实现精准服务。

第二十条　退役军人事务部门、军休机构应当推进军休老年大学建设，线上线下融合，扩大教学供给，提高办学水平，不断满足军休干部终身学习需求。

第二十一条　退役军人事务部门应当健全军休机构服务

网格，加强军休干部服务保障。

第二十二条 军休干部管理委员会是在军休机构内军休干部自我教育、自我管理、自我服务的群众性组织。

军休机构内设有军休干部管理委员会的，军休机构党组织应当加强对军休干部管理委员会的领导，按照有关规定组织开展活动，发挥军休干部管理委员会的作用，定期听取军休干部管理委员会工作情况报告，研究解决其反映的问题。

第四章 军休机构建设

第二十三条 退役军人事务部门根据安置管理工作实际，按照统筹规划、合理布局、精干高效、便于服务的原则设置、调整军休机构。

第二十四条 军休机构实行法定代表人负责制，对重大问题实行科学决策、民主决策。

军休机构应当依法依规落实政策公开、财务公开、服务公开，接受军休干部和工作人员监督。

第二十五条 军休机构应当加强党组织建设，改进和创新军休干部党组织工作，落实党的组织生活制度，增强党组织的政治功能和组织力，使之成为组织、凝聚、教育军休干部和工作人员的坚强堡垒。

加强军休干部中的流动党员管理，将流动党员就近安排在暂住地军休机构党组织参加组织生活。

第二十六条 军休机构应当加强基础设施建设，设置会议室、活动室、阅览室、荣誉室等场所，根据军休干部特点和需求，因地制宜开展适老化改造，具备条件的可引进或设立养老、医疗、助餐等功能设施，建立必要的室外文化体育活动场地，创造良好休养环境。

第二十七条 军休机构应当按规定用好军休经费，加强军休经费和国有资产管理，提高使用效益，接受有关部门的审计监督。

第二十八条 军休机构应当加强军休干部档案管理。

第二十九条 军休机构应当加强安全管理，制定并落实卫生、灾害等突发事件应急预案，增强风险防控和应急处置能力，及时消除安全隐患，防止安全责任事故发生。

第五章 服务管理工作人员

第三十条 退役军人事务部门应当加强军休服务管理工作人员队伍建设，在编制员额内配齐配强工作力量，优化队伍结构。

第三十一条 军休机构在编制员额内新聘用工作人员，除国家政策性安置、按照人事管理权限由上级任命、涉密岗位等人员外，应当面向社会公开招聘，同等条件下优先聘用退役军人、军人家属。

第三十二条 退役军人事务部门可以通过引进专业化服务等渠道充实工作力量。

第三十三条 服务管理工作人员应当强化能力素质和作

风纪律，树牢全心全意为军休干部服务的意识。

第三十四条 退役军人事务部门、军休机构应当定期开展教育培训、岗位练兵、业务竞赛等活动，提高工作人员思想政治素质、政策理论水平和服务管理能力。

第三十五条 退役军人事务部门应当建立以军休干部满意度为主要内容的服务管理工作监督考评体系，定期对军休机构及其负责人进行测评。

退役军人事务部门、军休机构应当建立工作人员绩效考核、岗位交流制度。对军休政策落实不到位、工作推进不力的人员，按照有关规定进行处理。

第六章 附 则

第三十六条 中国人民解放军和中国人民武装警察部队移交政府安置的退休军（警）士的服务管理参照本办法执行。

第三十七条 本办法自2022年1月1日起施行。

军队无军籍退休退职职工服务管理办法

（2015年12月17日民政部令第57号公布 自2016年2月1日起施行）

第一条 为了做好军队无军籍退休退职职工服务管理工作，根据国家有关规定，制定本办法。

第二条 本办法所称军队无军籍退休退职职工，是指已移交政府安置的中国人民解放军和中国人民武装警察部队无军籍退休退职职工（以下简称无军籍职工）。

第三条 无军籍职工服务管理应当从维护无军籍职工的合法权益出发，贯彻执行国家关于无军籍职工的政策，完善无军籍职工服务管理机制，落实无军籍职工生活待遇。

无军籍职工服务管理应当与经济社会发展水平相适应，坚持国家保障与社会化服务相结合原则。

第四条 无军籍职工服务管理实行政府领导、民政部门主管。按照属地原则，无军籍职工安置地乡镇人民政府、街道办事处，民政部门指定机构是无军籍职工的服务管理单位，承担无军籍职工服务管理具体工作。

民政部门应当及时将无军籍职工接收安置计划和方案报请本级人民政府同意，协调有关部门研究解决无军籍职工服务管理重大问题，加强对无军籍职工服务管理的指导。

第五条 服务管理单位应当按照规定办理或者协助办理无军籍职工党员组织关系转接事宜，保障无军籍职工党员参加党组织生活。

第六条 服务管理单位应当做好以下服务管理工作：

（一）发放无军籍职工退休退职费和津贴补贴；

（二）按规定协助落实无军籍职工医疗待遇；

（三）定期了解无军籍职工情况和需求，提供必要的关心照顾；

（四）宣传解释无军籍职工相关政策；

（五）按规定做好其他服务管理工作。

县级以上人民政府民政部门应当根据本级人民政府有关部门对事业单位退休人员待遇调整情况，提出无军籍职工待遇调整方案，经本级人民政府同意后，按规定通知服务管理单位执行。

第七条 服务管理单位应当建立健全工作制度，协调利用为老服务资源，为无军籍职工老有所养、老有所医、老有所学、老有所为、老有所乐创造条件。

服务管理单位可以通过政府购买服务方式聘用工作人员、租用场地设施。

第八条 服务管理单位应当加强无军籍职工思想政治工作，提高无军籍职工遵纪守法和遵守服务管理单位规章制度的自觉性。

第九条 服务管理单位应当引导无军籍职工保持和发扬优良传统，发挥专业特长，积极参与社区建设和社会公益活动。

第十条 服务管理单位应当引导无军籍职工参加社区组织开展的有益身心健康的文体活动。

第十一条 鼓励社会组织、专业社会工作者、志愿者等社会力量为无军籍职工及其家庭提供形式多样的个性化服务。

鼓励身体健康、乐于奉献的无军籍职工参与服务管理，增强无军籍职工自我管理、自我教育、自我服务能力。

第十二条 服务管理单位应当配备档案管理设施，妥善保管无军籍职工档案，提供必要的档案利用服务。

第十三条 服务管理单位应当定期开展教育培训、岗位练兵，提高工作人员思想政治素质、政策理论水平和服务管理能力。

第十四条 对在无军籍职工服务管理中做出显著成绩的单位和个人，纳入军休干部安置管理表彰范围。

第十五条 对已移交政府安置的军队无军籍离休干部的服务管理，可以参照本办法执行。国家对军队无军籍离休干部服务管理另有规定的，从其规定。

第十六条 本办法自2016年2月1日起施行。

退役军人事务部办公厅关于进一步加强军队离退休干部安全管理工作的通知

（2018年12月12日）

各省、自治区、直辖市退役军人事务厅（局）：

时下正值隆冬季节，火灾、煤气中毒等各类安全事故易发高发。军队离退休干部服务管理机构（以下简称军休机构）担负着党中央、国务院、中央军委赋予的服务保障军队离退休干部（以下简称军休干部）的重要职责任务，抓好安全管理工作、确保军休干部身心安全至关重要。为深入贯彻习近平总书记关于安全生产系列重要指示精神，全面落实党中央、国务院关于安全生产的决策部署，进一步加强军休干部安全管理工作，现就有关事项通知如下：

一、提高防范意识，加强技能培训

各级退役军人事务部门和军休机构要加强对军休干部和工作人员的安全教育培训，促使他们强化安全理念、树立红线意识、掌握处置程序，为抓好安全管理工作夯实思想和技能基础。要结合本单位工作生活环境和军休干部实际，采取发放宣传材料、开展知识咨询、举办安全宣讲等形式，组织学习安全相关法律法规和管理制度。利用开设专题专栏、播放宣传影片、悬挂安全横幅、张贴宣传标语、推送微信短信等方式，展开全方位、立体式安全宣传，营造良好安全氛围。通过组织观看警示教育展览、参观安全体验中心、探访社区安全教育基地等方法，进行互动体验式安全教育，推动党和国家关于安全工作的系列决策部署和重要指示精神进机构、进家庭，实现安全法律法规家喻户晓、安全常识人人皆知。要结合军休干部日常生活安全需求，举办安全基本技能培训，安排专业人员或邀请专家进行防火、防盗、防诈骗等专题讲座，对行动不便的军休干部登门授课。深入开展应急演练活动，邀请消防人员进行各种险情下防护、逃生的现场演示，切实增强军休干部和工作人员的安全自助自救能力。

二、严格履职尽责，增强服务效能

各级退役军人事务部门和军休机构要把加强军休干部思

想教育和满足军休干部身心安全需求结合起来，抓紧抓好。要统一军休干部思想认识，组织他们认真学习《人民日报》评论员文章，支持对极少数打着“退役军人”旗号的违法犯罪分子进行依法打击，维护广大退役军人形象，确保在思想上政治上行动上同以习近平同志为核心的党中央保持高度一致。要完善定人包户制度，定期走访军休干部，及时了解他们的身体状况和需求。坚持全时值班制度，健全安全管理应急预案，有效应对突发状况。建立自我互助制度，鼓励军休干部和工作人员成立互助小组，定期查找身边安全隐患，积极开展互帮互助活动。要加强对空巢、失独、病重、高龄及失能、半失能等重点对象的服务保障，建立并及时更新信息档案，提高走访联系频率，每周至少走访 1 次，及时掌握有关情况。对患重病、大病的空巢军休干部，积极协调本人或家属同意，将其送到医院进行专业看护治疗。关注军休干部心理健康，鼓励社会工作者、志愿者走进军休机构，提供专业心理疏导，防止因精神疾病而导致极端情况。

三、加大排查力度，根治安全隐患

各级退役军人事务部门要对军休机构安全管理情况开展全覆盖排查、全方位治理。要重点检查军休机构 24 小时值班和重要时期领导带班制度是否严格执行，电气火使用等各类安全管理制度是否建立健全，定人、定岗、定责的安全责任制度是否落实到位，消防设施是否符合要求并保持畅通，车辆管理、派遣、维护是否严格规范等。要持续加强对老旧住宅小区、军休干部活动室等用火用电安全管理督查和高层建筑消防安全综合治理，从细摸排高危敏感场所，逐个详细登记，逐一落实监管责任。对排查中发现的各类隐患问题和薄弱环节要列出清单、建立台账，限期整改、务求实效。对一时不能整改的，要采取有效防范措施，责任到人，整改结果要由主要负责人签字确认。要强化隐患排查治理监督，实行重大安全隐患挂账督办，组织“回头看”，做到检查、整改、验收闭环管理，确保安全风险点真正得到有效清除。

四、加强组织领导，压实安全责任

各级退役军人事务部门要始终把军休机构安全管理列为重点工作，纳入议事日程，召开专题会议，及时研究部署，切实加强领导，帮助他们解决关键性安全问题，在组织机构、人才队伍、资金支持等方面提供保障。要坚持党政同责、一岗双责、齐抓共管、失职追责，按照“谁主管、谁负责”的原则，建立主要负责同志负总责，分管负责同志具体抓，安全管理人员和岗位员工具体负责的安全工作管理责任制，层层落实责任，层层传导压力，确保各项安全制度措施落实到位。要针对军休工作特点，压实军休机构主体责任，确保安全责任落实到每个环节、每个岗位、每位人员，细化到每个具体位置、每项工作标准，确保人人肩上有担子、个个身上有责任。对因失职渎职、工作不力造成严重安全后果的，要依法依规追究相关责任人责任。